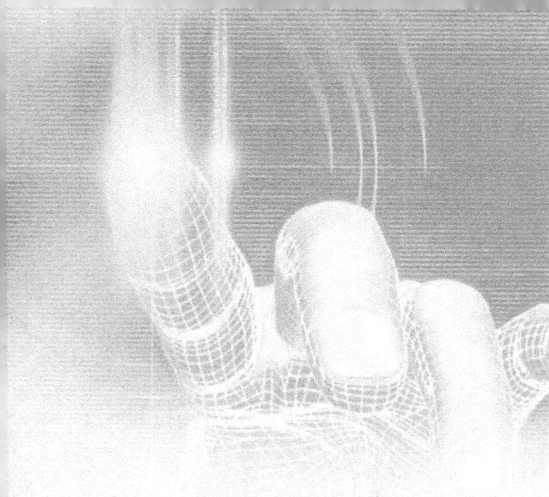

Research of IT Project Risk
Assessment and Control

IT项目风险评估
与控制研究

卢新元 著

科学出版社
北京

内 容 简 介

本书从当前社会的实际需求出发，结合 IT 项目管理、风险管理、评估方法等多个领域的相关知识与原理，对 IT 项目风险评估进行研究，通过对当前的发展现状与趋势进行梳理和分析，提出 IT 项目风险评估模型，阐述 IT 项目风险规避方法、IT 项目风险控制策略与运用、IT 项目风险防范策略。

本书可供从事 IT 项目风险管理的相关工作人员及高等院校相关专业师生阅读、参考。

图书在版编目 (CIP) 数据

IT 项目风险评估与控制研究 / 卢新元著 . —北京：科学出版社，2014

ISBN　978-7-03-040936-2

Ⅰ. ①I⋯　Ⅱ. ①卢⋯　Ⅲ. ①IT 产业–对外承包–风险评价–研究　Ⅳ. ①F49

中国版本图书馆 CIP 数据核字 （2014） 第 117665 号

责任编辑：林　剑 / 责任校对：朱光兰
责任印制：徐晓晨 / 封面设计：耕者工作室

科 学 出 版 社 出版
北京东黄城根北街 16 号
邮政编码：100717
http://www.sciencep.com

北京东华虎彩印刷有限公司 印刷

科学出版社发行　各地新华书店经销

*

2014 年 5 月第 一 版　开本：720×1000　1/16
2017 年 4 月第二次印刷　印张：14 3/4
字数：300 000

定价：**88. 00 元**
（如有印装质量问题，我社负责调换）

目　　录

第1章 绪 论

1.1 背景分析

20世纪80年代以来，随着信息技术的发展，IT产业作为一个新兴的知识型产业，已经成为世界各国的主要经济增长点，而信息技术和IT产业的发达程度则体现了一个国家的综合国力，并在一定程度上决定着一个国家未来的国际竞争力。在这样一个大的环境和发展趋势下，信息技术成为继工业革命后企业提升自身竞争力的又一个有效途径，这必将导致IT项目的发展走向一个前所未有的发展高度。人们对IT项目的了解，更多的是从Brooks分别于1975年和1987年出版的里程碑式的软件工程知识著作《人月神话》和《没有银弹》开始的，让人们从思想深处认识到了软件工程和IT项目的本质和内涵，尤其是在《人月神话》发表后的30多年里，人们在IT项目管理领域取得了巨大的进步和提高。但是，由于IT项目具有规模大、周期长、投入资金大等特点，导致大量不完全信息的产生，其实施过程是一项复杂的系统工程，存在巨大的风险。而且影响IT项目的风险因素众多，这些风险因素涉及很多方面，同时，各风险因素之间的关系错综复杂，所引起后果的严重程度迥异。因此，IT项目能否取得预期效果，在很大程度上取决于对项目实施过程中所涉及的风险因素进行有效的识别、分析、判断，并制订出风险规避方案。

据斯坦迪什咨询集团公司（Standish Group）的调查，国外的大型公司在一个信息技术开发项目上平均投入为230万美元，中型公司要花费130万美元以上，小型公司也要花费43.4万美元以上。调查同时发现，在已经完成的项目中，有50%超过预算的60%～190%，而只有25%的项目在预算和进度之内提供给客户满意的产品。在中国IT项目中，有30%～45%在完成之前就已经失败，这种失败主要表现在：约有70%的IT项目超出预定的开发周期，20%～50%的大型项目超出计划交付时间，90%以上的软件项目开发费用超出预算。众多项目的失败，使许多企业对IT企业缺乏信任，在作出是否进行信息化的决策时犹豫不决。这种局面若不改变，将会使中国企业的信息化进程受阻，企业丧失信息化带动工业化的良机，企业的商机也将越来越少。由此可见，风险管理与控制是IT项目管理中一个不可或缺的环节，有效的 IT 项目风险管理对许多企业来说是一项挑战性的工作。Keil 等（2000）认为，风险管理的投资回报率一般为 700% ~ 2000%，软件系统中 90% 的风险可以检测到，50% ~ 70% 的风险可以避免。而一项 KPMG 的研究发现，55% 的失控项目（runaway projects）根本没有进行风险管理，38% 的失控项目只做了部分风险管理工作，但是其中一半，在项目进行过程中没有及时处理发现的风险，而另外 7% 的失控项目并不知道是否进行了风险管理工作。这项研究表明，实施风险管理对提高项目成功率、防止项目失控是非常重要的。

目前，中国 IT 业正处在高速发展、急需规范管理的环境中。一方面，企业要不断面对各种各样 IT 项目的实施和管理等活动；另一方面，客户需求的不断提高导致产品生命周期缩短，项目开发的难度不断增加，新技术的更新换代也导致开发项目需求的增加等。因此，在技术含量高、变化速度快、资源有限的环境中，如何对企业、项目、资源实施科学的管理，提高团队研发能力，使软件项目的生产规模化、标准化、国际化，是当前我国 IT 企业面临的最大挑战。遗憾的是，我国现有的 IT 项目风险管理体系还不是很完善，风险管理实践还只是处在起步和摸索阶段。不可否认，经过多年的摸索、总结和努力，企业对于 IT 项目风险管理的意识得到了极大的提高，很多企业已经明确将风险管理作为 IT 项目实施和管理的一部分，并且制订了合理的计划。然而，在现阶段的 IT 项目实施过程中，风险分析与管理大多数还停留在仅凭经验和直觉的阶段，尤其是对于大量不完全信息的 IT 项目风险决策，往往都带有很大的主观性，缺乏一定的理论依据。而传统的概率统计、模糊数学等方法存在不同程度的局限性，尤其是现代 IT 项目实施过程中产生的大量不确定、不完全信息，更是给风险决策带来了相当大的难度，因此，针对 IT 项目所面临的这类非结构化和半结构化的不完全信息风险问题，必须将定性与定量方法相结合，才能制订正确的风险规避与决策方案。

1.2　本书研究目的与意义

IT 项目是一个风险与收益并存的过程，但是相关调查显示，当前只有不到三分之一的 IT 项目是成功的，大多数都是以失败告终。由此可见，在当前的实际情况下，IT 项目的风险是远远大于其收益的，因此，如何降低并规避风险、提高 IT 项目的成功率，是当前 IT 项目实施过程中面临的主要问题。本书拟从 IT 项目风险识别入手，探讨 IT 项目风险评价方法、风险评估模型、风险规避与控制方法及风险防范策略，以此为 IT 项目的决策者提供决策参考，具体如下：

(1) 针对目前 IT 项目风险决策过程中存在的问题及困难，本书以企业信息化项目的实施效果为实际背景，对涉及 IT 项目实施的风险因素进行充分调研，通过对资料的收集、整理和分类来获取 IT 项目在实施过程中的主要风险因素。

(2) 通过对方法进行研究、分析、比较、组合、创新，结合 IT 项目风险因素的独有的特点，寻找到合适的、比较有效的方法对 IT 项目的风险因素进行评价，扩大风险评价在 IT 项目领域的应用范围。

(3) IT 项目风险管理研究和实践具有重大的学术和经济价值，但是健康有效地开展这项活动必须有正确的体系指导，本书的研究的目的就是为广大 IT 项目管理人员提供正确的风险管理指导体系。

本书研究属于基础性应用研究，具有十分重要的理论和现实意义，主要表现在以下两个方面：

(1) 理论意义。目前以 IT 项目为研究对象的大多数研究者的视角比较分散，也有以 IT 项目管理影响因素为研究对象的，也有以 IT 项目成功标准为研究对象的；有对 IT 项目需求进行分析的，也有对 IT 项目风险管理进行研究的。但总体而言数目不多，且研究的视角各有不同，因此没有形成一套比较完整的 IT 项目风险管理理论体系，本书正是在这样一种情况下，试图对 IT 项目风险管理相关理论进行整理，并结合本书作者在这个领域已有的研究成果，以此来形成一套比较完整的 IT 项目风险管理理论体系，为 IT 项目的成功实施提供参考和指导。

(2) 现实意义。通过对项目实施过程中表现出来的各种风险因素进行分析，科学合理地对 IT 项目中的风险因素进行评估，以使决策者全面、充分了解 IT 项目的风险，从而为企业在实施 IT 项目的过程中有效制定风险规避、控制和防范策略提供有力的依据。

1.3　国内外相关理论与方法综述

1.3.1　国外 IT 项目风险管理研究综述

风险管理是人们对潜在的、意外的损失进行计划、识别、分析、应对、跟踪和控制的过程，风险管理是项目管理的重要组成部分，它贯穿于项目生命周期的始终。早在 20 世纪初，德国人在第一次世界大战后就提出一套风险管理的方案，包括风险的控制、风险分散、风险补偿、风险预防、风险回避等，随后逐步传输到欧洲其他国家，并形成一门综合性学科。而将风险管理应用到 IT 项目中则是 20 世纪 70 年代后，随着信息技术的不断发展，IT 项目风险分析逐渐成为 IT 行业的研究热点，并不断发展壮大，成为当前各国学者的重点研究对象。以美国为例，1984~2012 年，与 IT 项目风险管理研究相关的论文不少于 10 000 篇，并不断总结出 IT 项目风险评估的一些基本方法，如 Boehm（1989，1991）、Humphrey（1995）、Raftery（2002）、Akintoye 和 Macleod（1997）归纳了 IT 项目风险评价的主要方法，如专家打分法、概率分析、决策技术、敏感性分析、随机控制、蒙特卡罗模拟（MonteCarlo）、CIM 模型、影响图方法、灰色系统理论（grey system theory）、层次分析法（AHP）、期望值法（EMV）、头脑风暴法（brainstorming）等。这些方法中可以分为定性分析方法，如专家判断、风险事项跟踪等方法，以及定量分析方法，如特征值方法、影响矩阵、决策树（decision tree）方法。

Boehm（1989）认为依照风险清单（risk checklisk），可以发现项目中大多数主要的风险因素，该理念的核心是利用专家经验和统计数据，列出现阶段最可能出现的前若干项重要风险因素，据此在一定程度上免除实际工作者的风险辨识工作。该理念的优点是简单、方便且成本低廉，缺点是风险清单需要随时间、应用领域及时调整。然而由于 IT 应用范围日益扩大，致使风险清单规模也不断扩大。

Marvin 等（1993）提出"基于分类的风险辨识"的思想，他认为项目风险是在不断改变的，而风险清单是对风险结构的静态描述，因此，传统的方法不足以真实地反映风险的状况。他按风险来源构造了一棵分类树，共分三层，顶层有"产品工程""开发环境"和"方案约束"三个节点，并辅以详细问卷调查表。IT 项目的风险辨识过程就是修剪和量化这棵分类树的过程。该理念提高了辨识的灵活性，弱化了辨识的结构性，然而同时对辨识成本和配套手段的要求也有一定程度的提高。

Haimes 和 Lambert（1995）等认为属于复杂系统的 IT 项目风险结构不能以单一视角、单一模型来描述，但若分别用多个独立的模型描述则不利于模型间的联系，需要采用"层次全息模型"（HHM）将复杂系统以互补、协作的方式分解为部件、子系统等层次。例如，从时间维、系统维、工具维、地域维、方法维和人力资源维来综合分析一个 IT 项目。但是，该理念因为存在思想提供结构构建步骤极为灵活、对实施者的知识和经验要求过高，以及辨识的可重复性和有效性对实施者的依赖程度过大等不足，所以应用范围不广。

Cooper 和 Chapman（1987）按风险的特性将风险分为技术风险与非技术风险。Perry 与 Hayes 于 1985 年、Mustafa 与 Albahar 于 1991 年分别分析 IT 项目的核心风险，并对传统的风险因素进行适当的补充。1996 年 Wirbaetal 将 Tahetal、Cooper 和 Chapman 的研究成果进行综合，按照 HRBS（hierarchical risk breakdown structure）方法对风险进行分类。

Fan 和 Yu（2004）将 BBN（Bayesian belief networks）理论引入 IT 项目的风

险管理中，并通过 BBN 建立起有效的反馈系统，从而预测潜在的风险，并进行动态调整，该方法提高了风险决策的可靠性，而且在实际操作中比较实用。

Raz 和 Michael（2001）通过调查问卷的形式，总结了当前 IT 项目风险管理中所用到的主要方法，并对这些方法进行了详细的分类，尤其是在风险管理的几个关键阶段，通过数据来重点阐述如何合理利用现有的方法。

Lee（1996）将 IT 项目的开发看成一个全生命周期的过程（life cycle），并且将 Fuzzy 理论引入该过程，建立群决策模型，并提出两个基本的算法，从而对风险过程进行评估，根据实际情况作出风险决策。

Ngai 和 Wat（2005）利用模糊集的方发建立模糊决策支持系统（FDSS），建立基于 Web 的风险数据原型系统，用来评估电子商务（EC）系统开发过程中的风险，并对风险潜在的因素进行预测。

Tah 和 Carr（2000）在 HRBS 方法的基础上发展的风险评估模型，可用于建立风险的定性分析。对于大型 IT 项目，进行风险的分类研究对于有效进行风险管理是非常必要的，不同类型的项目具有最为复杂的风险结构和风险水平。

Kumar 在 2001 年提出风险管理的基本框架，他认为风险管理的首要任务是识别不同类型的风险，然后评估 IT 项目中风险的相对和绝对重要性，也即是风险因素的有效权重。

总之，国外学者对 IT 项目风险管理的研究主要集中在对风险识别、风险跟踪及风险管理工具和方法的统计上，并从定量的角度对风险管理提出量化模型，在一定程度上丰富了风险管理的理论基础，并在实际应用中得到体现。

1.3.2　国内 IT 项目风险管理研究综述

我国由于 IT 行业发展较晚，因此对 IT 项目的风险管理也还处在起步阶段，但是，随着 IT 行业的发展，IT 项目风险管理已经得到越来越多的关注。当前，不少学者无论是在风险评估理论方面，还是在风险评估方法方面都取得了一定的成绩。例如，运用层次分析法、模糊综合评价法、灰色系统理论、数理统计方法、马氏链预测模型、人工神经网络预测模型、风险程度分析法等对 IT 项目风险进行定量分析的研究均已有报道。

方德英和李敏强（2003）等对 IT 项目的风险管理提出基本的理论构架，并针对国外的研究情况，将与国外的 IT 项目的风险管理体系（Charette 体系、SEI 体系、Boehm 体系）进行比较分析，提出符合中国实际情况的 IT 项目风险管理体系结构；而田中敏（2002）则根据中国 IT 企业（如实达集团）的发展状况，提出影响中国 IT 项目的风险因素；陈铁新（2002 年）通过偏差分析的方法，分别从时间、成本、质量三个方面来控制管理，建立了有效的风险控制模型。

鞠彦兵等（2003）将软件开发过程分解为分析、设计、实施阶段，根据决策者对每一阶段的技术风险、费用风险、进度风险的确信度，提出一种基于Dempster-Shafer 证据组合理论的风险评估方法，从而将软件开发过程中影响风险的多种不确定性定性指标转化为确定的定量指标。

吴仁群（2003）通过 IT 项目投资的特点，以及金融期权和 IT 项目期权的含义及其定价模型，详细分析 IT 项目期权的类型和 IT 项目期权的套期保值，对比分析 HPV 方法和期权方法（B-S 模型）在评估 IT 项目中的差异。此外，他还介绍了金融期权和 IT 项目期权的含义，以及期权定价模型，详细分析 IT 项目期权的类型和 IT 项目期权的套期保值，对比分析 NPV 方法和期权方法（Margrable 模型）在评估 IT 项目中的差异。

此外，方德英（2004）则借助经济学中的实物期权思想，把 IT 项目开发过程视为实物期权的变更过程，从规避风险后果而非传统的降低风险概率角度，指出 IT 项目开发风险管理中四种常见的实物期权类型，利用实物期权定价公式分析模型求解过程，解决如何减轻 IT 项目开发中各风险因素的当量问题。

杨建平和杜端甫等运用模糊数学原理对 IT 项目风险进行不同程度的定量分析。崔新媛等结合 IT 项目风险特点，将风险影响图运用到项目风险评价中；莫湘群（2002）提出一种风险影响值的方法，即 RE 方法（risk exposure），并详细介绍利用 RE 法对软件项目进度风险进行风险评估、优先级排序，从而有效控制软件项目进度风险。

瞿群臻（2002）年提出基于监理制度的风险管理思路，并建立"投资者、风险投资公司、风险项目责任小组"的三级风险管理模式。

姜瑾和桂国庆（2000）等探讨改进的 AHP 法，通过构建风险层次分析模型，提高项目风险评估应用中的评价精度；曹洪洋等利用人工神经网络作为数学工具建立数学模型，通过该模型产生的预测值，对投标商的最终决策和风险预测起到支持作用。

黄雅堃（2002）提出基于人才战略的风险管理模式，摆脱单纯从技术与组织结构进行风险管理的局限性，并通过对世界上一些 IT 行业的巨头（微软、IBM）进行分析，得出人才战略、以人为本的项目风险控制理念。

张曼等（2004a）提出一种新的大型项目风险管理方法：Par（project at risk）方法。该方法主要是通过对项目进行投资风险、敏感性和动态风险分析，并在项目风险因素的预测方面引入有偏损失函数，解决预测失误量和预测错误给投资者带来的损害这一问题。

张金隆等（2004）从招投标的角度出发，重点分析 IT 项目的风险管理问题。

由于变精度粗糙集模型允许有一定程度的错误分类率存在，利用这种特性可以有效消除投标风险信息系统中数据的噪声，提高风险要素评价的精度。结合层次分析法中判断矩阵方法，提出一种基于变精度粗糙集的评价 IT 项目投标风险要素重要度的算法。首先，由专家对各要素风险程度打分，建立决策表；其次，利用变精度粗糙集属性依赖度求得属性间的相对重要性来构造判断矩阵；最后，确定各要素的综合重要度并排序。

贾素玲等（2007）在对风险管理的五个核心子过程（识别、分析、计划、跟踪、控制）和两个附加子过程（风险管理计划编制和经验学习）研究的基础上，结合 IT 项目自身的特点和 IT 项目风险管理所处的阶段，通过建立“P2I2 = 成功风险管理”方程式，提出由风险管理指南（G）、P/T 过程模型（P）、风险状态图（S）组成的 GPS 风险管理模式框架。

欧立雄等（2008）将 IT 项目风险管理过程与 QFD（质量功能展开）思想相结合，通过质量屋将顾客需求带来的风险转化为可控制的相关要求和方法，以期对顾客需求带来的风险进行有效控制。

袁荃和龙子泉（2010）通过综合运用项目管理和软件工程的知识提出一个 IT 项目风险模糊评估模型和基于风险传递的 IT 项目风险优化控制模型及其动态规划的风险控制优化算法，该方法改变以往对 IT 项目风险的被动控制为事先积极有效的预防，为管理者在项目计划阶段实施过程优化和制定有效的风险防范措施奠定了基础。

朱映红和梁昌勇（2013）从 IT 项目具有分布式特点的角度分析 IT 项目风险因素，并探讨基于分布式特点的 IT 项目风险管理流程，构建 WBS（work breakdown structure）-RBS（risk breakdown structure）矩阵来对 IT 项目中的风险进行分解和控制。

综上所述，国内学者对 IT 项目风险管理的研究主要集中在规避风险的基本思路和方法上，也有学者尝试利用数学模型来解决风险决策过程中的风险识别、量化，以及规则挖掘等问题，但是在实际应用中效果不是很理想。

1.3.3　综合述评

由于 IT 项目的开发与实施过程中涉及大量的人、财、物，风险因素众多，受外界影响较大，风险因素具有随机性和复杂性，这就导致大量不精确、不确定信息的产生，在一定程度上给 IT 项目风险管理带来了相当的难度。这些特性决定了将数学模型应用于 IT 项目风险分析时较为困难。二十多年来，尽管 IT 项目风险的研究发展较快，但只有少数 IT 项目在策划阶段即成功地运用风险评估和管理策略，至今仍没有处理 IT 项目风险的系统方法，尤其是针对不完全信息下的 IT 项目风险分析。综上所述，目前国内外对于 IT 项目风险分析的研究呈现出如下特点。

（1）多数风险研究仍然以定性研究为主，而对定量研究仍然处于起步阶段，没有形成系统的研究体系。但是随着某些计算方法和工具的日趋成熟，以及计算机的广泛应用，风险分析以定性研究为主的局面将被打破，定性与定量相结合的研究方法将是今后风险分析的发展方向。

（2）国外多数风险研究仍然侧重于某一技术侧面，如 IT 项目投标报价策略、IT 项目决策分析、IT 项目质量、成本风险分析与控制等，关于 IT 项目风险的系统分析仍将是今后风险研究的发展方向，尤其是不完全信息下的 IT 项目风险决策和规则挖掘问题是今后研究的热点问题。

（3）目前还没有一套系统而灵活的 IT 项目风险分析软件，因此无法对复杂项目进行深入分析，尤其是很多风险分析方法，仅仅只是针对某个具体的 IT 项目而言的，缺少通用性与普遍性。

1.4　本书的研究内容与方法

1.4.1　本书的研究内容

IT 项目风险管理研究涉及的内容非常广泛，是一项复杂的系统工程，本书在总结国内外相关理论的基础上，综合运用模糊集、粗糙集、数据挖掘、规则推理、头脑风暴法等多种方法，对 IT 外包中知识转移风险评估与控制模型进行全面分析。本书共分 8 章，主要内容如下：

第 1 章，首先介绍本书的研究背景、目的和意义，然后重点分析 IT 项目风险管理、风险评估方法，并对该领域的研究现状进行整体评述，最后对本书的主要工作进行简单介绍，提出本书的整体结构和相关研究方法。

第 2 章，主要介绍项目、项目管理及 IT 项目管理的相关概念，项目管理的特点，回顾项目管理的发展历史，最后通过对项目管理与 IT 项目管理相互联系的研究得出 IT 项目管理的现状及其特点。

第 3 章，首先介绍项目风险管理的相关概念及其在项目开发过程中会有哪些风险，以项目风险管理中的风险因素作为参考来类比 IT 项目风险管理中的风险因素及其特点，并详细介绍 IT 项目风险管理的内容、组织结构及其与 IT 项目管理的关系，最后探究 IT 项目风险管理的四种体系，并对这四种体系进行详细的对比分析。

第 4 章，主要讲述风险评估方法。首先，从风险识别的基本概念入手，讲述风险识别基本定义及目的、风险识别依据、风险识别的基本原则、风险识别所要解决的主要问题；其次，介绍几种常用的风险识别方法、风险评估的工作流程和主要评估内容；最后，总结一些常用的定性与定量评估方法。

第 5 章，主要是对 IT 项目风险评估模型进行研究。首先，在前部分章节的研究和相关文献的基础上，共总结十类 IT 项目中风险因素，包括功能需求是否明确、项目组成员的工作能力、开发方与用户的关系质量、项目复杂度是否很高、项目组的组织结构是否合理、项目质量控制体系是否完善、开发方与使用方正式沟通频率、开发方与使用方非正式沟通频率、项目组能够获得的支持程度、企业所处的内外部环境。其次，利用基于信息量的粗糙集方法提取其中的关键风险因素，包括开发方与使用方正式沟通频率、开发方与使用方非正式沟通频率、能力因素、组织结构因素和关系质量因素。再次，利用基于区间数的 DEMATEL方法展开对这五个关键风险因素的研究。研究结果表明：通过原因度排序，得到风险原因因素（包括组织结构因素和开发方与使用方沟通频率）、风险结果因素（包括关系质量因素和能力因素）；通过中心度排序，可知其重要程度依次为关系质量因素、能力因素、开发方与使用方沟通频率因素和组织结构因素，从而对这四个关键风险因素的内在构造进行分析，建立相对完整的 IT 项目风险因素体系。最后，利用模糊群决策等评价方法对 IT 项目中风险因素进行评价，对 IT 项目中的风险因素的重要程度进行排序。

第 6 章，主要是对 IT 项目风险决策规则挖掘进行研究。首先，研究基于粗糙集标准分类的 IT 项目风险决策过程中的规则挖掘问题，通过对规则获取和基于标准分类一致性问题进行描述，提出分类一致性规则挖掘的 RICCR 算法和基于有效规则权重的方法，并对其规则进行优化；研究不完全信息下，基于粗糙集的规则挖掘方法，利用对象相似原理对不完全系统中的空值进行估算，提出基于相似关系的规则挖掘算法和步骤，该方法能辅助项目决策者从不完全信息中挖掘有用知识。其次，研究基于动态信息的规则挖掘问题，通过将引入信息熵来实现对动态规则的挖掘，提出规则变化和近似动态规则的推理过程。最后，研究粗糙集与贝叶斯原理相结合的方法在规则挖掘中的应用问题，先利用粗糙集对数据进行约简，然后利用 NB 贝叶斯分类器训练约简后的数据来实现规则挖掘，利用历史统计数据，分析 IT 项目不成功的原因，以及风险因素导致项目不成功的概率大小。

第 7 章，主要是对风险规避与控制模型进行相关研究。首先，阐明关于 IT项目风险规避与控制的概念，分析 IT 项目中风险的类型以及不同的规避策略，并且针对最常见的 IT 项目风险，着重分析 IT 项目开发过程中企业内部激励机制与外部知识联盟的特点。其次，阐述激励机制和知识联盟对规避 IT 项目风险的必要性、可行性。最后，建立基于激励机制和基于知识联盟风险规避模型，该规避模型能有效降低 IT 项目风险，保证 IT 项目可开发过程更快更好地运行。

第 8 章，主要讲述 IT 项目风险防范策略。首先，强调 IT 项目风险防范的重要性，讲述 IT 项目风险防范的相关概念；其次，从 IT 项目的特点及组织自身的角度总结风险防范的基本策略；最后，从风险监控和风险控制两个方面总结应对方法。

1.4.2　本书研究的理论与方法

1) 粗糙集理论

粗糙集理论（rough set）是由波兰数学家 Pawlak 于 1982 年提出的，它是一种处理模糊和不确定性问题的新型数学工具，粗糙集理论是从知识分类的角度出发进行数据推理，主要用于知识约简、属性权重分析、规则挖掘、模式识别等问题。粗糙集理论的主要特点是，它仅利用数据本身所提供的信息，不需要任何附加信息和先验知识，如统计学中的概论分布、模糊理论中的隶属度等，而这些信息有时并不容易得到。因此，粗糙集理论相对于许多其他处理不确定知识方法，更具有客观性。不仅如此，粗糙集理论还包含求取大量数据中最小不变集合与求解最小规则集的理论，这一特性，使得决策者能在领域信息不完整、不确定、不精确的前提下，通过对数据进行分析、近似分类，推理数据间的关系，从中发现隐含的知识，揭示潜在的规律，完成对事物的判断、预测和决策。为增强粗糙集合模型的抗干扰能力，在近几年的研究中，出现了许多粗糙集的扩展模型，如可变精度粗糙集模型（VPRS）、不对称边界的 VPRS 模型、相似关系等。此外，粗糙集还能与多种软计算方法，如证据理论、人工神经网络、遗传算法和模糊理论有效互补。由此可见，粗糙集是一种能有效分析和处理不确定性知识的新的数学工具。尽管粗糙集理论在 20 世纪 80 年代初就已被提出，但由于种种原因，它并未被计算机研究者所认可，直到 90 年代初，人们才逐渐认识到它的意义，1995年，ACM Communication 将其列为新浮现的计算机科学的研究课题，至今大约有2500 多篇粗糙集方面的研究论文发表于国际重要期刊和国际会议刊物上。其中，粗糙集数据分析（RSDA）目前应用最为广泛。它主要是将粗糙集模型应用于数据挖掘，利用粗糙集理论分析存储在信息系统中的数据，从中提取隐含的、有潜在应用价值的知识的过程，具体包括数据预处理、对象分类、依赖关系分析、重要性分析、属性核、属性约简、值核、值约简、规则合并、知识表示等。近年来，粗糙集理论比较出色地处理了模糊和不完全知识，从而成为数据挖掘研究中的有力工具，特别是将粗糙集理论与机器学习、模式识别、数据库理论相结合，并融合其他数学工具与方法，开发出多个原型系统，如 GROBIAN、LERS、Rosetta、KDD-R、ROSE。

2）DEMATEL 方法

DEMATEL（decision-making trial and evaluation laboratory）方法最初由美国学者 A. Gabus 和 E. Fontela 提出，该方法是美国劳伦斯伯克利国家实验室为了解现实世界中复杂、困难的问题于 1971 年提出的，是一种运用图论和矩阵工具进行系统因素分析的方法。它通过系统中各因素之间的逻辑关系，建立各因素的直接影响矩阵，然后通过矩阵论的方法计算出每个因素对其他因素的影响度以及被影响度，最后计算出每个因素的原因度与中心度，作为构造模型的依据，从而确定因素间的因果关系和每个因素在系统中的地位。该方法通过行列式演算，可以直观地显示问题间的逻辑关系，将复杂的问题简单化。因此，该方法是进行因素分析与识别的一种有效方法，这种方法充分利用专家的经验和知识来处理复杂的社会问题，尤其是对那些因果关系不确定的系统更为有效。目前，DEMATEL 方法已经广泛应用于工程项目、知识转移、企业创新能力评价等方面，成为一种分析、处理复杂系统并构建其因果联系的有效方法。

3）数据挖掘与规则发现

数据挖掘（data mining）是知识发现（knowledge discovery in database）过程中的一个特定步骤。数据挖掘就是从数据库积累的大量数据中自动发现隐含的、新颖的、对管理决策具有潜在价值的知识，并找出这些数据之间潜在的依赖关系。数据挖掘的诞生和发展是建立在数据库技术、人工智能和机器学习等多种学科发展的基础之上的。数据挖掘方法主要包括关联规则、面向属性归纳、贝叶斯网络、粗糙集理论等。

George H. John 最早提出数据挖掘模型，该过程模型强调数据挖掘需要领域专家的参与，由领域专业知识指导知识发现的各个阶段，并对发现的知识进行评价，这种模型主要是根据实际应用的需要而提出的。此外，Usama M. Fayyad 和 Brachman 提出的过程模型将数据挖掘和知识发现看成一个多阶段的处理过程，同时指出在整个知识发现的过程中包括很多处理阶段，但忽视了领域专家的参与。Brachman 认为数据挖掘和知识发现应该更着重于对用户进行知识发现的整个过程的支持，而不是仅仅限制在数据挖掘的一个阶段上。通过对很多数据挖掘用户在实际工作中遇到的问题的了解，他们发现用户的很大一部分工作是与数据库的交互，所以他们在开发数据挖掘系统 IMACS（interactive marketing analysis and classification system）时特别强调对用户与数据库交互的支持。

根据 George H. John 提出数据挖掘模型，一个完整的数据挖掘应该包括以下几个阶段：①问题的理解和定义：数据挖掘专家与领域专家合作，对问题进行深入的分析，以确定可能的解决途径和对学习结果的评测方法。②数据的收集和提取：根据问题的定义收集有关数据。在数据提取过程中，可以利用数据库的查询功能加快数据的提取速度。③数据清理与加工：理解数据库中字段的含义及字段间的关系，对所提取的数据进行合理性检查，并剔除冗余属性，从而减少数据学习量。④算法选择与运行：根据数据和所要解决的问题选择合适的知识发现算法，并决定如何在这些数据上使用该算法。⑤结果评价与优化：对学习结果的评价依赖于需要解决的问题，由领域专家对发现的模式的新颖性和有效性进行评价。根据对结果的评价可能需要对处理过程的某些阶段进行优化，优化包括对问题的再定义以及相关数据的进一步处理。⑥结果的使用：在实际工作中应用这些知识，为决策提供支持。例如，根据学习得到的知识可以设置某些触发器，当满足条件时进行特殊处理。

数据挖掘的主要方法有：关联规则（association rule）的挖掘、特征规则（characteristic rule）的挖掘、分类规则（classification rule）的挖掘、区分规则（discriminant rule）的挖掘、聚类（clustering）分析、趋势（trend）分析、偏差（deviation）分析等。作为数据挖掘数据源的数据库类型有：关系型（relational）、事务型（transactional）、面向对象型（objected—oriented）、主动型（actived actived）、空间型（spatial）、时间型（tenporal）、文本型（textual）、多媒体型（multi-media）、异质（heterogeneous）数据库，还有基于数据仓库的数据挖掘系统，以及基于国际互联网的数据挖掘系统等。

目前所采用的数据挖掘技术主要包括：决策树方法、覆盖正例排斥反例方法、概念树方法、Rough 集方法、神经网络方法、遗传算法、统计分析方法、模糊论方法、可视化方法。这些方法分别从不同的角度进行数据挖掘和知识发现，当然一个完善的数据挖掘系统通常是采用多种技术，从而结合它们各自的优点设计出有效的、集成的技术。

4）贝叶斯网络与决策理论

近年来在人工智能领域，不确定性问题成为人们关注和研究的焦点。贝叶斯（Bayesian belief network）网络是用来表示不确定变量集合联合概率分布的图形模式，它反映了变量间潜在的依赖关系，因此，使用贝叶斯网络建模已成为解决许多不确定性问题的强有力的工具。从 1981 年 R. Howard 和 J. Matheson 提出贝叶斯网络以来，贝叶斯网络的研究已引起了人们相当大的兴趣。20 世纪 80 年代早期，贝叶斯网络成功地应用于专家系统中对不定性知识的表达；80 年代后期，贝叶斯推理得到了迅速发展；进入 90 年代，面对信息爆炸的局面，研究人员已经开始尝试直接从数据中学习并生成贝叶斯网络的方法，并取得了初步的成果。

贝叶斯网络又称概率信念网，概率推理是它要解决的最主要的问题。在概率中，合理的推理意味着对使用贝叶斯网络数据结构进行推理的信任。贝叶斯网络的推理意味着在给定一组证据变量确切值的情况下，计算一组查询变量的概率分布。在不定性推理中，它是可以进行因果模式、诊断模式、多原因模式和混合模式推理的唯一的推理机制。贝叶斯网络的推理是在一个不定性环境和不完全信息下进行决策支持和因果发现的工具。贝叶斯网络的推理提供了一种以概率分布为基础的推理方法，它基于如下假设：令人感兴趣的变量受概率分布的控制，人们结合观察数据，对这些概率进行推算便可作出最优的决策。因为它提供了一种通过加权证据支持可用假设的定量方法，这不仅为那些直接操纵概率的算法提供理论基础，而且也为分析那些没有明确运算概率的算法提供了理论构架，因此，贝叶斯学习中的概率推理在机器学习中占有相当重要的地位。

贝叶斯网络图形模式指定了所有变量的一个完整的联合概率分布，从理论上讲，给定这样的概率分布，利用条件概率的定义，使用较高阶的联合概率计算低阶联合概率的方法（边际化）就能回答所有可能的推理查询。20 世纪 80 年代初，Pearl 和 Kim 最早在人工智能（artificial intelligence）中研究贝叶斯网络的概率推理方法，他们为 "Polytree" 开发出 "消息传递" 算法。"Polytree" 是一种在两节点间只有一条路径的单连接网络，所以容易利用条件概率和边际化进行精确推理。Pearl（1986）推测人类通过一个特殊的方式把一个领域的知识公式化来做推理，这种方式能极大地简化一定变量在给定证据下的后验概率的计算。Lauritzen 和 Spiegelhalter（1988），提出聚类方法（clustering），把网络中的节点用一种方式分组成 "超节点"，使 "超节点" 构成 "Polytree"。

一般来说，对于任意贝叶斯网络的准确的概率推导是一个 "NP-hard" 问题。尽管在理论上讲，近似方法也可能存在 "NP-hard" 问题，但由于近似方法已牺牲推导结果精度换取推导效率的提高，故已在许多应用中显示出很好的实用性。面对现实世界实时性、响应性等要求，近似方法逐渐成为主流方法，随机模拟采样法就是其中应用最广的概率推理方法，而对 "NP-hard" 问题的求解，可以参考 Pearls 算法和 Gibbs 算法。

随着数据库和数据仓库的发展，数据库中的知识发现逐渐成为人们的研究热点。由于贝叶斯网具有如下特点：①能处理不完备数据集，贝叶斯网络反映的是整个数据域中数据间的概率关系，因而解决了数据不完整、数据丢失和有噪声的问题。②具有基于因果知识和因果关系作决策的能力。贝叶斯网络是数据间依赖关系的图形模式，语意清晰、易于理解，凭借因果知识就能在了解一些行为的前提下，解释可能出现的结果，并进行预测和决策。③用概率论的方法综合先验知识和样本数据，不仅能体现出变量间定性的关系，而且还反映出它们的定量特征，是一种定性、定量相统一的方法。

在一般情况下，决策者可以根据已获得的历史资料数据，以及主观知识（包括经验、直觉、判断等），对未来自然状态发生的概率作出主观估计（即先验概率）。然而，它很难准确地反映客观真实情况，如果决策结果对先验概率非常敏感，就必须通过市场调查等方法收集有关自然状态的新信息，用以修正对自然状态的概率估计。贝叶斯决策理论就提供了一种修正先验概率的科学方法。

由于任何调查（或试验）的结果都不可能是完全准确的，而先验知识或主观概率也不是完全不可信任的，贝叶斯理论巧妙地将这两种信息有机地结合起来，从而使决策更加完善和科学。因此，贝叶斯理论在统计决策中处于非常重要的地位。

5）人工神经网络

人工神经网络（artificial neural network，ANN）是一门新型的信息处理科学，它主要用来模拟人脑结构，是进行智能化处理的一个前沿研究领域，因具有独特的结构和处理信息的方法，在许多实际应用中取得了显著成效。近年来，神经科学、数理科学、信息科学、计算机科学的快速发展，使得研究大脑工作模式，即非程序的信息处理的人工神经网络成为可能。

早在 20 世纪 40 年代初期，McCulloch 和 Pitts 就提出"模拟人脑机器"（mind-like machine）的思想和模型。随着计算机技术的不断发展，ANN 研究目标已从"模拟人脑机器"逐步向"学习机器"转变，为此一直关心神经系统适应律的 Hebb 提出学习模型，Rosenblatt 将其命名为感知器，并设计出一个引人注目的结构。

60 年代，关于学习系统的专用设计指南有：Widrow（1962）等提出的 Adaline（adaptive linearelement），即自适应线性元，以及 Steinbuch 等提出的学习矩阵。Minsky 和 Papert（1969）对 Rosenblatt 的工作进行了深入的研究，出版了颇有影响的 *Perceptron* 一书，他们从数学上证明感知器不能实现复杂逻辑功能，从而降低了人们对神经网络的研究热情。

70 年代，Grossberg 和 Kohonen 对神经网络研究作出重要贡献。以生物学和心理学证据为基础，Grossberg 提出几种具有新颖特性的非线性动态系统结构。该系统的网络动力学由一阶微分方程建模，而网络结构为模式聚集算法的自组织神经实现。基于由神经元组织自身调整多种模式的思想，Kohonen 发展了他在自组织映射方面的研究工作。Werbos 在 70 年代开发出一种反向传播算法——Hopfield，即在神经元交互作用的基础上引入一种递归型神经网络，这种网络就是著名的 Hopfield 网络。

80 年代初期，世界著名物理学家 J. Hopfield 通过潜心研究，提出 HNN 模型。他引入能量函数的概念，提出网络稳定性的判断依据，在 1982 年、1984 年发表有关神经网络的两篇论文，鼓舞和激励了一大批科学家、数学家和工程师投入神经网络研究的领域。同时美国国防部的 DARPA 计划（Defense Advanced Research Projects Agency），也大大推动了神经网络研究的复苏和发展。

至今，科学家们已经提出许多种具有不同信息处理能力的神经网络模型，神经网络也被应用到许多领域，并取得了令人鼓舞的进展。

人工神经网络具有生物神经网络的许多特点，主要表现为：①高度的并行性。人工神经网络是由许多相同的简单处理单元并联组合而成，虽然每个单元的功能简单，但大量简单处理单元的并行活动，使其对信息的处理能力与效果惊人。②高度的非线性全局作用。人工神经网络每个神经元都接收大量其他神经元的输入，并通过并行网络产生输出，影响其他神经元。③良好的容错性与联想记忆功能。人工神经网络通过自身的网络结构能够实现对信息的记忆，这使得网络具有良好的容错性，并能进行聚类分析、特征提取、缺损模式复原、模式分类、模式联想、模式识别等工作。④强大的自适应、自学习功能。人工神经网络可以通过训练和学习来获得网络的权值与结构，进而得到很强的自学习能力和对环境的自适应能力。

由于人工神经网络具有这些特点，它有两个与用传统方法进行信息处理完全不同的性质。第一，神经网络是自适应和可以被训练的，它有自学习能力。第二，神经网络本身就决定了它是大规模并行机制，擅长通过大量复杂的数据进行分类和发现模式或规律。人工神经网络模型发展到今天已有百余种模型，它们是从各个角度对生物神经系统不同层次的描述和模拟。代表性的网络模型有感知器、多层映射 BP 网络、GMDH 网络、RBF 网络、双向联想记忆（BAM）、盒中脑（BSB）、Hopfield 模型、Boltzmann 机、自适应共振理论（ART）、CPN 模型等。运用这些网络模型可实现函数近似（数字逼近映射）、数据聚集、模式分类、优化计算、概率密度函数估计等功能，因此人工神经网络被广泛用于自动控制、复杂系统仿真、机器人统计学等领域。

第 2 章 IT 项目管理概述

随着时代的进步与科技的飞速发展，很多组织或个人都对项目管理产生了浓厚的兴趣。在 20 世纪 80 年代前，项目管理的工作还主要集中在向公司的高级管理层提供进度以及资源的数据信息方面，当然这其中的一个重要因素是对项目关键参数的跟踪。但是在当今时代背景下，项目管理所包含的内容要比之前项目管理所包含的内容多得很多。例如，新技术已经成为促进组织或个人发展的一个极为重要的因素，飞速发展的计算机软硬件技术、网络技术，以及跨学科的、遍布全球的工作团队已经彻底改变了人们的工作环境。许多组织或个人都认为合理运用项目管理可以带来更大收益，例如，可以更好地控制和管理公司、企业的财力、物力、人力资源；改善与客户的关系；提高产品的质量和可靠性；获取更大的利润；缩短项目的开发时间；提升员工的工作效率，进而提高生产率。

本章主要用其他学科与项目管理进行比较，介绍项目管理的发展过程、历史，提供一些关于项目管理的发展信息。虽然在各行各业中都存在项目管理，但是本书着重讲述项目管理在 IT 项目中的应用。

2.1 项目的概念

2.1.1 项目的定义、分类以及其基本特征

1) 项目的定义

在人们的日常工作和生活中，随处可见项目的影子，如新产品的开发、新软件的研发、新设备的引进等。但是，"项目"作为一个专业术语，到目前为止仍没有一个公认的、统一的定义。凯西·施瓦尔贝（Kathy Schwalbe）在其《IT 项目管理》一书中指出："项目"就是为了实现一个独特的目的而进行的临时性的任务。美国项目管理协会（Project Mangement Institute，PMI）在其编写的《项目管理知识体系指南》（*A Guide to the Project Management Body of Knowledge*）中指出：项目是为了创造某一独特的产品或服务所作的一次性努力。

2）项目的分类

项目的结果可以是一项无形的服务，也可以是一项有形的产品，不同层次的组织或个人都具有承担项目工作的能力。有些项目只需要几个人、几个小时就可完成，有些项目则需要成千上万人、上千万个小时才能完成，所以项目可以根据不同的原则以及标准进行划分，如表 2-1 所示。

表 2-1　项目的分类

分类标准	分类情况
从项目的性质来看	技改项目、科研项目、产品开发项目、采购项目、投资项目等
从项目的组织来看	企业项目、非营利机构的项目、政府项目等
从项目的结果来看	产品项目、服务项目等
从项目的规模来看	特大型项目、大型项目、中型项目、小型项目
从项目的复杂程度来看	复杂项目、简单项目等
从项目的行业领域来看	建筑项目、工业项目、农业项目、交通项目、医疗卫生项目等

3）项目的基本特征

作为一种为了完成某种特定目标而运用各种资源的复杂的系统工程活动，一般项目都具有以下几个基本特征。

（1）项目的目标具有明确性。项目的规模、技术水平、质量标准、服务年限、工作范围、进度计划、成本计算等都应该有明确且详细的界定，这些目标的要求都要明确、详细、可查询，且能满足期望与需求。

（2）项目的实施具有一次性和非重复性。一个项目必须是一次性的任务，有产出与投入、有时间计划与有限的寿命、不可以简单重复。例如，用同一张图纸修建两所研究院，但因为地理位置、时间、周边环境不同，则属于两个项目。

（3）项目的组织具有整体性。一般来说，项目是由若干个子项目组成的，这些子项目之间又有着独立的逻辑顺序关系，子项目之间相互依存、相互制约，构成一个完整的项目。

（4）项目的资源具有有限性。要完成项目的组织或个人所拥有的资源总是有限的，因此每一个项目的投入、所需时间等，都是要事先确定。在事先确定的范围内完成，则项目完成，若超出事先确定的范围，则项目有可能终止。例如，某公司要制作一套关于停车的软件，计划使用 3 个月、耗资 200 万元。如果在规定的条件下完成，则项目完成；如果所用时间或金额不符合条件，则该项目可能要终止，这也是项目管理要解决的问题。

（5）项目的完成具有不确定性。即使是具有丰富经验的组织或个人也会碰到某种全新的、从未做过的项目，因此，项目的完成具有不确定性。正因为如此，项目的目标是明确的，但项目的结果是不确定的，项目在实施过程中经常会遇到未知的风险，故对项目进行风险管理是十分必要的。

2.1.2 IT 项目及其特征

1）IT 项目

IT 项目（information technology project）是为了创造唯一的、以信息技术为主体的产品或服务的时限性工作。从广义来讲，凡是与信息技术相关的项目都可以看成 IT 项目；从狭义来讲，IT 项目是指应用信息技术按限定时间、限定费用和要求的质量标准完成的一次性任务或管理对象，它包括整个信息系统软硬件的集成和开发，如通信工程、网络项目、软件开发项目、信息服务和信息系统项目等。

IT 项目的表达式可以描述为 $ITP = P(F, C, T, Q)$，其中，P 是函数，描述它们之间的相互关系；F 是指任务的目标范围；C 是指任务所需费用；T 是指任务所需时间；Q 是指任务所要求的质量。

一般意义而言，IT 项目可以分为三类：①应用软件开发项目，主要指信息系统开发与实施、门户网站、应用数据库，以及辅助决策支持系统项目等。②IT 系统平台构建项目，主要指系统硬件配置、系统网络和系统集成等。③IT 项目，主要指信息系统咨询规划项目、信息化人才、培训项目等。

本书所讨论的 IT 项目则主要集中在第一个方面，即企业信息化项目，主要包括软件项目、信息系统的开发和实施过程等。信息技术的发展以及市场需要是 IT 项目产生的根本原因。

2）IT 项目的特征

IT 项目具有一般项目所具有的特征，如项目的目标性、整体性、寿命周期性、耗费资源性等。同时，IT 项目还具有一些自身的特征，主要表现在以下几个方面：

（1）目标不明确、任务边界模糊、针对性强。IT 项目的目标不明确性是指在 IT 项目的开发过程中，客户往往只是在项目刚刚开始时有一些初步的功能要求，并没有具体、明确的想法，也没有确切的要求，因此 IT 项目的任务范围对项目组所做的系统规划和需求分析要求很高。为了更好地审查与定义 IT 项目的质量要求与任务范围，客户方可以聘请专业的 IT 项目监理、IT 项目咨询机构来对项目的实施情况进行监督。

（2）知识资源型。如果说传统建造项目的实质是"资源消耗"型项目，那么 IT 项目则是"智力密集型"项目，它的实质是"知识资源型"项目，主要以无形的智力产品为项目目标，其技术性强且不确定性因素多，项目成员能力、经验、素质、对项目本质的认识、责任心、项目组织管理水平，以及项目实施团队的稳定性和合作精神对项目的成败产生直接影响。

（3）客户需求变更频繁、项目开发周期长。尽管在 IT 项目开发前，IT 项目组已经对其做好了系统规划以及可行性研究，签订了相对明确的技术合同，但是随着系统分析、设计和实施的不断发展，客户的需求被激发出来，从而导致需要经常修改程序和相关文档，而在修改过程中又随时可能产生新的问题，这些问题被发现所需要的时间可能相当长，这就要求项目组要随客户的需求不断对项目计划进行修改与调整。

（4）依赖于原管理系统。IT 项目对环境的依赖程度也是决定项目成败的重要因素，其对原管理系统的依赖性很强，基于原系统，又高于原系统，故原系统的管理基础工作、管理水平和人员素质等直接影响 IT 项目的成效。

2.2　项目管理

2.2.1　项目管理的定义

项目管理是一套基于公认的、被接受的管理原则的技术方法，这类方法或技术用于工作计划、工作评估、控制工作活动，以按时间、按预算成本、依据行业规范达到最理想的结果。项目管理是管理学的一个分支学科，项目管理是指运用专业的知识、技能、工具和方法，在项目有限的资源限定条件下，使项目活动实现或超过原本设定的需求和期望。

项目管理是指由与成功地达成一系列目标相关的活动（譬如任务）组成的整体。这些活动包括策划、进度计划和维护组成项目的活动的进展。项目作为一种繁琐而复杂的系统工程活动，通常需要消耗大量的人力、物力、财力，所以为了更好地完成项目，必须首先对项目进行科学的管理。

2.2.2　项目管理的特点

1）项目管理是一项繁琐而复杂的工作

项目管理一般来讲是由多个部分组成、跨越多个组织的工作，需要运用多种学科知识来解决其所对应的问题；项目工作通常是在拥有许多未知因素的情况下执行的，而每个因素也经常带有不确定性；此外还需要将来自不同组织、具备不同技术的人员合理地组织到一个临时性的组织之内，在技术性能、技术成本、技术进度等条件都被较为严格约束的情况下，实现项目目标，等等。这些因素共同决定了项目管理是一个繁琐而复杂的工作，而且生产和管理的复杂性有很大不同。

2）项目管理具有其独有的创造性

由于项目管理的实施具有一次性的特征，因而在承担风险的同时也要发挥其独有的创造性。这也是一般重复性管理与项目管理的主要区别。科学技术的发展与支持决定了项目独有的创造性，主要体现在以下两点：一是继承积累性，体现在人类可以沿用前人的工作经验，并在此基础上不断向前发展。二是综合性，体现在项目管理要解决繁琐而复杂的问题，往往要依靠和综合多种学科的研究成果，并将多种技术相互结合。

3）项目有其特有的生命周期

项目管理的本质就是对一次性的工作进行计划与控制，并且在规定期限内使其达到预定目标。一旦目标得到满足，项目就会因为失去其存在的意义而解体，因此项目具有特有的生命周期。

4）项目管理具有专门的组织结构

项目管理需要统一领导，要创造一个特殊的项目组织。项目的繁琐性与复杂性随其范围的不断变化而变化。项目越大越繁琐、复杂，项目涉及的学科、技术种类也越多。在项目管理过程中出现的问题大部分是贯穿于各个组织部门的，这就要求这些不同部门相互关联、相互依存，并且迅速作出合理反应。但是传统的直线职能组织并不能尽快而且大量地横向协调各自需求并相互配合，因此，需要建立一个专门的组织，以围绕专一任务作出决策。这样的组织就可以不受现存组织的管理与约束，而是由专业人员构成，这些专业人员可以来自于不同专业、不同部门。因此，矩阵可以合理组织这种复杂而且包含多种学科的项目，这也是一种可以使项目组织与职能组织都获得好处的组织方式。

由此可见，项目管理是适用于一次性任务的管理方法，特别适用于那些责任相对重大、关系相对复杂、时间相对紧迫、资源相对有限的项目。

2.2.3　项目管理的历史

项目管理通常被大家认为是诞生于第二次世界大战之后，然而事实上，项目管理有着源远流长的历史，其发展大致经历了以下几个阶段。

1）古代项目管理时期

古代项目管理的代表作有中国的故宫、埃及的木乃伊、古巴比伦的空中花园等伟大工程。因此，可以说，项目管理古已有之。

2）近代项目管理的萌芽时期

项目管理在 20 世纪四五十年代主要应用于国防和军工。美国研制第一颗原子弹的过程就是一次项目管理，并将其命名为"曼哈顿计划"。美国退伍将军莱斯利·R. 格罗夫斯后来编写了一本会议录——《现在可以说了》（*Now it can be told：The story of the Manhattan Project*），详细记载了整个项目管理过程。

3）近代项目管理的成熟时期

在 20 世纪 50 年代末期，美国出现了关键路径法（CPM）和计划评审技术（PERT）。1957 年，美国路易斯维尔化工厂，由于生产工艺的要求，必须昼夜连续作业，因此，不得不每年安排一些时间对生产线进行检修，最后一次检修竟花费了 125 个小时。在这之后，工作人员精细分解修复过程，惊奇地发现，缩短路径上最长步骤的持续时间，就可以缩短检修的时间。他们对其进行了多次优化，最后只用了 78 小时就完成了检修，节省时间达到 38%，产生效益达 100 万美元。这是迄今为止项目管理从业者仍在使用的著名的时间管理技巧，即关键路径法，简称 CPM。就在这一方法发明一年后，美国海军开始研制北极星导弹。这是一个军事项目、一项新技术、一个庞大的系统工程，相关记录显示，美国三分之一的科学家参与了这项工作。管理这样一个大的项目是十分困难的。当时，该项目组织者提出一个方法：为每个任务估计一个悲观的工期、一个乐观的工期和一个最可能的工期，基于关键路径法的技术，用三值加权的方法进行编排，最后竟然只用了四年时间就完成了原计划六年才能完成的项目，节省时间 33% 以上。在 20

世纪 60 年代，花费近 400 亿美元，接近 42 万人参加的"阿波罗"载人登月计划也同样使用了这种方法，大量节约了成本，并取得了巨大的成功。也正因为如此，使得项目管理有了相对科学的系统方法。现在，CPM 和 PERT 通常被称为项目管理的"传统武器"和经典的项目管理工具，主要用于军工和建筑行业，项目管理的任务就是项目的实施。

4）项目管理的传播和现代化时期

在 20 世纪 60 年代末，美国成立了一个国际性组织 PMI（Project Management Institute），即美国项目管理学会，它是一个国际性学会，并且拥有超过 5 万名会员，是项目管理专业领域中最大、最权威、由各行各业专业人士组成的全球性专业组织。随着这个组织的出现，项目管理得到了巨大的发展。在这之后，PMI 一直致力于项目管理领域的研究工作。1976 年，PMI 提出制定项目管理标准的设想，经过十多年的奋斗与努力，终于在 1987 年推出项目管理知识体系指南（*Project Management Body of Knowledge*），简称 PMBOK。这是项目管理领域的又一个里程碑。因此，项目管理的专家把 20 世纪 80 年代之前的项目管理称为"传统项目管理"阶段，把 80 年代之后的项目管理称为"新项目管理"阶段。

根据这个知识体系可以把项目管理归纳为以下几类：项目范围管理、项目时间管理、项目费用管理、项目质量管理、项目人力资源管理、项目风险管理、项目采购管理、项目沟通管理和项目整合管理，这九大项目管理领域。PMBOK 又分别在 1996 年和 2000 年进行了两次修订，使得该体系更加完整和趋于成熟。20 世纪 70～80 年代，项目管理理念迅速传遍全球，在当时，我国称之为统筹法（这是华罗庚教授首先将其介绍到国内时，根据其核心思想为它取的名称）。

项目管理的发展从美国最初的军事项目和宇航项目逐渐扩展到各种类型的民用项目，其特点表现为面向市场、迎接竞争，项目管理除了计划和协调外，对项目的采购、合同、进度、费用、质量、风险等都给予了很大的重视，这就初步形成了现代项目管理的知识体系框架。

5）现代项目管理的新发展时期

进入 20 世纪末，项目管理又有了新的进展。为了适应全球迅速发展的经济挑战，项目管理变得更加注重人文因素、更加注重顾客、更加注重人性化管理。在这个时期，应用领域得到进一步发展壮大，特别是在新兴的产业，如通信科技、软件市场、信息金融、医药科技等。现代项目管理的任务已经不是只执行任务那么简单了，还要对项目进行开发、经营，并且对经营之后形成的产品及其他成果进行管理。

　　项目管理的理论方法来源于项目管理的工作实践，发展到现在，项目管理已经成为一门重要的学科，然而大部分从事项目管理的人员所拥有的专业知识并不是从学习中获得的，而是通过工作中不断积累的经验获得，并且他们依旧在不断发现与获取新的专业知识。一般来说，他们需要通过较长的时间，付出不菲的代价之后，才能成为专业的项目管理人员。正是因为这样，越来越多的组织与机构发现了项目管理的重要性，项目管理的组织决策者开始要求参与者对项目管理的知识进行学习，来规避可能出现的一些项目风险。在当今时代背景下，项目管理得以迅速发展并深入人心。在西方的一些发达国家，项目管理的学习热潮已经超过 MBA，俨然成为一门举足轻重学科。

　　由于项目管理对于那些具有重大责任、关系复杂、时间相对紧迫、资源相对有限的项目具有很好的适应性。所以，当今社会，越来越多的人开始认识到项目管理的重要，项目管理间的学术交流活动也日益频繁。项目管理在国际上的适用情况、项目管理在我国如何发展，都已经成为我国政府和各行各业共同关注的问题。

　　如今，在西方的发达国家，项目管理已经不再只适用于建筑、航天、国防等传统领域，电子商务、计算机科技、软件开发、金融业、制造业，甚至是一些政府机关都已经开始接触项目管理这一重要学科。

2.3　IT 项目管理

2.3.1　IT 项目管理的定义

　　IT 项目管理就是把项目管理应用在 IT 项目上，结合 IT 行业所独有的特点，运用项目管理的技术、理念与方法，其中包括九大知识领域（项目综合管理、项目范围管理、项目时间管理、项目成本管理、项目质量管理、项目人力资源管理、项目间相互沟通、项目风险管理和项目采购管理）以及项目启动、项目计划、项目实施、项目控制和收尾等过程组成。

　　IT 项目管理顾名思义就是对 IT 项目进行管理，IT 项目管理属于管理学的范畴，对 IT 项目进行管理，按照 PMI 定义，项目管理（project mangement，PM）是指"在项目活动中运用专门的知识、技能、工具和技术，使项目能够实现或超过项目干系人的需要和期望"。这个定义不仅要求使用专业的技能与知识，同时也强调各个参与者在项目管理中的重要作用。图 2-1 是为初步理解 IT 项目管理这个概念而绘制的简单框架图。在这个框架图中，关键要素分别是利益相关者、项目管理知识领域及项目管理技术与工具。

图 2-1　项目管理框架图

　　项目利益相关者，又称项目干系人，是指积极参与项目或其利益会受到项目执行或完成情况影响的个人或组织，包括项目发起人、项目团队、项目支持人员、项目使用者、供应商、客户，甚至是项目的反对者。项目干系人对项目的目的和结果施加影响。成熟的项目管理团队必须识别项目干系人，确定他们的需求和期望，尽最大可能地管理与需求相关的影响，以获得项目的成功。

　　项目管理知识领域是指项目经理必须具备的一些重要知识与能力。图 2-1 的中间部分表示项目管理的九大知识领域。项目管理的四大核心知识领域是指项目的范围、时间、成本、质量。它们被视为核心知识领域，这是因为在这几个方面会形成具体的项目目标，下面对其分别作出简要的解释。

　　（1）项目范围管理是指为实现项目的最终目标，对项目的日常工作内容进行管理与控制的过程。它包括界定项目范围、规划项目范围、调整项目范围等。

　　（2）项目时间管理是指为了确保项目可以按时完成的一系列管理过程。它包括具体项目活动的界定、项目活动的排序、项目时间预估、项目进度安排以及对项目时间进行控制等工作。有学者把 GTD 时间管理这一概念引入其中，从而大幅提高了工作效率。

　　（3）项目成本管理是指为了保证完成项目的实际成本以及费用不超过预算的成本、费用的管理过程。它包括项目资源的配置、预估项目成本以及对项目费用进行控制等项工作。

　　（4）项目质量管理是指为了确保项目在完成时可以达到客户所规定的质量要求而进行的一系列管理过程。它包括规划项目质量、控制项目质量和保证项目质量等。

　　项目管理的四个辅助知识领域分别是人力资源、沟通、风险、采购管理。之所以称它们为辅助知识领域，是因为项目目标是通过它们来实现的，分别简要介绍如下。

（1）项目人力资源管理是为了充分发挥所有的项目干系人的能力以及积极性而进行的一系列管理措施。它包括项目组织的规划、项目团队的建设、项目人员的选聘以及建设项目班子等一系列工作。

（2）项目沟通管理是为了确保各项目之间信息的合理收集与传输所采取的一系列措施，它包括项目间沟通规划、信息传输与进度报告等。

（3）项目风险管理涉及项目工作中可能遇到的各种不确定的因素。它包括项目风险识别、项目风险量化以及制定风险对策并且对项目风险进行控制。

（4）项目采购管理是为了获取项目实施组织之外的资源与服务而进行的一系列管理措施。它包括项目采购计划、采购与征购、项目资源的选择以及项目合同的管理等工作。

九大知识领域中的项目综合管理是一项整体功能，它影响其他知识领域，同时也受其他知识领域的影响。

项目的集成管理是指为确保项目之间各项工作可以有机地协调和配合而展开的综合性、全局性的项目管理工作与过程。它包括制订项目集成计划，并对其具体实施进行控制等。

项目管理工具与技术用来帮助项目经济与项目团队成员进行范围、时间、成本和质量的管理。另外，还有一些工具可以帮助项目经理以及项目团队成员对项目人力资源、项目间相互沟通、项目风险等方面进行管理，以实现项目综合管理的目的。例如，一些常用的时间管理软件、采购管理软件、项目综合管理软件等。

2.3.2　IT 项目管理的现状

IT 项目的成功率一直很低，1994 年，Standish Group 在研究报告 *The Standish Group CHAOS Report* 中指出，彻底失败的项目占总项目的 31.1%，交付使用但功能、费用及工期达不到预期效果的占总项目的 52.7%。2000 年，Standish Group 又发布调查结果指出，彻底失败的项目数量仍然高达总项目的 23%，而交付使用，但功能、费用及工期达不到预期效果的只降低 3 个百分点。2004 年 StandishGroup 又发布主题为"*CHAOS Chronicles*"的研究报告，对过去十年的 40 000 多个 IT 项目进行调查，其中"受到挑战的项目"仍占总项目的 51%，但报告中强调的这些项目大部分只超出预算的 20%，所有项目超预算的平均率仅为 34%。图 2-2 为 IT 项目管理过程结构示意图。

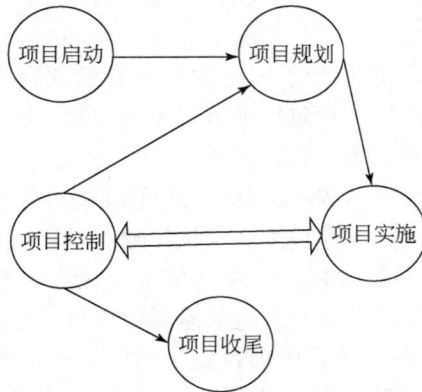

图 2-2 IT 项目管理过程结构

尽管项目失败的问题在 IT 行业中尤为突出，但在一段时期内还是没有得到相关部门的重视，其主要原因是该行业的平均获利水平要远远高于其他行业，也就是说项目的失败对 IT 行业整体盈利的影响很小。但随着经济的增长和技术的革新，IT 行业的竞争日益激烈，行业的利润呈极速下降态势，越来越多的企业开始重视 IT 项目的管理，并开始研究和探索 IT 行业成功的途径，虽然部分国内外的 IT 企业取得了 CMM（Capability Maturity Model）认证，在项目管理方面取得了一定的成绩，降低了企业的风险，但由于项目管理人才的相对匮乏、管理经验不足，导致 IT 项目管理困难，进度缓慢。

2.3.3 IT 项目管理的特点

IT 项目管理是项目管理在 IT 领域的应用，由于信息技术行业的特点，IT 项目管理除具有项目管理的普遍特性外，它的行业特性还使其具有以下特点。

1）IT 项目任务的明确性

IT 项目可以分为 IT 产品项目和 IT 应用项目，但无论是何种项目，两者都具有较为明确的起始与结束时间。当项目启用时，项目的目标与时间限制就已确定，在项目的开发计划编制中就对项目各阶段的人员与时间进行了明确的要求，故使项目开发计划可以作为整个项目开发过程中的行动指南。

2）IT 项目管理工具的先进性

对计算机的熟练使用以及从业人员相对较高的技术水平与综合素质都是 IT

行业的特点。然而 IT 项目开发的主要方式是团队协作，这也使得使用管理工具成为必然。IT 技术的飞速更新，要求 IT 项目的管理工具也要不断更新。

3）IT 项目信息沟通的及时性

现代通信技术以及计算机网络技术的使用，在 IT 项目开发过程中起到至关重要的作用。因为 IT 行业的特点，项目参与人可以实时进行电子邮件的收发，确保项目间信息沟通的及时与准确。

4）IT 项目资源提供的必要性

产品生产过程中的质量与产品质量都与制造行业生产线设备的先进性密切相关，然而，软件制造行业与传统制造行业不同的是，决定产品质量的主体不是生产线而是人，人在这个过程中起着决定性的作用，与此同时，人也是最不易控制的，所以软件开发的重要资源是拥有高素质、掌握专业技术的人。计算机是软件开发的重要工具，可以降低项目开发过程中产生的风险。

5）IT 项目测试的完善性与严谨性

为了保证 IT 产品的质量，对其进行测试是必不可少的。测试的完整程度、全面程度决定了 IT 产品的成本、质量以及进度，通过及时的测试可以发现并解决出现的问题，最终开发出合格的 IT 产品。

6）IT 项目度量的准确性

IT 项目的度量指标主要是指人数的度量、BUG 数量的度量、生产成本的度量等。合理的估算不但可以为项目开发计划提供合理的依据，而且可以为项目合同评审提供重要依据。

7）IT 项目管理的贯穿性

大型项目开发、模块间的接口及系统的整合及测试都需要有一个公共的文件存储平台，而这一平台的建立也可最大限度地降低由于开发人员的流动及网络安全性受侵所带来的损失。文件存储平台的建立，一方面保证了项目开发的安全性，另一方面保证了项目的顺利进行。

2.4　本章小结

本章主要介绍项目的概念、项目管理以及 IT 项目管理的理论体系。在项目的概念一节中，简要介绍项目和 IT 项目的定义、分类和基本特征。在项目管理一节中，简要阐释项目管理的定义与特点，并详细介绍项目管理的历史。在 IT 项目一节中，重点介绍 IT 项目的定义与特点，在上述基本知识的基础上，对 IT 项目管理框架进行阐述，从理论上对项目、IT 项目、项目管理、IT 项目管理，进行详细说明，并介绍其区别与联系。

第 3 章　IT 项目风险管理体系

在 IT 项目管理中，管理者应尽量定义明确不变的需求，以便开展计划并高效管理，但商业环境总是快速变化的，甚至是无序变化的；所以，企业在进行项目管理的过程中，必须采用合适的风险管理方法，以确保 IT 项目在规定的预算和期限内完成。风险管理微咨询能够帮助企业提炼 IT 风险管理焦点问题，分析风险起因，排除无效 IT 治理，解决遇到的实际问题，帮助企业在规避 IT 风险的同时利用 IT 风险为企业创造价值。

3.1　项目风险管理

3.1.1　风险及其特征

1）风险的定义

通常把风险定义为"损失或伤害的可能性"，通俗地讲，风险就是即将发生的危险。风险与很多事情相互关联。例如，对一个堆放易燃易爆物品的仓库而言，它存在的风险就是火灾；一个项目团队为了提高投标竞争力，作出了超前承诺，这也使得该项目有很大的风险。风险其实就像天气一样，不管人们是否喜欢，它是不以人的意志而转移的，但是这并不意味着风险不可避免。例如，人们为了上班不迟到，会提前做很多准备，如定闹钟、提早出发、了解路况等。所以，风险虽然不可预知，但如果积极应对，就可以降低风险带来的损失。

综上所述，本书将风险定义为：客观存在、不以人的意志而转移，并且大小是可以衡量的，但是它也会像天气一样随机改变。风险具备下列要素：事件、事件发生的概率、事件的影响、造成风险的原因。所有事情的风险都能被定义为这样一个函数式：

$$风险 = f（事件，不确定性，后果）$$

2）风险的主要特征

探讨"风险"的特征是为了更好地把握"风险"的含义和精髓。同时，对风险特征的认识，也能使人们更好地理解和掌握有关原则和风险管理的内容，帮助人们正确、顺利地进行风险识别、风险分析、风险评估和风险控制。

风险的内涵包括两个方面：第一，风险意味着出现了损失，或者没有达到预期的目标；第二，这种损失的存在或不存在是一种非确定性的随机事件，可通过概率表示出现的可能性，但不能在存在或不存在方面给予肯定的判断。

风险具有以下几个主要特征：

（1）风险的普遍性。风险是普遍存在的，尤其是当项目处于未知的内外部环境中时，其并不以人的意志而转移。

（2）风险的随机性。风险就像灾难的降临，是无法预估的，不论任何时间、任何地点，风险都是可能发生的。

（3）风险的相对性。相同的风险对不同的项目来说造成的影响也会完全不同，因为项目中的人员组织结构等都不同，所以处置和承担风险的能力也不同。

（4）风险的可变性。风险会随人们应对风险的方法变化而发生改变。

（5）风险的可管理性。风险虽具有多种特征，但还是可以通过一定的管理手段对其进行控制的。

（6）风险的不确定性。影响风险产生的因素有很多，并随因素的变化而发生变化，因此风险具有不确定性。

（7）风险的不利性。在项目的管理过程中风险会对项目产生许多不良以及消极的影响，甚至有可能使得项目蒙受巨大损失或彻底失败，这就要求项目组的各个成员对风险有足够高的重视。对风险进行足够的分析，并提前制订出应对风险的对策计划，使风险对项目的影响降到最低，以减少风险给项目带来的巨大损失。

（8）风险的对称性。一个项目要获得收益就要承担风险，获利越大相应的风险就越大，风险的大小与获利的多少是成正比的，利益与风险永远成对出现，这也就产生了为巨大利益而承担巨大风险的项目。

3）IT项目风险与一般风险的差别

IT项目风险，除了具有一般风险特性外，与其他类型的风险相比，存在以下差别：

（1）IT项目风险的诱发因素较多。IT项目风险，不仅仅有IT系统技术层面的诱发因素，还有管理层面、人员层面、业务流程层面等众多因素，并且这些因素相互影响和相互制约，使得IT项目风险的因素更加复杂，难以准确识别。

（2）发生的偶然性。IT项目风险受技术及管理缺陷、人为及自然等多种因素影响，其是否发生、何时发生及发生的可能后果都存在不确定性。

（3）目标不明确、任务边界模糊、针对性强。IT 项目的目标不明确性是指在 IT 项目开发中，客户常常在项目开始时只有一些初步的功能要求，没有明确的想法，也提不出确切的需求，因此 IT 项目的任务范围很大程度上取决于项目组所做的系统规划和需求分析。为了更好地定义或审查 IT 项目的任务范围和质量要求，客户方可以聘请 IT 项目监理或咨询机构来监督项目的实施情况。

（4）知识资源型。如果说传统建造项目的实质是"资源消耗型"的话，那么 IT 项目则是智力密集型项目，它的实质是"知识资源型"，主要以无形的智力产品为项目目标。其技术性强且不确定性因素多，项目成员素质、能力、经验、责任心、对项目本质的认识、项目组织管理水平，以及项目实施团队的稳定性和合作精神对项目的成败产生直接影响。

（5）客户需求变更频繁、项目开发周期长。尽管在 IT 项目开发前已经做好了系统规划、可行性研究，签订了较明确的技术合同，但是随着系统分析、系统设计和系统实施的进展，客户的需求不断被激发，从而导致程序和相关文档需要经常修改，而在修改过程中又可能产生新的问题，这些问题很可能经过相当长的时间后才会被发现，这就要求项目组要根据客户的需求不断调整项目计划。

（6）依赖于原管理系统。IT 项目对环境的依赖程度也是决定项目成败的重要因素，尤其是对原管理系统的依赖性很强，它"基于原系统，又高于原系统"，故原系统的管理基础工作、管理水平和人员素质等直接影响 IT 项目的成效。

3.1.2　风险要素

风险要素主要有三：风险因素、风险事故和风险结果。三者之间的作用关系反映了风险的作用链条，如图 3-1 所示。

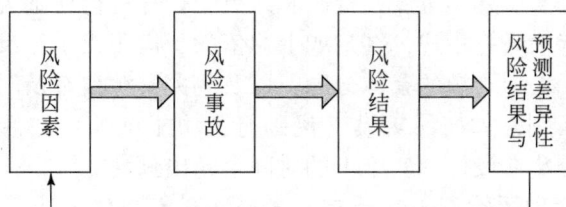

图 3-1　风险要素作用关系

1）风险因素

风险因素是指能够增加或导致风险事件发生频率或影响损失的严重程度的因素，如汇率的变动。风险事件发生的潜在条件即是风险因素。

风险因素分为实质性风险因素、道德风险因素和心理风险因素三大类。实质性风险因素可以归为有形因素，指增加某一风险发生机会或损失严重程度的直接条件。道德风险因素可以归为无形因素，指由于个人品德不诚实或有不良企图，故意促使风险事故发生或扩大已发生的风险事故的损失程度的因素，与人的品德修养有关。心理风险因素也属于因素偏重于人的恶意行为或不良企图，心理风险因素偏重于人的善意的疏忽和过失行为。

IT 项目中常见的风险：

（1）需求风险。调研需求对项目建设的意义是十分重要的。国内外 IT 项目风险管理的研究成果表明，IT 项目的成功，70% 取决于需求。如果需求不清晰或需求描述不准确，那么业务管理、资源建设工作将无法开展。调研工作的内容包括选择合适的调查对象和调查范围、准确描述需求并按需要适时调整需求等。需求风险一般包括以下几点：①要求已经明确，但需求仍不断变化和调整；②需求定义不明确，导致项目的范围进一步扩大；③在整个项目周期中，不断产生新的需求；④较少涉及最终用户的需求确认；⑤缺乏变革管理的有效需求；⑥用户需求变更管理机制不健全。

（2）制订计划风险。需求调研工作完成之后，就进入规划阶段。规划工作总领 IT 项目建设全局，它规定了项目建设的总体框架和实施路线。制定规划时，应当根据项目机构基础业务状况、资源状况、信息化状况、资金状况等因素，合理确定总体布局，明确实施步骤。规划阶段的主要任务是对项目建设的可行性进行论证，制订项目建设规划，明确各时期工作目标，同时制订项目建设方案等。方案应对建设模式、预算、进度、资源和人员安排等进行详细说明。计划风险一般包括：①过度依赖最终用户，客户或上司依赖于口头指示，没有相关的审批和记录；②计划基于人力资源的具体分配，以及相关资源没有及时到位；③评估项目范围和实际的区别，如产品规模（代码行、功能点等）估计的偏差；④进入新的产品领域，花费在设计和实施上的时间会超出预期。

（3）组织与管理风险：①缺乏技术人员，只有整体的决策管理层的项目人员或营销人员的参与；②项目组织与项目的匹配；③管理层对其注重程度；④预算编制和审批；⑤缺乏基本的管理流程与方法；⑥技术除外的三方合作（采购审核、法律评审等）的时间延长。

（4）人员风险：①分配与匹配任务项目人员；②项目与工作人员和管理人

员之间的关系；③缺乏团队的激励机制；④项目组人员转移，并安排后续工作的交接。

（5）开发环境风险：①及时构建开发环境；②开发环境的配套设施，如办公用品、电话、网线等；③开发环境管理杂乱无章；④开发工具的使用风险；⑤开发工具更新后的培训周期超过预期。

（6）用户风险：①最终用户对产品和服务不满意；②产品不能满足所有用户的需求；③客户项目审核周期的每个阶段比预期的时间更长；④不断变化的客户需求和生产周期；⑤现有客户恶劣条件下的系统，需要额外的测试和集成工作。

（7）产品风险：①BUG 修复和回归测试超过预期；②带来额外工作量的需求增加；③新产品与现有系统的兼容性；④外部复杂接口；⑤缺乏新的软件和硬件环境；⑥开发一个新的功能模块；⑦对应用技术的依赖。

（8）设计和实现风险：①系统设计的缺陷；②开发一种全新的功能模块；③缺少软件编码规范；④外部系统的有效集成；⑤依赖已应用技术的程度。

（9）过程风险：①大量的文档工作；②软件开发策略和规范的问题；③项目过程控制；④过多的项目汇报；⑤缺少风险管理而导致发生重大项目风险。

通过上述各种风险分析总结和查阅大量文献资料，并结合在 IT 行业的工作经验，将 IT 项目所面临的主要风险汇总，具体如表 3-1 所示。

表 3-1　主要风险汇总

项目	序号	风险因素
范围风险	1	缺少历史数据作为参考
	2	需求说明的不明确性
	3	需求说明的不完整性
技术风险	4	选择开发工具
	5	采用技术的高复杂性
	6	项目功能多、规模大
	7	技术的更新换代
控制风险	8	文档过多
	9	没有明确的里程碑
	10	执行过程监控力度小
	11	有效的项目管理方法

项目	序号	风险因素
用户风险	12	用户数量过多
	13	用户多样性
	14	缺乏用户参与和支持
	15	用户理解能力有限
	16	用户内部冲突
	17	用户对项目不够重视
	18	缺乏用户间的沟通
	19	用户环境的变化
组织风险	20	缺乏组织成熟度
	21	组织政策
	22	高层管理支持
	23	项目资源匹配
团队风险	24	团队规模
	25	成员缺乏所需技能
	26	成员经验不足
	27	人员流动性
	28	团队成员缺乏责任心
	29	人力资源缺乏
	30	团队内部冲突
	31	内部缺乏沟通

2) 风险事故

风险事故又称损失的媒介物，指直接导致损失发生的偶然事件，并可能引起经济损失或人员受伤。它是造成损失的直接原因或外在原因，是损失的媒介物，即风险只有通过风险事故的发生才能导致损失。

3) 风险结果

风险结果是指由于风险事故的偶然发生所产生的损失。这种损失是指非故意的、非预期的、非计划的经济价值或是收益的减少。损失和风险是密切相关的，对纯粹风险而言，损失是风险的直接表现和结果。风险存在和发生的可能性决定损失发生的可能性。风险发生的概率越大，风险造成的损失代价就越大，反之，代价越小。

3.1.3　项目风险管理的意义

  风险管理用一句话来说就是如何在一个含有风险的项目中，把风险发生的概率以及风险给项目带来的损失降到最小的行为。在企业的日常生产中，要稳定就必须进行风险管理，这样才能有效降低企业对风险的顾虑与恐惧、有效控制社会资源的浪费、合理地分配和利用社会资源，合理的风险管理可以使公司与项目获得巨大的利益。了解风险管理为项目带来什么收益，首先必须认同风险控制对项目的巨大作用。许多人认为风险测量就是风险管理，其实风险测量只是风险管理的一部分。理想的风险管理，是将一系列的过程有序地进行组织，在风险到来时第一时间对影响项目的风险进行处理，这样就可以降低风险对项目产生的影响，但其实这种情况发生的可能性很小，一般都是使用最优的资金以及人力、物力资源去解决影响最大的风险，而预估的产生损失较小的风险则被安排在稍后处理。综上所述，项目风险管理的目的与意义就显得简单明了，即用最小的投入尽可能地避免风险所带来的损失，以达到项目最大收益。

  项目管理中风险管理是极其重要的一个环节，它可以最大限度地完善项目管理，本书研究的并不是如何实施风险管理，而是怎样更好地实施风险管理，以及在风险管理中该如何投入。

3.1.4　项目风险管理的概述

  由于项目具有的独特性以及广泛性，项目风险存在多样性和复杂性，项目风险管理出现较强的复杂性，因而人们对项目风险管理的认识存在着一定的差异。

1）项目风险管理的内涵

  因为大部分人对项目风险管理有着不同的认识，早在 20 世纪初，德国在第一次世界大战结束后的重建中就提到了风险管理，他们着重强调控制风险、分散风险、补偿风险、转嫁风险、预防风险、回避与抵消风险等。美国在 20 世纪 50 年代过渡到全面的风险管理阶段。从风险管理的实践中可以看出，美国首先将全面风险管理应用在国防领域，并且成绩显著。美国国防部认为"对风险的实际行动与做法就是风险管理"，其中包括风险规划、风险评估、风险拟定应对方案、风险监控以及风险记录的情况。

2) 项目风险管理的含义

从系统和过程的角度来看，项目的风险管理是系统过程的一种活动，它有机地组成了项目管理过程，其中又涉及诸多因素，并将其应用到系统工程的管理技术与方法。美国项目管理学会对风险管理作出三种定义：

（1）风险管理是系统识别和评估风险因素的形式化过程。

（2）风险管理是识别和控制能够引起不希望的变化的潜在领域和事件的系统的方法。

（3）风险管理是在项目期间识别、分析风险因素，采取必要对策的决策科学与艺术的结合。

从上面的定义可以看出，项目风险管理其实是一个过程，它对项目进行过程中可能遇到的各种风险，科学地进行评估、规划、监控，因此项目风险管理也是用科学的方法来保证实践活动安全进行的总称。

项目风险管理就是为了控制和处理项目所产生的风险，有效地规避风险和减少风险带来的损失，用相对较低的成本使项目得以顺利进行，并最终得到满意的结果，项目风险管理可以分为两个部分：一是在损失发生前的目标；二是在损失发生后的目标。这两个目标构成项目风险管理的系统目标。

项目的风险来源、形成过程、潜在的破坏机制、影响范围和破坏力等问题错综复杂，简单的技术与管理并不能完全解决这些问题。因此风险管理可以识别风险，评估风险带来的影响，并建立起抵御与解决风险的一整套组织方法，项目管理组织需要运用多种合理的方法、手段及正确的辅助工具来管理风险，这样才能以最小的损失来达到解决风险的最佳效果。项目风险管理其实就是一种综合性较强的管理活动，它的理论与实践包括自然科学、工程科学、系统工程在内的多种学科。项目风险管理也需要使用高等数学以及数理统计学，其主要应用在评估风险和评价风险中。

项目风险管理的主体就是项目管理组织，尤其是项目经理。它要求项目管理组织在发生风险之前就主动地迎接风险，而不是在风险发生后被迫应对。项目管理人员应该在错综复杂的风险中将不利影响消除，甚至是将其转化为有利影响，把威胁转化为机会。

调查研究是项目风险管理的基础，在必要的时候还要进行对应的实验。只有这样，才能清楚地认识项目本身与环境之间的关系，以及两者之间的相互影响与作用，识别项目面临的风险。

风险管理是由多个环节组成的，其中包括规划风险、识别风险、估计风险、评价风险、应对风险以及监控风险，通过有组织地计划、协调和控制，并综合利用多种学科中的方法对风险进行管理，最终妥善处理风险所带来的不利影响。

3)　与项目风险管理相关的几个基本概念

（1）风险规划（risk planning）是指确定一个全面、完整、可以有机配合与协调的策略，并对其记录、识别、跟踪，同时制订风险缓解计划、持续的风险评估，以确定变化情况的风险和分配足够的资源。

（2）风险事件（risk event）是指可能导致某个项目或系统发生问题，需要作为项目重点要素加以评估，以确定风险水平的大事。对风险事件所下的定义应使人们易于理解其潜在影响和致因。例如，涡轮发动机的潜在风险事件有可能是叶片振动。当然，也可能会有一系列潜在的风险事件，需由有关专家进行筛选、考察和评估。

（3）风险评估（risk assessment）是指在项目确定后分析风险的过程，目的是促使该项目实现其性能、进度和成本目标的各个方面关键技术的过程。与风险评估相近的两个概念分别是风险识别与风险分析。风险识别是指在关键技术项目的研究中通过各种方法认识风险与鉴定风险的过程。风险分析是指在技术领域对风险进行研究，进一步完善风险特征，以识别风险、确定影响，并由产生风险的概率及风险影响的大小顺序来确定风险在项目中所造成的影响。

（4）风险处理（risk handling）是指风险识别、评估、选择和实施应对方案，目的是使项目处于一个可接受的风险水平范围内。风险处理包括确定应该做什么，根据给定的约束条件和目标，应何时完成，由谁负责，需要多少花费等具体问题。风险处理是一个含义较广的术语，而减轻风险和风险控制是它的子集。

（5）风险监控（risk monitoring）是指在整个项目管理过程中，按照既定的标准来衡量和处理风险活动的跟踪与评估系统，如果有必要，包括进一步提出风险管理方案。

（6）风险文档（risk documentation）是指记录、维护和评估风险报告，分析方案与监测结果，包括所有的计划、对项目的领导者和决策者的报告以及项目管理办公室内部报告。

4)　风险管理的基本原则

项目风险管理以避免和减少项目风险随时的发生为首要目标，对项目风险进行管理需要遵循以下几个基本原则。

（1）风险的经济性原则：在风险管理计划的制订中，风险管理人员应以总成本最小为目标，即要考虑成本。以最合理的处置方式，将经济损失降到最小，用最低的成本实现项目的安全目标，这就要求风险管理人员进行科学、严密的效益分析和成本核算。

（2）风险的战略和战术的重要性原则。对于某些项目的风险，可能会引起人们心理和精神上的紧张，这种焦虑会严重影响工作效率，降低工作热情。因此，应该通过有效的风险管理，确保每个项目虽然具有一定的风险，但其中的各种不确定因素已得到妥善处理。作为工程项目的风险管理部门，应当坚持这一原则，认真对待每一个危险因素，防止麻痹大意。

（3）风险的满意原则：不管是用什么方法处理的项目，项目风险都是客观存在的，它的不确定性是绝对的，但可控性是相对的。因此，在项目风险管理过程中应该允许存在一定的不确定性，只要能达到项目目标，即对方满意，不一定要完全消除风险。因为风险是一种可能的存在，避免或消除风险，需要大量的投入，最终不一定能达到预期的效果。

（4）风险的社会性原则：项目风险管理计划和风险规避措施，必须考虑周边因素，如关于一个项目和受影响的单位或个人的需求，同时还应重视相关法律法规，保证项目风险管理的每一步都是合法的。

3.1.5　项目风险管理的发展概况

风险是客观存在的，而且在一定的条件下其具有一定的规律。因此，通过多种技术手段的使用，可以将风险降到可接受的水平，但不能完全消除。风险是无形的，是在管理上的一种抽象概念。随着人们经验的积累，认识的不断深入，逐渐形成了风险管理的思想和比较完善的理论体系。

风险管理问题最初起源于德国。在第一次世界大战后，德国建立了风险管理的理论体系。研究早期，美国的风险管理范围相对较小，以成本管理为出发点，风险管理作为合理的管理手段。20 世纪 50 年代，在美国形成了独立的风险管理体系，并可以有效防止项目的重大损失发生，此时，美国一些大型公司的高层决策者才认识到风险管理的重要性。同时，随着科学技术的迅猛发展，技术为导向的信念受到挑战，人们用新的科学和技术开发材料、工艺和新产品，也面临着许多不确定因素，由于社会、法律、经济和技术的压力，风险管理活动在美国迅速发展起来。

从 20 世纪 60 年代开始，对风险管理的研究趋向于系统化和专业化，使风险管理成为一门独立的学科并对特殊功能领域进行管理，它用于处理那些没有发生的负面影响和带来的可能性。因此，风险管理已被广泛应用于社会经济活动的各个方面，风险管理已经成为现代管理学的重要分支，被视为一种广泛的管理功能。所有的风险都可以科学地确定、评估和控制。风险管理组织必须采取有效的应对策略，接近优势，避免劣势，使组织达到预定的目标。

　　在 20 世纪六七十年代，美国许多大学的工商管理专业都开设风险管理的课程，传统的保险系统也将风险管理作为研究重点。保险系统将风险作为一种融资工具进行研究，一些工商管理学院保险系改名为风险管理系，越来越多的部门和大学设立风险管理专业及相关课程，这些课程和科目也包括在工商管理学硕士学位（MBA）中，一些著名大学将其列入 MBA 和金融工程的课程中，对风险管理中的应用进行深入研究，目前风险管理已经逐渐发展成为一门成熟的学科。

　　20 世纪 70 年代，风险管理理念，已经在欧洲、亚洲和拉丁美洲等广泛传播。在欧洲，日内瓦协会（国际知名保险经济学协会）协助建立"欧洲保险和风险的经济学家小组"，其成员包括英国和其他欧洲国家的大学教授，讨论风险管理与保险中的学术问题，英国大学开设风险管理课程超过 20 年的历史。随后，在亚洲地区，日本的一些大学开设了风险管理课程，中国台湾和中国香港的学者也开始研究风险管理的理论与应用。

　　风险管理协会和其他相关组织的建立，风险管理教育的普及，表明风险管理已渗透到社会的各个领域。美国风险与保险管理协会（RIMS）和美国风险与保险学会（ARIS）是最重要的两个美国风险管理协会和学会。1978 年日本风险管理协会成立。随后，英国的工业和商业企业风险管理与保险协会成立。在大学中研究风险管理的课程数量急剧增加，70 年代中期，大多数的美国大学工商管理学院都设置了风险管理课程，美国也建立了 ARM（associate in risk management）证书，通过风险管理资格考试授予。通过协会活动的普及和推广，风险管理在企业文化等方面作出突出贡献，推动了全球风险管理运动的发展，也使风险管理在项目中起到支撑作用，目前，风险管理已经逐步发展成为一个相对独立的特殊产业。在美国，大多数大型企业都建立风险管理部。虽然企业人事部门单独作为员工福利计划管理的一部分，但社会保险、养老保险、医疗保险、死亡和伤残抚恤金，仍属于风险管理的范畴。

　　在 20 世纪 90 年代，随着经济全球化和社会活动大型化、市场一体化的世界潮流，项目外部环境的不确定性所导致的风险显著增加，项目面临一些新的风险，如金融风险、技术风险等。金融衍生工具也开始用于管理风险，但其也导致了一定的风险。因为用户需求复杂多变，竞争日益激烈，高新技术的迅猛发展，全球贸易和投资自由化，企业频繁和更大规模的合并，增加了项目的不确定性，也引起大家对风险和风险管理的高度重视，全面风险管理研究和实践不断深入。1992 年，COSO（the Committee of Sponsoring Organization of the National Commission of Fraudulent Financial Reporting）发布了一套企业全面风险管理的框架雏形——《内部控制–整合框架》。2004 年，COSO 在对 1992 年框架教学修订的基础上，又颁布了全新的《企业风险管理–整合框架》。这套涵盖企业风险管理目标、风险管理要素和风险管理执行层次的框架，已逐渐为市场所接受，并由美国证券交易委员会向企业推荐采纳。

在我国，风险管理意识古已有之，但都是定性且分散的。在我国恢复国内保险业务后，许多学者对风险管理进行了研究，并翻译和编写出版了大量相关书籍。在中国，对风险管理的研究开始于 20 世纪 80 年代，并已被广泛应用于工程项目。1991 年中国建立了相关学术组织，新阶段的项目风险管理研究组织，不断对项目风险管理进行理论研究与实践。2006 年 6 月，国务院国有资产监督管理委员会颁布《中央企业全面风险管理指引》，说明中央企业开始实施全面风险管理。在 2008 年，财政部会同中国证券监督管理委员会、审计委员会、中国银行业监督管理委员会、中国保险监督管理委员会共同发布《企业内部控制基本规范》，在 2009 年 7 月 1 日之后上市的公司实施，同时鼓励非上市的大中型企业执行。自 2009 年年初以来，中国注册会计师考试进行了重大改革，新的"公司战略与风险管理"课程成为许多大学开设的专业，在本科、研究生等学历层次上都开设了相关课程。

近年来，随着以信息技术为核心的高新技术的快速发展，经济全球化以及项目管理理论与方法的发展，在国防领域等一些涉及项目风险管理的领域中，项目风险管理理论技术不断推出并得到深化应用，如基于仿真的采办（SBA）、费用作为独立变量（CAIV）、渐进式采办（EA）、一体化项目管理、精明采办等。

SBA 是一种将建模仿真技术协同地应用于武器系统全生命周期的先进管理方法，是工具和资源跨管理职能部门、管理项目、管理阶段的集成，试图将武器系统采办过程中所有的职能部门、采办项目、采办阶段集成为一个协调、有序的系统，使之能最大限度地满足用户需求，提高武器系统的军事效能，降低系统开发的风险和成本。SBA 既是一种武器系统采办新模式，也是一个现代化武器系统演化开发过程，是系统工程理论与方法的发展。SBA 区别于传统型号项目管理模式的特征主要有：采用跨职能部门、多学科的综合产品组（IPT）的组织模式；将采办过程中产生的各类信息、模型和知识集成起来，形成一个分布式的产品信息库；一种集成化的产品与过程开发方法（IPDD），其武器装备开发过程是一个螺旋式上升的过程。

CAIV 是降低总费用和改进性能的工具，它在满足作战部队要求的同时提出、确定和改进单位生产费用目标和使用与保障费用目标。CAIV 将系统的研制者、制造者和使用者统一起来，实现严格的要求并进行费用权衡。尽管已经认识到在研制周期的早期，确定积极的费用目标对费用的影响最大，但是，在生命周期的较晚阶段，积极实施 CAIV 仍能使项目受益。因此，CAIV 模板是围绕项目生命周期的三个阶段组织的：新立项、改型和升级的项目，处于或者超过里程碑 B（进入或者处于系统开发和验证阶段）的项目，处于或者超过里程碑 C（处于生产和部署阶段或者更晚的阶段）的项目。

EA 是美军目前积极倡导的采办策略，它是根据在相关环境中验证的技术、分阶段要求、经过验证的制造或软件部署能力，来定义、研制、生产和部署一种具有初始使用能力的硬件或软件，并对后续增加的超出初始能力部分的研制、生产和部署作出规划。在采用 EA 的过程中，作战部队、实验部门不断沟通，通过多次试验、风险管理和不断的信息反馈，不断改进作战要求。

随着风险管理和项目管理不断深入人心，迫切需要更加完善的项目管理学科体系作为其理论基础。于是世界各国纷纷开始建立各自的项目管理知识体系（project management body of knowledge，PMBOK），这说明风险管理在管理体系中占有重要的地位。

1986 年，美国项目管理学会（PMI）的项目管理知识体系的构建（PMBOK）是世界上公认的项目管理知识体系，PMBOK 项目管理分为 9 个方面的知识，风险管理是其中的一个知识体系，至今已经发布 4 个版本。在 2001 年，中国优选法统筹法与经济数学研究会项目管理研究委员会正式推出《中国项目管理知识体系》；2006 年 10 月正式公布《中国项目管理知识体系》（PMBOK）；2008 年 9 月公布修订后的版本，每个版本都对项目风险管理进行了详细规划。

3.1.6　项目风险管理的基本过程

项目风险管理实际上是一个系统工程，是从系统观点出发，用跨学科的方法来考虑问题，运用工程的方法研究和解决系统问题。项目风险管理涉及管理的多个阶段，包括风险识别和评估，这需要通过多种评价预防方案来解决，以达到减少损失确认风险的目的。美国系统工程学院（SEI）将风险管理的过程分为许多领域，包括风险识别（identify）、风险分析（analyze）、风险计划（plan）、风险跟踪（track）、风险控制（control）、风险管理沟通（communicate）。如图 3-2 所示，在项目管理知识体系（PMBOK）中更加具体地叙述了项目风险管理的过程。

（1）项目风险管理计划：规划一个项目的风险管理活动的实施方案。

（2）风险识别：把一个可能会对项目造成巨大损害的风险的特性罗列出来。

（3）定性风险分析：简单地对风险以及罗列出来的特性进行分析，按照损害大小对风险进行排序。

（4）定量风险分析：对风险发生的概率进行计算，并估算其发生后将会造成的损失。

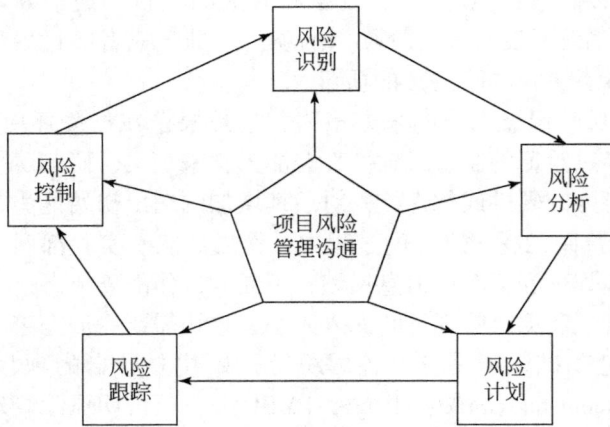

图 3-2　项目风险管理过程

（5）风险应对计划：一种可以降低风险发生概率以及降低该风险对项目造成的损害的一组项目管理组设想的对策与方法。

（6）风险监督与控制：这是一个贯穿整个项目的重要环节，对在风险识别阶段没能识别出来的风险进行控制，并应对在这之后产生的各种剩余风险，监督风险管理的整个计划，保证整个项目可以顺利有序地进行。

通过以上概述可以看出，项目风险管理包括项目风险识别分析、项目风险应对规划、项目风险监控等环节。

3.2　IT 项目风险管理

3.2.1　IT 项目风险管理的内容

项目风险管理的目标是：提高风险事件的积极性，减少风险事件的负面影响。IT 项目风险管理过程包括五个环节，它们分别是风险规划、风险识别、风险分析、风险应对、风险监控，大多数环节的工作是贯穿整个项目的，如表 3-2 所示。

表 3-2　IT 项目风险管理内容

风险管理过程	风险管理内容
风险规划	确保风险管理的活动能够被执行
风险识别	确认哪些风险将会影响项目的正常进行

续表

风险管理过程	风险管理内容
风险分析	风险分析分为定性分析和定量分析。定性分析将确定风险和发生的可能性的程度。定量分析是将风险发生的可能性和分析的结果进行量化
风险应对	对风险发生以后的应对措施
风险监控	对风险进行跟踪，以达到捕捉风险的目的；当风险出现时，对风险进行控制

3.2.2　IT 项目风险管理的特点

管理信息系统作为一类项目（简称 IT 项目）的系统有几个鲜明的特点。

1）需求不明确，系统边界模糊

在管理信息系统的开发中，客户在项目开始时往往只有一些初步的功能要求，没有明确的想法，也没有提供确切的需求，所以任务项目在很大程度上取决于项目团队的经验。由于各种信息技术的客户端性能不稳定，所以，IT 项目应符合项目团队定义的质量要求，客户的任务是审查项目。为了更好地定义或审查项目的质量要求与是否符合需求，客户可以聘请 IT 项目的监督和咨询机构，以监督项目的实施。

2）客户需求变更频繁，导致项目开发周期延长、费用增加

尽管系统已经做好了规划，可行性研究、技术签订合同更加明确，但随着系统的分析，系统设计和系统实施的进展，客户的需求不断被激发，导致程序、接口和相关文件需要频繁改变。它们可能会在修改过程中产生新的问题，这些问题很可能要经过相当长的时间之后才会被发现，这就要求项目经理全程监控调整方案和项目的实施方法。

3）IT 项目是智力密集型、劳动密集型项目，受人力资源影响较大

IT 项目成员的结构、责任心、能力和稳定性对 IT 项目的质量具有决定性的影响。大规模的 IT 项目工作需要大量的精力。虽然近年来越来越多的辅助开发工具被用于信息系统中，但 IT 项目的每个阶段仍然需要大量的手工劳动。这些工作非常细致、复杂且容易出错，因此 IT 项目不仅是智力密集型项目，也是劳动密集型项目。

4）IT 项目工程管理与其他工程管理相比更为特殊

首先，IT 项目大多是知识产品，其进度与质量很难进行衡量，生产效率难以保证。其次，IT 项目的复杂与繁琐程度超出人们的想象。最后，由于核心的信息管理系统的开发成果——应用软件是不可见的逻辑实体，如果发生人员流动，没有软件开发经验或缺乏软件开发知识的人很难在短时间内无缝进行后续开发工作。

5）IT 项目的开发，特别是软件开发渗透了人的因素，带有较强的个人风格

要完成高品质的项目，就要充分发掘个人智慧和创新精神，以项目成员为主，要求他们不仅要有一定的技术水平和工作经验，而且还要具有良好的心理素质和责任感。与其他行业相比，在信息系统的发展中，人力资源的作用更加突出，在团队管理中必须对人才激励给予足够的重视。

3.2.3　IT 项目风险管理的组织结构

如果项目由一个风险管理团队接手，那么这支队伍必须有一定的组织结构，即风险管理组织架构，只有一个健全、合理、稳定的组织结构，才能使项目风险管理活动得以有效进行。

项目风险管理组织主要有职能型、直线型、直线-职能型三种。采用何种组织结构由项目的规模、人员组成等因素来决定。

项目风险管理的三种组织结构：

（1）职能型。其主要适用于中型项目的主导组织结构。该组织的风险管理人士较为专业，其优点是有利于科学管理、业务规范、职责明确、专家指导，其缺点是管理职能容易发生冲突。

（2）直线型。将风险管理归于项目管理的一个分支，对风险管理进行命令式递交，适用于小型项目的风险管理。其特点是：命令执行得较为快速，缺点是项目经理的权力相对集中，容易造成独裁，项目的成功，很大程度上由项目经理决定。

（3）直线-职能型。这种组织结构较为灵活，可以根据具体的项目进行调整。这种结构的优点是：项目属于项目经理，风险管理组织协助项目经理进行决策，并负责该项目开发的风险管理计划和预算，独立对项目风险进行调查与研究，不必接受风险管理者的命令与指挥，但风险管理者可以对其进行建议与忠

告，并在业务上对其进行监督、指导、检查。它的弊端就是风险管理者并没有实际管理项目的权利，随着时间的推移，会影响其管理效率。

风险管理是项目管理的重要组成部分，其目的是确保实现项目的总体目标。可以从以下几个风险管理和项目管理之间的关系对其展开分析：

（1）从项目的成本、时间和质量目标的角度来分析，风险管理与项目管理目标基本一致。项目通过风险管理可以降低其风险成本，对项目进行风险管理，可以减少风险对项目造成的各种不利后果，使之与项目的利益相关者在时间和质量方面的需求达成一致。

（2）从项目范围管理的角度来分析，审查项目与项目变更的必要性是项目范围管理的主要内容之一。该项目产品只有造福于公司，这个项目才可能被公司批准，并实现该项目。一个项目能否为公司带来利益，必须通过对项目的风险进行分析，用项目目标来预测市场变化，并量化风险的大小，为财务可行性研究提供重要依据。在项目管理过程中，经常会遇到系统需要的改变，即需求的变化，需求的变化会给系统带来一定的风险，而项目风险管理可以对其进行处理。

（3）从项目管理的计划职能来看，风险管理为项目计划的制订提供了依据。项目计划要考虑的是未来，而未来充满了不确定性。项目风险管理的职能恰恰是管理整个运作过程中的项目，以减少不确定性。这项工作显然对提高项目计划的准确性有很大的帮助。

（4）从项目的成本管理职能来看，项目风险管理通过风险分析，指出有哪些可能的意外费用，并估计出意外费用的多少。由于风险造成不可避免的损失，可以计算出项目可接受的损失额度，并将其算作成本。这为项目的应急预算提供了重要依据，从而提高项目成本估算的准确性和真实性，可以避免由于项目成本超支导致的问题。这有利于在项目运作过程中增强各方信心。因此，风险管理是项目成本管理的一部分，没有风险管理，项目成本管理是不完整的。

（5）从项目的实现过程来看，许多风险都在项目实施过程中由潜在变成现实。无论是机遇还是威胁，其结果都会在实际情况中体现。风险管理就是基于特定的风险并对其进行风险分析，制定各种有效措施，以应对风险事件。风险控制是项目风险管理的另一个内容。

（6）在项目可支配的所有资源中，人是最重要的。项目人力资源管理可以激励项目团队，通过科学的方法，调动项目有关各方全体员工的积极性，促进项目的顺利进行。团队成员的工资、奖金、劳保、医疗、养老、住房及其他福利是人力资源管理的重要组成部分，其中有许多要通过保险来解决，这是因为项目风险管理的范畴就是这些工作。此外，通过项目风险管理中的风险分析，可以发现是谁影响了项目的实施。

3.3　全面风险管理体系

所谓全面风险管理，是指围绕总体经营目标的企业，通过风险管理在企业管理和业务流程的各个环节的基本流程的实施，培育良好的风险管理文化，建立全面风险管理体系，包括风险管理策略、风险融资措施、组织与优化风险管理职能、风险管理信息系统和内部控制系统，从而为实现项目的总体目标提供合理的方法与保证过程。

3.3.1　方法论思考

1)　对风险管理的思想认识

(1) 风险管理不是为了消除风险而存在的，风险是客观存在的，是否有必要消除风险也是要用经济来衡量的。风险管理的目的应该是为风险决策提供更多的信息和解决方案，最大限度地降低 IT 项目的不确定性。

(2) 所有的 IT 项目都充满了风险，不能视而不见，也不能悲观地看待。正确的做法是建立一个健康的企业风险文化，所有人都关心风险管理，同时又不造成"狼来了"的局面。

(3) 风险管理的活动不能只进行一次，在客观世界中，应用环境和 IT 技术的结果是不断变化的，人类的知识是不断更新的，所以风险管理系统除了应该具有适应性外，还应该有包容性和开放性。

(4) 坚持以系统的思想解决复杂系统问题，避免出现"压下葫芦浮起瓢"的效果。

2)　对风险管理设计机理的理解

(1) 风险既是主观的也是客观的，风险管理既是一门科学也是一门艺术。它有时需要用一个高度现代化的数学建模知识来解决，有时需要用心理学知识来诱发风险的根源，忽视或过分强调其中一个方面是不合适的。

(2) IT 项目开发和项目开发的实体本质，后者是规模经济，而前者是规模不经济的。延期的项目如果增加人手，只会使其更加缓慢，这也将限制风险控制措施。

(3) 风险管理的设计准则：①全面考虑投机风险和纯粹风险，特别是在 IT 项目已经纳入企业战略规划的背景下，非技术投机风险管理显得尤其重要。②风险管理要围绕企业信息系统的规划展开。③风险管理应该与项目管理实现无缝融合。风险管理和项目管理的目标本质上是一致的，只不过项目管理以应该怎样才能成功为出发点，而风险管理以应该怎样才不会失败为出发点。④应尽可能在早期识别风险，并保持风险管理在整个项目生命周期内的连续性。

3.3.2　全面风险管理的内涵

国外文献中关于全面风险管理（enterprise risk management）（ERM）的词汇还有整合风险管理（integrated risk management，IRM）、整体风险管理（holistic risk management）、全面风险管理（enterprise-wide risk management）等。企业的所有风险应包括在该方法的管理与控制之内；第二层意思是投资和金融资产"组合"的代名词，意为两家公司的合并，特别是金融企业是风险的集合，组合风险不仅取决于个人风险的性质，还取决于互动和整合风险。

关于 ERM 的定义经历了从百家争鸣到整合统一的历程，主要的定义有：Miller（1992）提出的整合风险管理，认为整合风险管理是一种从整体上考虑系统面临的各种风险，建立全瞻性的优化组合机制的管理体系。Miccolis 和 Shah（2002）指出，一般的企业，全面风险管理的出发点是企业的所有资源，评估和整理对企业商业目标形成的威胁或为企业带来竞争优势的整体风险。至于保险公司，全面风险管理可以起到动态整合和风险优化的作用，其中包括为实现公司的财务及营运风险（operational risk）的目标以提升企业价值的价值评估、缓解融资或使用、选择其他技术手段，以及为加强其财务战略采取的经营策略。Meulbroek（2002）指出，所谓综合风险管理公司，是识别和评估公司价值，并落实相应的策略来管理和控制这些风险的公司。综合风险管理的目的是企业的各项风险管理活动纳入一个统一的系统，以实现系统的整体优化，创造整体的管理效率，增强或创造更大的商业价值。同年，他在另一篇文章中强调，风险管理的整合是战略性的，而不是战术性的，战术风险管理的视角是狭窄的。Panning（2003）指出，ERM 是新的思维方式、测度方式和管理方式的三维统一体，通过这些方式可以促进管理者实现公司价值最大化。

从思维方式上看，ERM 是一种理念和文化；从测度方式上看，它具有一定的技术管理性；从管理方式上看，它是一种行为。2001 年北美非寿险精算师协会（Casualty Acturial Society，CAS）在一份报告中明确提出全面风险管理的概念，并对这种基于系统观点的风险管理思想进行了较为深入的研究。CAS（2003）对 ERM 的定义为：ERM 是一个对各种来源的风险进行评价、控制、研发、融资、监测的系统过程，任何行业和企业都可以通过这一过程提升股东短期或长期的价值。随后，在内部控制领域具有权威影响的 COSO 于 2004 年 9 月颁布了《全面风险管理——整合框架》（*Enterprise Risk Management—Integrated Framework*），从内部控制的角度出发，研究了全面风险管理的过程以及实施的要点，是全面风险管理理念在运用上的重大突破。COSO 对 ERM 的定义是：全面风险管理是一个过程，它由一个企业的董事会、管理当局和其他人员实施，应用于企业战略制定并贯穿于企业各种经营活动之中，目的是识别可能会影响企业价值的潜在事项，管理风险于企业的风险容量之内，并为企业目标的实现提供保证。

企业风险管理的正确观念归纳起来有几个关键要素：①过程：企业风险管理是一个过程，贯穿在企业各项经营管理活动中；②对象：企业风险管理针对各种渠道的整体企业外部风险；③主体：企业风险管理涉及公司所有员工，主要体现在各级和各部门的执行情况；④目标：企业风险管理的目标是在风险较小容量的风险控制，以及企业寻找最佳风险/收益平衡，最终目标是提高短期或长期的股东价值。

3.3.3　全面风险管理体系构建原则

企业全面风险管理涉及多个学科，涵盖系统工程的各个方面，企业风险管理框架是一个多维、立体、持续的管理程序和进程。建立这样一个管理框架，必须遵守以下原则。

1）多维度目标评价体系原则

企业风险管理是以提高股东价值为导向，多维度和股东价值决定了企业风险管理必须是一个多目标的决策活动，因此应该是一个综合评价体系的目标，需要根据具体情况满足不同价值观的不同层次。为了实现风险管理的多重目标，需要一个完整的业务目标表达，形成一个全面客观的评价体系，并采用适当的方法作出全面客观的分析。

2）多种管理机制配套原则

企业风险管理相对于其他业务单位的风险管理机构应更加全面独立，负责为公司的所有风险活动制定战略和政策，并直接向首席执行官（CEO）汇报。企业风险管理也要求全面风险政策，在公司的整体范围内对各类风险进行整合，充分考虑各种风险的"自然对冲效应"，管理层认为透过衍生工具或去掉无用的风险可以转移风险。ERM 是"进攻性武器"，它需要被整合到公司的风险管理业务流程，通过影响和支持定价，合理配置资源，以及其他业务决策，以优化业务绩效。因此，企业风险管理是公司治理、内部控制整合框架、部门管理、投资组合管理、权益侧管理、数据管理和技术资源，任何差错都会影响整个企业风险管理的效率，某些关键企业风险管理失误，甚至会导致整个系统失效。

3) 经验借鉴和因地制宜相结合

企业风险管理框架的作用是构建企业的风险预防，更高效地预防公司风险，确保稳健经营和公司价值的成长。为了实现这一目标，一方面在框架上，充分吸收和借鉴成功经验（如行业经验表和全面的标准，如表 3-3 所示，企业风险管理框架从结构上解释了从更高的角度学习这些经验以应用到不同的国家和现代企业的不同部门）；另一方面，在具体的风险评估和支持系统的实施上，也要依据实际情况。国内消费者有着独特的文化、习惯、消费心理特性，风险管理在这一基础上，构建出的风险管理架构可以体现出风险管理的发展趋势，并对企业的经济、金融和监管环境的独特地位给予充分考虑，所以它更具现实意义。

表 3-3　目前国际上流行的主要风险管理标准

标准	行业或国家	成果
行业标准	银行	巴塞尔银行监管委员会、国际清算银行的《银行内部控制框架》（1998 年） 《操作风险管理和监管的良好做法》（2003 年） 巴塞尔银行监管委员会 2004 年出台的《新资本协议》
	保险	澳大利亚金融监管局（APRA）的审慎监管标准（2001 年） 美国保险监管协会（NAIC）的 RBC 体系（1990～2000 年） A. M. Best 公司的 ERM 整体模型 风险管理咨询服务公司 Tillinghast-Towers Perrin 的 ERM 设计指南 Moody's 公司的新 C-3aRBC 体系（2000 年）
	IT 管理控制	美国信息系统审计与控制协会（ISACA）制定 COBIT 框架，2000 年第二版
上市公司标准	澳大利亚	1995 年制定风险管理过程的国家标准，1999 年更新
	加拿大	1994 制定 Dey 报告要求上市公司报告内部控制的充分性
	英国	伦敦证券交易所在 2003 年更新了 1998 年的 Cadbury 报告，形成《公司治理联合准则》（*The Combined Code*）
	美国	美国证券交易委员会：2002 年《萨班斯–奥克斯利法案》
	德国	1998 年颁布强制性条例——the Kon TraG
	荷兰	1997 年颁布 Peters 报告，提出公司治理的 40 条最佳常规

标准	行业或国家	成果
综合标准	所有企业	1992 年 9 月 COSO 发布《内部控制–整合框架》报告 1999 年英国 Turnbull 的《内部控制指南》 2004 年 9 月 COSO 发布《整体风险管理框架》报告

3.3.4 全面风险管理体系结构

ERM 要做的是了解所有企业的业务活动，同时用最小的成本去管理和利用这些风险，减少损失的同时获得风险溢价。基于这样的考虑，企业风险管理框架应该由全球的战略目标和风险偏好指导，是各种策略和设施支持下的持续的风险管理过程。其中，企业风险管理的策略是预先处理可能导致的财务风险，是实现风险管理目标的手段。企业风险管理过程用来确定最佳的风险管理成本和资本项目的最有效配置，这个过程可以促进公司内部风险管理组织主动地支持公司的风险管理策略，是风险管理决策的基础。企业风险管理应在目标的指导下进行，企业风险管理的目标是风险管理的方向，是前者最终努力的结果，在有多个层次、多个维度的情况下，考虑不同的价值取向和不同企业发展的周期值。企业风险管理的配套设施是实现企业风险管理过程中硬件和软件的准备，以确保风险管理的有效性。

1) ERM 策略

ERM 策略是没有风险的单一策略，但可用来控制整个公司的风险，包括资产规避、负债规避、股权规避和杠杆管理四个基本策略。不管是如何危险的来源，也不管是什么方面使得该公司的成本风险增加，只要是对公司价值产生影响的风险，都可以用这四种策略加以管理。总之，整体风险管理策略的传统意义不仅是风险控制和对冲策略，也包括采用新的风险管理工具，并与该公司的投资及融资策略与资本结构的政策结合起来为共同股东及关联公司利益服务。

2) ERM 目标和风险偏好

企业风险管理框架要求相关部门采取适当的程序，设定目标、确保所选择的目标，以满足和支持其使命，与其风险能力相符。设定目标是所有的风险评估和管理其过程的先决条件，因此企业必须首先设定目标，在此之后，管理层为了识别和评估风险的影响，必须采取相应行动，以管理这些风险。在制定战略和其他目标之前，必须考虑公司的风险偏好和风险承受能力。风险承受能力是指公司或个人为实现企业目标所承担风险的能力。风险承受能力应该是明确的、现实的、可衡量的，在整个企业层面的风险承受能力应妥善分配，以方便管理和监控；风险承受能力应该是从事内部和外部业务的人确切知道的。企业风险管理的目标应包括长期战略目标和短期经营目标，COSO 发布的《全面风险管理–整合框架》（*Enterprise Risk Management—Integrated Framework*）（2004 年 9 月）就将企业风险管理目标分为：①战略目标，关系到公司的使命和支持它的使命的更高层次的目标相关联；②操作目标，确保高效利用企业资源；③报告目标，确保各项报告的可靠性；④符合目标，确保业务运作符合适用法律和法规。从确立战略目标到企业风险管理的高度来指导经营活动，企业要长期稳定首先要保持自己的竞争优势，以实现战略目标为主，其他三个目标专注于战略目标的实现。同样，风险决策，应首先满足战略目标。

3) ERM 过程

一个典型的企业风险管理过程应该包括几个基本步骤。首先，在一个明确的企业使命的前提下，战略目标是基于愿景作出的对预测业务的把握及对未来的历史分析，这个目标一旦确立，犹如一盏明灯指导企业的所有业务活动，包括全面的风险管理活动。在这个过程中重要的第一步是评估企业风险。风险管理的有效性取决于风险因素识别测量的完整性和准确性，因此需要一个科学的风险评估模型和方法，以达到以下目标：使高层管理人员可以清楚内部对冲的"剩余风险"，可以观察到"集聚效应"的风险，确定需防范的重大风险和抓住新的投资机会，配置程序资源；为正在测试的模型提供风险目标。就此而言，风险评估应包括以下步骤：①确定风险因素；②风险因素排序；③风险因素分类。风险管理包括两个方面：使用和控制风险。风险控制是管理不利的风险评估的一个过程，其目的是，确保风险由企业承担的总金额与本企业风险的总容量相一致。通过风险管理，企业风险与收益结构得到优化，公司的风险特征实际上已经改变，增加股东价值，这些都是运用风险控制和风险使用的结果，而风险评估是必要的铺垫方式，它为风险控制和使用的实施提供前提。最后，在这个过程中的一个关键步骤是风险管理企业对风险管理的有效性进行的监测。因为在动态的环境中，风险以及影响风险形成的方式是不断变化的，随着企业风险管理能力的提高，对管理的威胁可能成为一个新的商业机会，同样的，原来的机会加入新的竞争对手后未必能继续发挥其应有的企业风险溢价，这就使得其被抛弃，因此需要不断输入、不断测试企业风险管理过程中新的危险因素变量。另外，因认识上的局限性，使得 ERM 所使用的模型都存在缺陷，本来的风险量化模型以及控制风险的方法因为实践而发生改变，总之，企业风险管理过程应该是在实际操作中不断丰富和完善的动态循环过程。

4）ERM 配套设施

企业风险管理包括六个配套设施，它们是与风险管理密切相关的，成功的风险管理系统需要支持这些配套设施的成功运作。任何一种设备或错误都可能影响企业风险管理的效率，一些关键的失误甚至将导致整个企业风险管理系统故障。

（1）公司治理。公司治理是金融机构的利益相关者，特别是股东、经理人和债权人之间"权、责、利"关系的处理，它们的基本结构决定了该金融机构承担与管理的风险，以及收益与风险的分配，从而其对内部的控制甚至是对整个金融机构中的风险管理活动起到决定作用。企业风险管理与公司治理密切相关。首先，公司治理包括强化风险管理的主要内容，许多企业以及公司治理准则都较为明确地提出风险管理是董事会承担的一项主要职责，经济合作与发展组织（Organization for Economic Cooperation and Development，OECD）中的公司治理准则已经明确提出，董事会必须确保风险管理系统完善与政策到位。其次，两者的最终目标是一致的，都关注公司的战略方向、公司的整合以及分析来自公司最高层的动机。最后，合理的董事会规则与公司治理能否有效实施是企业风险管理的必要条件。董事会的积极与否和 ERM 有着密切的联系，然而公司治理的缺陷可能导致内部控制和风险管理失效。良好的公司治理可以为有效的风险管理与内部控制体系打下坚实的基础。

（2）内部控制。内部控制活动主要在于监督公司对制定与执行与业务管理相关的制度时的情况，所以，内部控制活动与业务管理活动可以融合在一起，主要的内部控制活动由业务部门自己承担，审计部门只是负责内部控制活动的监督与评估。每个企业都需要构建内部控制结构，来应对各业务部门在日常运作中所面临的风险，如战略性风险、流程性风险、业务性风险等，通过构建这一体系，可以确保企业合理实现项目目标。当然，企业还要不断对其进行测试与监控，这样才能保证其对风险控制的能力，降低风险所带来的损失。内部控制活动是 ERM 中相当重要的一个部门，在早期的风险管理中，它可以代替风险管理部门进行工作，公司治理与内部控制两者的有效结合才能保证公司风险管理的有效实施，任何一个出现差错，之后所有的风险管理的方法与技术都会失去有效性。

（3）组织和部门管理。完美的风险管理组织结构是由一个特定独立的部门来处理与实施日常活动中的风险，该部门的负责人（风险总监）可以直接向上级（董事会或 CEO）进行汇报，来保证风险管理工作的客观性以及该部门的权利，也可以与下级各部门合作处理汇总的公司风险。在调整 ERM 的组织结构时，一定要合理处理其与各个部门之间的关系，争取和各个业务部门形成伙伴管理，在这种情况下，风险管理部门严格意义上来说已经不是一个监督部门，而是完全参与到公司的全部业务中，与各部门一起处理风险与收益的问题。当然，这是一种理想的结构，在实际生活中，做再多的努力也不能避免风险控制部门与业务部门产生矛盾。正因为如此，公司还应该准备一些处理双方之间矛盾的办法，以保证两部门在工作中尽量减少摩擦，使双方为了公司发展通力合作。

（4）关联方利益管理。关联方包括所有参与与支持公司成功与生存的个人、团体，这其中主要包括公司雇员、公司客户、资源供应商、公司的合作伙伴、公司的投资人、公司活动的监督管理者、公司股票的分析专家、公司信用的分析专家、各种评级机构等，他们都是公司成功的要素，其中任何一方的流失都会给公司造成巨大的损失。一般来说，每一个公司都希望所有的关联者与公司保持长期的特异性投资。例如，公司希望自己的员工去学习与本公司有关的技能与知识，这些技能与知识可能在其他方面完全无用；公司的供应商专门为公司设计与研发产品；评级机构专门为公司进行评级，等等。但是，这些特异性投资都会在公司发生巨大风险的情况下被相关关联方所中断，这是因为他们觉得公司充满风险，无法使其长期获得收益。这种情况一旦发生，将会给公司带来巨大的损失。公司所进行的风险管理活动，就是为了避免这种情况的发生，使得公司得以稳定发展。

（5）数据和技术资源。组合数据与市场数据是风险管理数据中最主要的，组合数据包括在前台到后台系统收集的风险头寸。市场数据包括价格、波动情况以及相关系数，必须要建立相应的流程与标准来保证这类数据的准确度，数据资源可以通过会计系统和前后台交易系统来收集，其中关于客户的第一手资料来源于前后台交易系统。技术资源则一般是指对风险进行量化分析以及调整价格的计算机软件技术，这其中包括数据转换系统、定价分析系统以及管理模型所需的对应技术资源等，一般可以通过购买、定做、自制、外包等方式来获取对应资源。因此，数据和技术资源一起支撑着公司对风险处理与分析的全过程。

（6）积极组合管理。组合管理可以使公司价值与风险管理两者进行最直接的联系。这要求整个企业要像管理资金那样对公司整体的风险进行管理与组合，充分利用组合内各种风险的"天然对冲"效应和分散化效应，建立组合目标和适当的风险限制，以确保获得最佳组合回报率。这就要求公司把其面临的债务、投资、利率和其他的所有风险作为一个有机的整体进行管理，以达到公司风险与收益的最优化。ERM 中对公司积极组合管理的第一步就是对风险进行分解，这并不是将单个业务进行分解，而是要从风险的源头对其进行分解，找出公司核心价值链的优势，之后再决定采取何种竞争策略。它的第二步是对风险进行整体汇总，就是把公司多种风险信息收集到一起，将其直接（或通过风险转移定价机制）传输到一个核心部门，在这个核心部门中对这些信息进行组合管理与对冲，这可以帮助公司追踪整体风险，将非对称风险对称化、综合效应分散化，利用组合内风险的自我对冲效应减少管理成本以及使风险管理决策集中化。

IT 项目风险管理的研究和实践具有显著的学术和经济意义，但要有序地开展这一活动必须有正确的引导系统，但不要夸大 IT 项目风险管理所起到的作用，因为它不能保证所确定的风险一定会发生，同时不能保证每一个风险控制方法都可以成功，所以良好的风险管理文化要求员工对风险管理活动不能求全责备。

3.4 典型风险管理体系

IT 项目属于一种新型的技术密集型行业，其独有的特征决定了对 IT 项目的风险管理研究必须建立一套完整的体系结构。IT 项目的风险管理在国外是从 20 世纪 70 年代开始的，经过 40 多年的发展，目前在国外有很多 IT 项目风险管理方面的专著和论文，并形成了一套较为完整的管理体系，而从系统和过程的角度来看，IT 项目风险管理是一个系统过程，是项目管理中的有机组成部分。目前国内外主要有以下几种 IT 项目风险管理的研究体系。

3.4.1 Boehm 体系

Boehm 于 1991 年详细描述了他的思想体系，他把风险管理的活动分成两大阶段，每一阶段都含有三个步骤，如表 3-4 所示。

表 3-4　Boehm 软件风险管理体系

阶段	步骤	含义
风险估计	风险辨识	找出项目特定的风险事件清单
	风险分析	评估时间的风险概率和后果；评估风险事件交互作用形成的组合风险
	风险排序	产生辨识出的并经过分析的有序风险事件清单
风险控制	编制风险管理计划	编制处理各个风险时间的计划；综合个别风险事件计划形成总体计划
	风险解决	确定化解和消除风险的环境和活动；跟踪风险解决过程
	风险监督	为进一步细化排序和计划提供反馈信息

每个步骤都用了很多相关的技术，如风险识别风险因素，提出 10 个优秀的软件列表来实现，还建议处理意见和相关的各种因素方法。

3.4.2　Charette 体系

1989 年 Charette 的设计被称为风险分析和风险管理系统，包含两个阶段，每个阶段包含三个过程，如表 3-5 所示，过程活动的每个阶段，并没有完全分开，存在重叠或交错重复的现象。Charette 体系同时提供相应的战略思想的各种流程、方法、模型和技术。

表 3-5　Charette 风险分析和管理体系

阶段	过程	含义
风险分析	辨识	从风险分类结构入手辨识风险
	估计	确定辨识出风险的发生概率和发生后的结果； 从信息的价值出发，估计是否有必要为此取得更多的信息
	评价	从成对风险、组合风险到系统风险，综合度量各风险因素，与参照层次相比确定风险当量，最后对各个风险因素进行排序
风险管理	计划	选择决策方案的行动路线，确保行动路线不影响其他决策，依据路线选择风险规避战略
	控制	计划的执行机制，设计资源分配和必要的计划变更
	监督	检查决策的后果、寻求改进行动计划的机会、反馈执行状态

3.4.3　SEI 体系

SEI 的软件风险管理做了很多工作，1999 年前后，基于风险识别（TBQ）的分类技术报告以手册的形式出版，包括持续的风险管理（CRM）、软件风险评估（SRE）、软件采购的风险管理成熟度模型（RM-CMM）和风险管理团队（TRM）。以 TRM 为框架，通过 CRM 思想，依托 SRE 过程，以 TBQ 等为基本手段，并配合软件能力成熟度模型（SW-CMM）和 SA-CMM 完成风险管理软件，如图 3-3 所示。

SRE 过程分为签订合同、风险识别和分析（RI&A）、中间报告、缓和战略计划（MSP）和最后报告。SA-CMM 类似 SW-CMM，前者是一个软件产品或服务，以获得组织和管理能力描述，这是发展中的组织能力描述的过程。RM-CMM 在 SA-CMM 模型的关键过程域以及其 5 个成熟度等级的启发下，也提出风险管理关

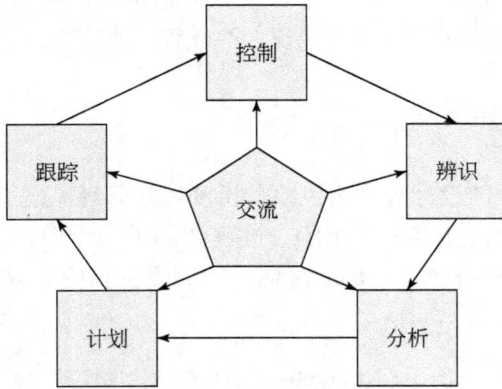

图 3-3　SEI 连续风险管理模式

键域（RM-KPA）这一相关概念，在 RM-KPA 的结构中包括目标、为完成任务的活动以及支持相关活动顺利进行的制度化特征，如表 3-6 所示。

表 3-6　软件采购成熟度等级及风险管理

级别	焦点	KPA	风险管理的目标、活动、责任、能力、度量
5 优化级	连续过程改进	采购创新管理	责任 1
		连续过程改进	
4 量化级	定量管理	定量过程管理	
		定量采购管理	活动 5
3 已定义级	采购过程和组织支持	培训计划	
		采购风险管理	活动 1、2、3、4、5、6、7 责任 1、2 度量 1 验证 1、2 能力 1、2、3
		合同绩效管理	活动 1、2、5、7 责任 1 目标 1 度量 1
		项目绩效管理	活动 2、4
		过程定义和维护	

续表

级别	焦点	KPA	风险管理的目标、活动、责任、能力、度量
2 可重复级	项目管理过程	支持转变	
		评价	活动 1、5 责任 1
		合同跟踪与监督	活动 2
		项目管理	活动 1、4、7
		需求开发与管理	活动 4
		招标	活动 1 责任 1
		软件采购计划	活动 3、4 责任 1
1 初始级		称职人员	

风险管理有三个目标：①鼓励参与该项目，以识别或减轻过去遇到的风险；②在全部的项目职责中明确项目团队软件采购过程中所包含的风险分析、风险辨识和风险缓和；③对已识别出的风险通过项目评审来确定其状态。

风险管理有七个活动：①软件采购风险管理活动集成到软件采购计划；②软件采购风险管理计划的制订；③项目团队按计划文件的规定执行软件采购风险管理活动；④鼓励及奖励所有项目参与者识别和化解风险；⑤风险管理的实施、投标和合同履约管理，这是绩效管理过程的一个组成部分；⑥分析、跟踪和控制软件的购买，直到降低风险；⑦项目评估已识别风险的状态。

风险管理制度化地特点有四类。一是刑侦各责任，其中包括两项：软件采购风险管理政策；指定软件采购风险管理活动责任。二是执行能力，包括三项：一致的责任小组；有足够的软件采购风险管理活动资源；执行软件采购风险管理活动的个人是有经验的或者得到了必要的培训。三是制定和采用确定采购风险管理活动及结果状态的度量方法。四是验证试验，包括两项：采购组织定期评审采购风险管理活动；项目经理定期评审由事件引发的采购风险管理活动。

3.4.4 Hall 体系

Hall 受 SEI 连续过程改进和 PDCA 质量管理方法的启发，提出"6 学科模型"（Six-Discipline，6-D），如图 3-4 所示。

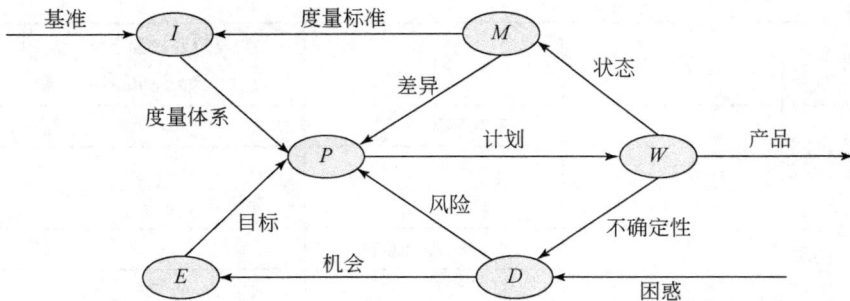

图 3-4   Hall 的 6 学科模型

图 3-4 中 E 代表预想（envision），这是把思想转换为目标和目的的学科，用于研究软件产品的远期规划；P 代表计划（plan），是要为软件目标分配资源的学科；W 代表工作（work），指生产产品计划的执行，工作的伴生产品是状态和不确定性；M 代表度量（measurement），指比较期望值和实际值的学科，两个值的差异用于调整项目计划；I 代表改进（improve）是指从过去的经验中学习的学科，它通过分析基准和项目度量结果，找出改进的方向；D 表示发现（discover），是指要预知未来的学科，是通过对工作中不确定性的评价和困惑的思考，思考机会和风险的均衡，预先指导计划和规划的改变。

3.4.5   比较与分析

四种典型的 IT 项目风险管理体系各具特色，理论体系偏重于理论结构的完善，包括较早出现的 Boehm 体系和 Charette 体系，实践体系偏重于实践应用，这充分体现出体系中的理性思考以指导实践步骤为主要目的，并考虑到两套体系的可操作性。

总的来说，理论体系有与结构和内容配套的方法和技术，使理论体系的结构更加完整、内容更加完善。

体系构建者从其他学科，如运筹学、决策理论中借用思想、方法和工具，来着重说明这样做的道理。但对实施过程中人所发挥的作用估计不足，且只站在开发商的角度来讨论风险管理问题，使得操作性不强，思想性大于技术性，研究范围也局限于软件项目的核心风险管理，开发技术风险则成为主要研究对象；很少论及实现体系思想所需要的保障措施，使系统在一定程度上有理想化成分。

Boehm 从经济学角度论证了软件开发问题，引入构造性成本模型（COCOMO），还曾提出螺旋模型，即围绕风险管理开展软件开发的方法。他建立了风险管理研究领域,提出十大风险清单的风险辨识思想,但其在计算风险当量时没有考虑效用因素,造成缺乏动态性。

Charette 体系和 Boehm 体系本质上区别不大(两者同在 1989 年独立提出软件风险管理体系),但用词不同且都没有考虑到点概率值在实践应用中的不足。Charette 在体系中认识到了风险的投机性,从步骤上强调对组合风险的评价,但没有考虑到不同项目参与人的效用,使得对如何获取单一风险估计值和组合风险分析效果,缺乏有效的手段和措施。

两套实践体系由于摒弃了复杂的数学运算,强调与软件开发过程紧密结合以及人的重要性,还绘制出关键的风险管理实用表格,注意到风险管理数据的形成和利用问题,进而需要对实施人员进行专业化的培训来保证复杂体系的一致实施。

SEI 体系基于风险类机构辨识风险,提出 194 个揭示风险的问题,设计各项实施措施的场景,甚至详细规定需要在多少分钟内完成。该体系要求采购方参与到风险管理中来,突出了软件采购方在项目风险管理中的地位和作用。通过将风险发生的可能性定义为非常可能、可能和不可能 3 种,把风险后果定义为灾难性的、严重的、次要的和可以忽略的 4 级,两项因素组合成的风险当量简化为高、中和低 3 档结果,以达到简化风险管理的实施成本和实施难度及降低管理成本的目的,不过同时也降低了管理精度。

SEI 体系适合于大型公司或开发大型项目采用,主要是因为它是以简单的学术背景要求、方便的日常事务应用,再加上严格的管理规定达成 IT 项目风险管理效果,它的管理步骤多为技术、方法和工具,没有涉及组合风险的处理。

6 学科模型的基本思路是改进项目管理,带动风险管理,管理范围仍以核心软件风险管理为主。该模型使风险管理与项目管理相结合,注重风险的度量和控制,是理论与实际相结合的有益尝试,但不足的是,对如何取得预想方案中的风险和机会的均衡重视不够。

前两套体系属学科层,是研究如何辨识、处理和消除风险的学科,后两套体系属过程层,是试图辨识并采取规避措施的行为或过程。它们的共同点是都偏重解决开发活动内部的技术风险,降低风险发生的可能性,而不足之处是缺少有效规避风险的举措。

3.5　本 章 小 结

本章主要介绍项目风险管理、IT 项目风险管理,并介绍全面风险管理体系以及典型风险管理体系。在项目风险管理中,对风险、风险的特征、风险要素、风险管理的意义、发展概况、基本过程都进行了详细阐述。在 IT 项目风险管理中对其内容、特点以及组织结构进行了详细阐述，并对 IT 项目风险管理与 IT 项目管理间的关系进行分析与说明。在全面风险管理中，以全面风险管理为例，介绍了其方法、内涵、构建原则，并详细构建了全面风险管理的框架结构。在典型风险管理体系中，对 Boehm 体系、Charette 体系、SEI 体系、Hall 体系这四种典型的风险管理体系进行了介绍，并进行相互比较、分析，使 IT 项目风险管理的理论体系更加完善，内容更加完整。

第 4 章　IT 项目风险评估方法

　　切实有效地实施风险规避的条件是准确衡量风险，其中包括风险识别、风险分析、风险规避等。风险识别是要发现影响 IT 项目中风险的潜在风险因素，在风险识别的基础上，对风险进行分析，即判定风险的级别。然后再根据风险分析的结果，对风险进行规避。本章主要是从风险评估基本概念、理论与方法的角度进行阐述，希望根据所述内容为风险的分析提供理论支持和依据，为风险分析的实施提供方向和目标。

4.1　风 险 识 别

4.1.1　风险识别的定义

　　风险识别就是发现、承认和描述、记录风险的过程，是风险分析、应对和监控的基础。这个过程包括对风险源的识别、风险事件的识别、风险原因的识别以及它们潜在后果的识别。

　　风险识别是风险管理的基础，也是整个风险管理工作的重要一步，风险识别的质量直接影响到风险管理有效性的好坏，关系到风险评估和风险控制措施的质量实施。企业如果不能正确、有效地识别 IT 项目中的风险，就不能顺利展开对风险的控制、迁移、规避等有效管理，继而就会对企业业务的正常、稳定、持续开展造成潜在的威胁。

　　风险识别的目的是识别不确定性的风险并将其进一步转化为定性或定量的风险分析结果，从而对其中的一些风险进行有效控制和处理。风险识别被多数学者认为是整个风险管理过程中最难完成的一个环节。根据 MIS 系统生命周期的理论和思想，IT 风险识别贯穿于整个信息系统的规划、开发、建设、运营、维护、监控和退出等阶段，可以说是一项复杂的系统工程。IT 风险识别是一项艰巨而重要的工作，因为在程序不具有万能性的情况下，它在很大程度上依赖于信息系统负责人的经验和洞察力，以及组织的实力和能力。

4.1.2 风险识别的依据

从项目管理角度讲，风险识别依据有：项目合同、需求规格说明书、软件概要设计说明书、软件设计说明书、项目配置计划管理、工作分解结构 WBS、各种类似项目的历史资料参考、项目干系人的风险偏好程度以及项目的各种假设前提条件和约束条件。从软件开发的生命周期看，每个阶段的输出（包括各种文档）都可以作为下一阶段进行风险识别的依据。

风险识别基本原则也是风险识别的依据，又因为客观环境的复杂多变，所以精确地评估一个办法的好坏并不是一件简单的事情。为此，提出如下风险识别的基本原则：

（1）重视历史数据。必须充分利用现有的 IT 项目开发经验，逐步积累和整理行业的经验和教训，直至形成带有本企业特点的风险管理信息数据系统。这有助于降低识别成本并提高识别效率。

（2）杜绝直觉管理。风险管理依赖于直觉和个人能力，风险具有简单向下传播的特性，很难向上传播，所以直觉管理的成效必然要求管理者有突出的人格魅力，即使真的存在这样的管理者，能达到直觉管理的最大效能，也不利于企业的可持续发展。

（3）风险管理的可持续性思想。风险识别的时间当然是越短越好，但不能一劳永逸，考虑到识别方法，识别过程中应至少在开发过程的里程碑点上反复识别其过程。

（4）独特的效果评价标准。风险识别的结果将反映在没有遗留可能威胁项目的重大事件，而不在于已经发现的内容。因为无论有多少危险因素被消除，只要留下来一条威胁都会使得整个项目失败。

（5）识别的不完全性。识别的风险并不一定会发生；完全识别所有风险，是不现实的。如果风险是确定的，那么保险是规避风险的最好方法。

（6）建立健全的企业风险文化。方法效用的发挥离不开企业文化的支撑，建立健全的企业风险文化比其他任何方法都有效。

4.1.3 风险识别的内容

项目风险识别是项目运作过程中项目风险管理的实施。风险识别包括识别内在风险及外在风险，这不是一次性的行为，而应贯穿整个项目。内在风险是项目团队能够控制和影响的风险，如人事任免和成本估计；外部风险是项目团队无法控制和超越这种市场变化或政府行为影响的风险。

严格来说，风险就是现实与预想之间的不确定性，大致有两层含义：一种定义强调了风险表现为收益不确定性；而另一种定义则强调风险表现为成本或代价的不确定性。但是不管是哪类风险，都应该对风险的来源进行识别与分类，因此，项目风险管理中的第一步就是识别风险，其主要内容包括以下几个方面：

（1）识别出项目中的潜在风险及其特征。这是项目风险识别第一个目标。因为只有先确定可能会遇到哪些风险，才能够进一步分析这些风险的性质，以及可能的风险后果。因此，项目风险识别工作，首先要确定影响项目的各种因素，以及每个因素的特征，并找出这些因素与风险之间的关系。

（2）识别出风险的主要来源。只有清楚了解项目风险的主要影响因素，才能够把握项目风险发展与变化的规律，正确估计与度量项目风险的可能性与后果，从而对项目风险制定出科学合理的措施。因此，风险识别的第二步是找出项目风险清单，并对风险清单进行综合分析，从而找出风险的主要来源。

（3）预测出风险可能会引起的后果。项目风险识别的根本目的就是要减少和消除项目风险可能带来的不利后果。因此，在辨认出项目风险和项目风险的主要来源之后，有必要深入分析并预测项目风险可能带来的结果，及其结果所带来的损失。预测的方法可以是定量的方法，也可以定性与定量相结合的方法。

4.2　风险识别方法

当人们仅凭经验去判定项目风险的时候，风险的种类、范围以及严重程度则会被主观放大或缩小，导致随之而来的项目风险评估分析和控制出现问题，从而造成不必要的损失，故而应该采取合理、有效的方法来准确识别风险。

这里主要介绍几种比较常用的风险识别方法：SWOT 分析法、情景分析法、基线法、核对表法、德尔菲法和头脑风暴法。

4.2.1　SWOT 分析法

SWOT 分析法又被称为"态势分析法"，它的四个大写字母的分别代表着：优势（strengths）、劣势（weaknesses）、机会（opportunities）和威胁（threats）。优势以及劣势可以用来分析和评估企业内部战略资源和核心竞争力，而机会和威胁是用来发现和确定企业外部商业环境和市场竞争形式的。通过 SWOT 分析法可首先将项目内部主要的优势、劣势、机会和威胁四大因素检查排列，并根据排列所成的具有一定次序的矩阵，运用系统分析的思想，对企业内部的竞争优势和劣势、外部环境的机会和威胁来作出全面的分析和评估，从而得出一系列相关结论，最后将企业内部各类资源、外部有利环境等要素与其宏观战略目标进行有机结合，从而调整企业的策略及规划，以期实现企业长远的战略目标。

对于企业来说，SWOT 分析法可以清楚地识别出对其有利的、积极的、值得肯定的业务和因素，以及对其不利的负面因素，并发现企业内部存在的隐患及不足之处，然后找到解决它们的方法和措施，从而进一步规划和改进该企业在未来的战略方向。显然，认识自身在战略层面的优势和企业所面临的劣势，及时抓住稍纵即逝的机会和规避威胁，对任何一个企业来说都有着至关重要的意义。

SWOT 分析法是企业战略管理中最常用和最实用的工具之一，因此它目前在现代企业战略管理、产品研发管理和人力资源管理等各个方向和不同层面中都得到了广泛的运用。

运用 SWOT 分析法的 IT 项目风险识别过程如下：

（1）确认 IT 项目各种不确定因素的客观存在，识别所推测的因素是否存在不确定性。

（2）初步列出风险清单，包括已经客观存在的以及潜在的各类风险。

（3）明确各个风险事件并假设其相应结果，即推测各种可能发生的与各类风险相应的后果。

（4）通过 SWOT 分析法，结合企业的 IT 战略，重新审定企业的 IT 项目风险。

（5）制定风险分类和预测图。

（6）将 IT 项目风险识别结果录入企业的风险数据库之中，作为风险定性和定量评估的输入源。

4.2.2 情景分析法

情景分析又被称为情景规划，该词最早在第二次世界大战时期是作为一种军事战略规划方法出现的。美国空军试图模拟出他们的敌人可能会采取的所有计划，然后针对敌军不同的计划作出相应的策略。在 20 世纪 60 年代，曾任职于美国空军的赫尔曼·卡恩把这种原本是军事战略方面的规划方法进一步提炼成为一种商业预测工具。情景分析是基于发展趋势的多样性，并根据对企业或组织系统的内外问题的相关分析，模拟出多种可能会出现的状况，来预测可能出现在所执行项目面前的不利局面，并推测其可能的原因和不利影响的一种假设分析的方法。

当一个项目持续的时间越长，往往所需要考虑的各种技术，经济和社会影响等因素越多，这样便可用情景分析法来预测和确定其中关键的风险因素及其影响程度。情景分析十分适合于应对以下几种情况：提醒人们注意某些特殊技术的发展给人们所带来的风险；提醒决策者注意某种政策或措施的实施可能引起的危险后果；确定重要的风险监视范围；明确某些关键因素对未来造成的影响等。情景分析法适用于可变因素较多的项目，当对它们进行风险预测和识别时，在假设关键影响因素可能会出现的前提下，模拟出多种未来结果并提出多重情景，以便采取相应的策略来防患于未然。情景分析法从 20 世纪 70 年代中期以来在西方国家得到了广泛关注及应用，很多大型公司都采用该法对 IT 项目风险进行预测和识别，并由此衍生出了目标展开法、未来分析法、空隙填补法等更进一步的应用方法。

情景分析的实施是一个渐进的，周期性的，持续的过程：

（1）确认情景。对企业进行具有针对性的情景分析，确认对象和环境因素的范围、关键决策、需要决定的内容以及与之相关的环境因素。

（2）情景分析。确认所有可能对关键要素造成影响的决策，根据现有的外部环境因素，归纳和证实出几种可能的未来情景。

（3）情景预测。经过情景分析阶段，已经确定了几个关键场景。将这些情景与企业当前内外部的环境和状态结合起来，分析预测几种情景在未来可能会出现的结果。

（4）情景展开。选出两个或三个情景，在分别描绘和丰富所有细节的情况下，赋予方案在其未来的发展方向上的现实意义和详细内容。

（5）使用场景。对于情景预测的结果，一方面积极跟踪和监控未来情景的发展，而另一方面，开发不同层次的预防措施和应急预案，以鼓励良好的情景发生，预防恶性情景发生。

当然，在情景分析的整个过程中，还有大量的工作需要准备，如组建情景分析专班团队、掌握团队成员的知识背景、熟悉研究目标的业务流程和内部环境信息等。

4.2.3　基线法

基线（baseline），英文解释为 "A standard measurement or fact against which other measurements or facts are compared"，其中文的含义是：基线是一种用于测量或在测量中用于比较的标准，也即一种在测量、计算或定位中的基本参考。其相关概念和技术广泛应用于测绘学、大地测量学、信息安全、软件工程、海洋工程、航空技术、植物学、生物学、医学与农药科学等领域。

基线在 IT 风险控制领域是指企业在 IT 应用中最基本的风险管理和控制能

力，强调的是企业 IT 系统在 IT 风险管理和其他信息安全所要求的最低程度，即企业风险控制的基本能力和现实 IT 风险控制的最基本要求。基线在 IT 项目管理、软件配置管理、统一软件开发过程（rational unified process，RUP）和微软解决方案框架（Microsoft Solution Framework，MSF）等环境中常会遇到，并且也衍生了很多相关的专业术语，如基线提升、基线化、基线审计等。

在 IT 项目的开发过程中，设置基线能使得各个阶段的工作划分变得更加明确，让本来连续的工作在这些节点上细分为不同的阶段，通过审核和评估这些阶段的成果，可以为后续的工作提供方向和参考。基线是 IT 项目实际工作中行之有效的方法，在 IT 项目的开发管理中，有效的基线管理能为开发过程提供极大的便利，有助于 IT 项目开发的成功。在 IT 系统的生命周期内，随项目过程的逐步深入，可基于 IT 项目风险管理的角度设置一系列的 IT 风险控制基线，如 IT 项目规划风险控制基线、IT 项目分析风险控制基线、IT 系统设计风险控制基线、IT 项目实施风险控制基线，以及 IT 项目运行及维护的风险控制基线。

IT 项目风险控制基线能使得项目风险管理和风险控制过程标准化和规范化，这也是构建 IT 项目风险控制基线的意义所在。通过对 IT 项目、IT 项目风险管理环境和风险管理的需求分析，构建企业的 IT 项目风险控制基线，可满足 IT 企业日常的风险管理最低标准；通过 IT 风险控制基线使得企业对 IT 项目风险过程监控及管理，并规范和简化企业 IT 项目风险管理流程，能提高企业风险管理的绩效，以得到一个一致的、可重复、可比较的 IT 项目风险评估结果，来切实加强企业 IT 系统运行的稳定性，并减少其受到的各种风险的危害程度。

构建一个标准的 IT 项目风险控制基线的总体模型，包括如下几个方面：企业 IT 项目内部环境分析、IT 项目风险相关信息收集、IT 项目风险管理目标设、IT 项目风险因素识别与关键风险因素的提取组织、IT 项目风险视图确定、IT 项目风险控制基线的定义与确认。

4.2.4 核对表法

核对表法（check list method）是一种多路思维的方法，可以提高风险识别的系统性、条理性和周密性，它是风险管理中用来记录和整理数据的常用工具。核对表法将用到以前同类项目信息及其他相关信息，罗列出整个项目所经历过的风险事件及其来源，并编制成表格，即核对表法会利用人们的联想思维，分析学习过去的经验，并对未来可能发生的风险进行预测。

其流程一般是首先根据项目背景、项目环境、产品及技术资料、团队成员的技能及缺陷等风险要素，结合以往类似项目的经验，并借助风险库等方式，把以往类似项目的风险事件汇总成一张核对表。在列出相关风险事件后，可结合当前项目的特点，对照核对表，对本项目的特点逐一进行分析、讨论和排查，从而识别其项目风险。

可纳入核对表的内容有很多，如以前项目成败的关键原因、成本、质量、进度、采购与合同、人力资源与沟通、项目产品或服务说明书、项目范围、项目管理成员技能、项目可用资源等。

核对表法的优点是：可简化风险识别工作，相对来说简单易行，容易掌握；缺点是：由于受到项目可比性的限制，一张表的内容不可能非常全面，故而其揭示风险量可能要比其他方法少，有时会不够详尽，发生遗漏。

4.2.5　德尔菲法

德尔菲法（Delphi method）也被称为专家调查法，是 20 世纪 50 年代初，由美国兰德公司研究苏联核袭击美国所造成的风险时提出的，之后迅速开始在世界范围内蓬勃发展，现在该方法的应用已遍及经济、社会、工程和技术等各个领域。德尔菲法是一个依靠专家的直观能力来确定风险的方法，其实质是信息表单咨询。它通过调查表的方式向相关领域的专家咨询，收集意见后加以整理，再以匿名方式返回征求意见。也就是让经过调查得到的信息，借助专家的知识及经验，再经过直接或简单的推算，对研究项目进行综合分析评估，挖掘其特性和发展规律，并进行推理预测的一种方法。

德尔菲法是一种以函询的形式进行的集体匿名交流过程，即团队成员之间不得发生横向讨论，只能与调查人员相互联系，反复填写问卷，以综合所有专家的认识及集结各方意见。所以它有三个明显区别于其他专家预测方法的特点，即匿名性、反馈性和统计性。匿名性可以消除权威的影响，这是该方法的主要特征；反馈性可让专家进行深入研究，使得结果更为客观、可信；统计性则能避免专家调查只反映出多数人观点的缺点。

实施德尔菲法来进行项目风险识别的一般过程是：首先由项目的风险管理小组选出一定数量的相关领域的专家，并与这些领域的专家建立直接的联系，以函询或者其他方式来收取专家们的不同意见，然后综合整理它们，再匿名反馈给专家。第一轮的反馈回到专家之后，进行第二轮的函询，然后重复四到五轮，逐步让专家的意见趋向一致，最终意见将成为风险识别的依据。值得注意的是，并不是所有被预测的事件都要经过五轮，可能有些问题在第三轮就达到统一，就不必在第四轮中出现；另外，在第五轮结束后，专家对各项问题的意见也不一定都达到统一，不统一也可通过已有数据来得出一定结论。实际上，总会有一些事件的专家意见是不统一的。

针对 IT 项目，使用德尔菲法时，从原则上我们应尽量做到：

（1）挑选的专家应在 IT 领域有一定的权威性和代表性，从而保证专家的意见和决策尽量科学准确。

（2）在进行专家调查之前，首先应取得所有参加者的一致支持，这样能使得他们能认真、高效地进行每一次预测。同时也要向企业决策层说明专家调查对此次 IT 项目的意义和作用，以取得他们的支持。

（3）问题表单应该措辞准确，否则容易引起歧义。一次不宜询问太多的问题，应抓住要点，不要涉及与预测目的无关的内容，要确保询问的所有问题都是专家们能够回答的问题，而且应尽量保证所有专家都能从统一的标准去理解问题。

（4）进行分析统计时，应该针对不同专家的权威性来区别对待不同的问题，而不是一概而论。

（5）提供给专家的信息应该尽量充分，以便其提出意见。

（6）在进行专家调查时，企业的意见不应强加于专家，避免其对专家的判断产生影响，以至最终只会得出迎合企业领导结果，而对项目风险管理本身没有多大的积极意义。

（7）问题不宜过于分散，要集中且要有针对性，使所有事件形成一个整体。问题的排序可以先综合后局部，先简单后复杂，这样可以更好地引起专家回答问题的兴趣。

德尔菲法能充分发挥各位专家的作用，集思广益，可信度高。该方法的最大优点是简便直观，无需建立复杂的数学模型，尤其是在缺乏足够数据或者没有同类历史事件可借鉴的情况下，也能提炼出各位专家意见的分歧，取各家之长，避各家之短，从而对研究对象的未知或来来的状态作出有效的判断。同时，德尔菲法又能避免专家会议法所存在的一些缺陷。例如，权威人士对他人的意见的影响；有些专家碍于情面，不愿意发表与其他人相逆的意见；或出于自尊心而不愿意修改自己之前存在缺陷的意见等。

德尔菲法的主要缺点主要体现在：专家选择没有明确的标准，预测结果缺乏严格的科学分析；易受主观因素的影响，从而使得最后趋于一致的意见，仍然存在随大流的可能性。

4.2.6 头脑风暴法

头脑风暴法（brainstorming），又称为智力激励法或集体思考法，是通过创建一个自由的会议环境，让参与者充分发言、自由表达，然后催生出大量富有意义的意见的过程。它是根据专家的创造性思维来直观地获取和识别未来信息的预测法，是一个群体决策方法，其核心是团队协作，集思广益。该方法由美国人奥斯本在 1939 年首创，从 20 世纪 50 年代开始被广泛应用。头脑风暴法能发现其他识别技术遗漏的风险，从而有助于提高风险识别的全面性。我国 70 年代末开始引人头脑风暴法，并得到了广泛的重视和采纳。

头脑风暴法主要由主持人和专家小组组成，一般先由会议主持人向参与的专家阐明问题并说明会议的规则，再由参与的专家根据对项目的理解并结合以往的知识和经验，提出可能出现的风险及危害。这就需要专家会议的主持人在会议的一开始时就能诱导专家们思维灵感的迸发，提高专家们回答会议提出的问题的积极性，然后通过不同专家之间的相互启发和交流，从而诱发专家们的思维共振，以达到互相补充并产生有机组合，来为未来获取更多的信息，使预测和识别的结果更准确。头脑风暴法希望团队的全体成员积极自主地提出自己想法和意见，从而产生富有创造性的更多、更好的方案。头脑风暴法相对于质量来说更加注重想法的数量。自由畅谈、延迟批评和追求数量都是其成功的要点。

头脑风暴法的具体流程相对较为简单，当主持人抛出某个问题时，由某个专家组的成员说出一个主意，接着由下一个专家提出主意。依此类推，每人每次想出一个主意，这个过程会不断进行，直到当下所有的专家组成员想尽了一切主意或已到规定的时间，最后将列举出来的风险进行汇总，可以有一个专门的记录人员在黑板或记录卡上记录整个过程。

头脑风暴法又可分为直接头脑风暴法和质疑头脑风暴法（通常也称反头脑风暴法），前者强调专家组全体成员尽可能激发出其创造性，产生尽可能多想法及建议，后者则是对前者所提出的想法、方案逐一质疑，判断其可行性。因为头脑风暴法讲究自由畅谈、延迟批评和追求数量，所以质疑阶段对于头脑风暴法是十分必要的补充。

应用头脑风暴法时应遵守如下原则：

（1）延迟评判原则。对各种想法或方案的评判必须放到最后的质疑阶段，不应在当下对别人提出批评或作出评价。

（2）自由畅想原则。全程可以各抒己见，自由发言。激发参与者提出各种荒诞的想法能创造一种轻松、活跃的气氛。

（3）以量求质原则。相对于质量来说更加注重想法的数量，想法越多，产生好意见的可能性则越大，这是获得高质量的具有创造性建议的基础。

（4）综合改善原则。在提出自己的意见之外，鼓励参与者对他人所提出的想法或意见进行补充或改进，强调相互启发。

（5）求异创新原则，这是头脑风暴法的宗旨。
（6）限时限人原则。

4.3　风险评估方法

4.3.1　风险评估定义

风险评估是指当风险事件出现前后（仍未完结），这些事件对人们的活动、生命、资产等相关方面形成的危害以及损失出现的可能性程度的量化评估活动。这就意味着，风险评估是针对一些事件以及事物引起的危害和损失的情况程度进行量化的测评，是及时、科学分析各种不确定性因素的影响情况，实现内部控制的目标，并采取应对策略的过程性评价。

一个完整的风险评估过程，如图 4-1 所示，可以分为八大步骤。

从图 4-1 中可以看出风险评估包含的内容很多，实际上风险评估的主要内容就是评估风险发生的可能性和影响。可能性表示一个给定事项将会发生的概率，影响则代表它的后果。我们认为，对于风险发生概率的估计要考虑以下因素：风险相关资产的变现能力、经营管理中人工参与的程度以及经营管理中是否涉及大量繁杂的人工计算等。影响程度分析主要是指对目标实现的负面影响程度分析。风险影响程度大小是针对既定目标而言的，因此对于不同的目标，企业应采取不同的衡量标准。基于风险管理的内部控制，主要是对固有风险和剩余风险进行评估，也就是既考虑固有风险也考虑剩余风险。固有风险是在没有采取任何措施改变风险的可能性或影响的情况下，企业所面临的风险。剩余风险是在风险应对之后所残余的风险。对剩余风险的评估是指对企业风险控制或日常的管理活动中采取应对措施之后的风险进行的评估。

从严格意义上来说，风险评估主要是对剩余风险的评估。明确针对风险应对之后的剩余风险进行评估，就要树立一个风险评估持续性和重复性的互动过程，风险评估不是一次性的管理活动。无论是对固有风险的评估还是对剩余风险的评估，始终不变的是要从可能性和影响两个方面来进行。当然，风险评估不能只把注意力集中在危险上，而是既要考虑因危险而退缩的风险，也要考虑未抓住机会的风险。也就是说，在评估风险发生的可能性和影响的同时，还要评估失去机会的可能性和影响。一般来说，对识别出来的风险，从可能性和影响两个方面进行评估后，就可以根据评估的结果采取应对措施。根据各流程部门的工作范围，识别一定领域的风险范围，并汇报有关工程部门的统计数据；工程部门负责辨识风

输入	风险评估行为	输出
数据信息	第一步：描述系统	系统范围/系统功能/系统和数据的重要程度
1.系统受攻击的历史 2.从安全中介机构获取资料	第二步：识别威胁	威胁的描述
1.以往风险评估报告 2.任何检查备注 3.安全要求 4.安全测试	第三步：识别薄弱点列表	潜在薄弱点列表
1.当前控制措施 2.计划中的控制措施	第四步：分析控制措施	控制措施列表
1.攻击的动机 2.威胁能力 3.漏洞特性 4.当前控制措施	第五步：评测发生的可能性	发生的可能性估测
1.任务影响后果分析 2.资产重要性评估 3.数据重要性 4.数据敏感性	第六步：分析造成的影响	影响的估测
1.威胁发生的可能性 2.造成威胁的程度 3.控制措施的有效度	第七步：预测风险	总体风险和相关风险等级
	第八步：建议采取的控制措施	

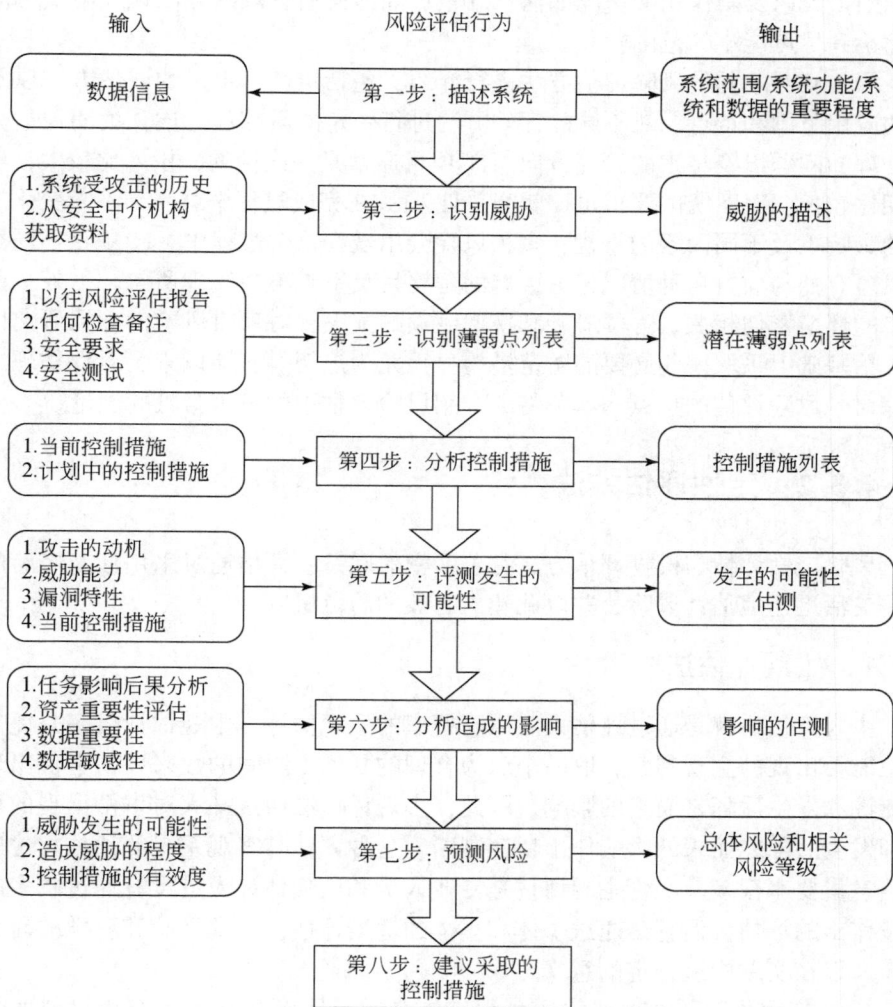

图 4-1　风险评估过程

险源和风险评估，并找出有中度以上危害的风险。在处理风险评估问题时，以下关系也应该考虑：不同资产将会遇到很多风险；风险源应该会有多个；各种风险应该能够通过单个以及多个弱点来影响企业的经营活动。

风险评估中要注意的一些问题：①要考虑维护的对象有哪些要素？它们带来的直接以及间接的效益是多少？②相关财产面对潜在风险涉及的范围有多大？形成风险的原因有哪些？风险出现的概率是多少？③有关资产中自身存在的哪些弱点会被风险所用？该现象出现的可能性有多大？④如果某些风险事件出现，企业遭到的损失以及副作用的情况如何？⑤企业如何使用有效的方法让风险引起的危害缩小到尽可能小的范围？

本节将对不同的风险评估方法进行介绍，包括定性、定量的评估方法以及它们的应用范围和特点。对不同的评估方法进行一定的研究和对比，说明评估方法要处理的问题以及将来的研究方向。IT 项目通常是一次性的，投入比较大，项目周期比较长，对系统的要求也比较高。IT 项目在完成过程中会受到不断变化的环境的影响以及不同因素的干扰，多种风险会出现在这个过程中。IT 项目不同类型的风险有的与项目自身情况相关，有的是项目负责人不当管理所致，另外一些与动态的环境密切相关。为了避开和挽回巨额的损失，对项目风险的深入研究以及在评估基础上采取一些必要的防范措施显得尤为迫切。长期以来，对评估理方法的探讨是风险评估的重点，本节将会介绍风险评估中的较为常见的理论。

4.3.2　定性评估方法

风险定性评估与模糊评估方法有着紧密的联系，评估通过采用涉及经验的做法，灵活迅速地估计风险，并以此建立有效的防范机制。

1）主观评估法

主观评估法就是通过评估人对风险概率的主观估计。主观估计概率是凭借对风险能否出现的主观判断，取一个认为合理的 0 到 1 之间的数来评估事件出现的可能性和发生后随之而来的影响。因此，主观评估法通过某人对事件出现的可能性和发生后随之而来的影响作出快速判断，这种评估与客观系统的评估相比所需的信息量要小很多。尽管主观评估是专业人员和风险估计人员没有通过较多的信息量作出的评估，但它是通过个体和集体的适当评估，以及经验和科学的研究获得，所以在实践中有一定的意义。

（1）应用范围。主观评估法可用于信息非常缺乏和基本无有用材料的情形下，尤其是对一些很难重复实验的事件而言，它是不错的方法，应用该方法的前提条件是具备较多有经验的专业工作人员。

（2）该方法的使用步骤。挑选对风险具备较多经验的专业工作人员；合理分配专业工作人员的权重；不同专业的工作人员分别展开评估；综合不同专业工作人员提出的结果，衡量风险情况。

（3）该方法的优点和不足之处。评估方法灵活简便，不需要具备较多的相关条件，可是非常容易产生一定的差距，即估计准确度不高，因此通常需要多个专业工作人员评估多次。

2）模糊数学法

风险出现是不确定的，通常表现为模糊的形式，因此运用模糊数学法对评估很有效。在进行评估时，会存在较多的因素变动根本不能定量的情况，这些因素变化的结论也是模糊的，不能通过简单的规则进行归纳。针对这些情况，Zadeth 初次建立了模糊的基本概念，给模糊行为和变动提出了相应的模型。模糊数学从二值逻辑的基础上转移到连续逻辑上来，把绝对的"是"与"非"变得更加灵活。通过对一定的标准来相对区分"是"和"非"，并不意味着数学去掉严格性来构成模糊性，而是通过严格的数学方法来描绘模糊现象。

（1）该方法的使用范围。风险的出现是不确定的，通常表现为模糊的形式，因此模糊数学能大范围地适用于不同类型风险的评估。

（2）该方法的步骤流程。适当地明确模糊集及其关系；适当地明确集合内不同元素对应于模糊关系的隶属度；通过模糊运算适当地明确对象的程度范围。

（3）该方法优点以及不足之处。模糊集的使用为不明确的问题提出一种概念化的模型，通过数学的形式来处理它，让模糊情况通过数学符号量化，使得评估能更加科学、标准，而模糊集中不同元素相应的模糊关系的隶属度，是根据相关专业工作人员的经验所提出。

3）蒙特卡罗模拟法

蒙特卡罗模拟法是法国数学家 John Von Neulnan 创立并推广到科学研究中。因为这种模拟法与一些赌博活动原理相似，因此以影响广泛的赌城摩纳哥来命名。蒙特卡罗模拟法又称随机抽样技巧或统计试验方法。该方法是估算风险的一般手段，一般应用于经济以及工程领域。该方法的根本内容是把要求的变量看成的一个随机变量。使用相关的一定分布情况的较多随机数值，求出该数字特征的统计量，把它看成是变量的近似解。使用方法是按要求采用随机变量发生器来构造一定随机数的概率模拟，科学上尽可能多的试验，使其分布离真实值的误差越小，可是考虑到现实情况若有 3~5 次，其分布函数就不会出现明显的变动，并逐步稳定下来。

（1）该方法适用范围。在风险事件会受到较多因素的影响的情况下，特别是在变化比较大的风险管理中运用一般很实用。

（2）该方法具体操作流程：合理制定风险清单；结合相关专业工作人员调查，得出不同因素的影响范围和发生率；合理制定有关数学模型；通过随机数发生器构造随机数序列；运用随机抽样数据来构造模拟试验，通过在此计算结果的基础上对规律进行研究；通过得出的方差和结论，来获取相关因素的可靠程度，看是否要进行下一次试验。

（3）该方法的优点以及不足之处。该方法系统处理不同因素，解决所有因素的不确定性，让结论较为科学和标准，它是涉及不同因素变动的方法，可通过相应软件来模拟试验过程，这样可以节约大量的时间，然而该方法很看重对不同因素相关性的评估，以及比较高的应用成本对该方法的运用产生了较大的困难。由于该方法对概率评估的误差通常较小，从IT项目的整体出发，它通常是比较合适的方法。综合考虑理论和实际，该方法比前面的方法要先进一些，相对而言，该方法更适用于大中型项目。

4）故障树法

故障树法（fault tree analysis，FTA）是20世纪50年代初由美国贝尔实验室在预测民兵导弹发射随机失效概率时提出的。在此之后，FTA的软件由波音公司开发成功。几年后，由于风险评估在核电站安全程序中的广泛使用，使故障树法在定性方法中占有主要地位。

（1）该方法的使用流程。选出适当事件；合理地建立故障树；运用指定的方法求出故障树的最小交割集；运用相关的方法求出系统故障概率。由于故障树的建立的完善程度会对结果的准确性产生较大的影响，因此合理构建故障树是FTA最重要的步骤。

（2）该方法的优点。该方法拥有较强的逻辑性，可用于处理部件出现的故障，也可用于对多重故障以及多种因素引起的故障问题处理；该方法有助于定量问题的分析，也有助于定性问题的分析，而且还可以找出项目存在的弱点，尤其是对新出现、复杂的项目的风险处理结果的可信度较高。

（3）该方法的不足之处。因为故障树的构造和处理过程比较复杂，对底事件的数量形成了约束，所以复杂项目的FTA几乎不可能对事件进行比较详细的研究；该方法的前提条件是所有底事件相互独立，而且所有事件只关注正常和失效的情况。

4.3.3　定量评估方法

对IT项目使用定量评估的方法，会让研究变得比较具体，得出的结论具有较高的可信度，能够为管理者作决定提供更加合理的数据。

1）敏感性分析

该方法以IT项目潜在的风险为研究对象，当IT项目所有不同因素有一定程度的变动时，反应它的关键经济指标敏感程度的方法。要完成敏感性研究，通常会研究 IT 项目的内部收益率受各种不同因素变动的规律，然后根据结果确定对项目起主要作用的因素，并且描述分析图，研究敏感度，从而得到各种因素变动的临界值，即指出因素变化范围区间。

该方法的具体步骤：首先根据信息明确不确定因素，假定有关因素的变动范围；按照指定方法确定分析指标；根据情况开始敏感性分析；根据结论描述敏感性分析图；最终明确变动的临界值。

该方法的优点及不足之处。敏感性研究是针对所有不确定因素的变化对项目经济效果的影响进行定量的描述，而且根据结论找出最敏感的不确定性因素，最终得出不确定性因素的临界点。能帮助管理者深入掌握项目的状况，并且找出在管理和作业过程中有必要进行深入研究与掌控的因素。可是敏感性研究却不能提出不确定因素在以后出现变化的概率。但这些不确定性因素对 IT 项目的影响非常大；然而在项目作业过程中发生的概率可能极小，这就说明现实的风险情况与之矛盾；恰好相反，一些不敏感因素在以后出现的不利变化的概率非常大，这个因素对项目经济产生的风险影响就会比最敏感因素更强。这类情况的风险问题是应用敏感性研究不能处理的。

2）影响图

影响图（influence diagrams，ID）是表示决策问题中决策、不确定性和价值的新型图形工具，是一个由终点集和弧集构成的有向图，其中有且仅有随机节点的图被命名为概率影响图。由此可知概率影响图是影响图的重要组成部分，该图把概率和影响图的有关知识联系在一起，有助于解决不同随机事件的联系情况。把随机事件的联系转化为有关概率的运算，而且通过运算来度量事件出现的可能性和它依赖于另外事件出现的可能性得到系统的概率评估。影响图是涉及多个方面不确定性管理问题的一种直观易懂的图形描述符号，数学概率相关信息的广泛应用，涉及概率评估、不同待选方案、管理层对风险的偏好以及信息情况描述系统全面，相比决策树而言，它具有很明显的优势。

该方法的使用范围。该方法是能够解决各种不确定性问题的工具，可以处理很多管理问题，涉及的领域较大。

该方法的优点。该方法是决策分析模型的艺术描述，它清晰、形象生动，基本概念清晰、通俗易懂。该方法可以直观地描述各种变量的时序联系、相关信息联系和相关概率联系；各种事件的状态表达超出了正常和失效两种情况，完全能够表达事件不同的状态；针对研究问题，能够通过该方法完成各种顺序的评估，能够避免传统研究方法中的顺序单一性的约束。

该方法的不足之处是现在还欠缺有关描述该图的标准化的方法和步骤，绘制该图的方法受主观因素的影响很大。

3）贝叶斯推断

贝叶斯一词源于 18 世纪英国的一个牧师 Thomas Bayes，而贝叶斯推断（Bayesian Inference）是一种应用于不确定条件下的决策统计方法，它的显著特征是对先验信息进行贝叶斯利用。先验信息可能基于先前的研究成果、理论或是主观信念，因为 Thomas Bayes 的理论贡献，那些先验信息得以融合到统计研究和决策方法中。当与决策因素相关信息很难完全获得时，就需要充分利用各种先验信息，通过贝叶斯推断达到降低未发生事件不确定性的概率，这就是贝叶斯推断方法的基本原理。该方法的核心就是根据先验概率和其有联系的条件概率，通过贝叶斯运算法则得出相关结果的后验概率。

该方法的使用范围。风险事件的出现一般是由多种因素导致，如果能知道各因素发生的概率或者是因素导致风险事件出现的可能性能够通过运算法则算出，那么就能够知道各种因素对风险事件的影响程度。

该方法的具体操作流程。找出将要评估的事件和导致事件出现的各种因素，并让不同因素互不相关；根据已知信息来衡量先验以及条件概率；运用相关公式推导，得出的数据就是不同因素对事件的作用程度；对照数据结论对各种因素开展研究以及评估。

该方法的优点及不足之处。该方法在风险评估过程中，能够在各种风险因素中找出核心因素，有力促进风险研究；该方法的不足之处是推导先验以及条件概率相对比较困难。

4.4　风险评估工具

风险评估理论的研究和工具开发应服务于信息系统建设的总体目标。目前国内外学者提出一些广义的、传统的风险评估理论，以及一些专门的信息系统安全风险评估方法。按计算的方法区分，有定量方法、定性方法及部分定量化的方法；按实施手段区分，有动态系统的技术、以"树"为基础的技术。

风险评估工具大致可以分为以下两类。正式工具：流程图、检查表、控制图、鱼骨图。非正式工具：被实践证明行之有效的有质量审计、投诉处理、产品质量趋势分析、偏差处理、纠正与预防措施（CAPA）等。本书主要介绍流程图、检查表、鱼骨图、质量审计、投诉处理。

4.4.1　流程图

业务流程图就是用一些尽可能少的规定符号及连线来表示某个具体业务处理过程，业务流程图易于阅读和理解，是分析业务流程的重要步骤。先对所做行业的流程进行分析，在不同阶段，识别其存在的危险源，然后对危险源进行评估，将危险源按严重等级进行分类，应用的风险评价方法不同，得出的结果也不同，然后进行风险控制。业务流程分析可以帮助了解某项业务的具体处理过程，发现和处理系统调查工作中的错误和瑕疵，修改和删除原系统不合理的部分，在新系统的基础上优化处理流程。

4.4.2　检查表

检查表是使用一个简单的易于理解的图形，只需要填写所需的标记，再加上统计汇总它的数据即可以提供定量的分析或用于比较检查。具体而言，即用比较普通的数据，以及较为容易理解和运用的方式，绘制图以及相应的表格，必要时对检查的标记做笔记，并对其进行相应的整理与统计，能够进一步分析以及验证核查。针对系统收集的数据、信息，确认事实来对数据进行粗略的整理和分析，确认检查是否有遗漏。检查表根据事实收集资料，能够把观察和分析分开，用记录取代记忆，让观察变得更深入，在收集资料时，可以避免渗入个人观点。通常把检查表根据其工作的目的或种类概括为以下两种。

1）点检用检查表

对已经定义的设计在使用时用"非"或"选择"注释，它的主要功能是确认作业的执行、维护设备和预防事故的出现，以确保安全使用，该类检查表主要的作用就是确认检查作业过程中的情况，以防止工作疏漏，教育培训清单、设备维修清单、驾驶条件查检表等都是这类检查表。

2）记录用点检查表

这样的检查表多用来收集记录不良的原因和不良项目，其使用程序化的数据，该做法是为了签署或数码录音，以纪念表或图形的数据分成几个其他项目。由于经常用于作业缺失以及品质良莠等的记录，记录用点检查表有时也被称为改善检查表。在使用检查表之前，要确定检查表的目的、查验的项目、查验的频率、查验的人员及方法、相关条件的记录方法，如作业场所、工程、日期等。检查表的格式可以是图形或者表格，制定检查记录的方式可以是：正、○、+++、√、△等符号。合理制定项目的相关基准参考值，来判定是否合格。

该方法的使用流程：了解所需收集资料的内容以及目的；明确负责人以及对有关资料的分析方法；制定所需设计的表格形式；明确记录的形式，选择合适的符号记入；制定收集的方法，确定由谁来收集、收集的周期、检查时间、方法以及检查数等；记入记号，把次数分配表整理出来，这样整体的情况便一目了然。

4.4.3　鱼骨图

鱼骨图是利用"5M 因素"分析问题的一种方法。"5M 因素"包括人、机、料、法、环等方面，"人"指的是人为的因素有哪些；"机"指软件、硬件条件对于事件的影响；"料"指基础的准备以及物料；"法"指与事件相关的方式与方法问题是否正确有效；"环"指的是内外部环境因素的影响。五个方面就像鱼的"主刺"一样，每个主刺上还有很多的小刺，这些小刺就是与主刺相关的问题，它们共同构成一条鱼的骨头。鱼骨图是把相关结果看成特性，与之有关的原因看成因素，然后通过箭头来表示因果关系。鱼骨图能发挥员工个体的积极性，有利于组织实现高效运转。

4.4.4　质量审计

审计质量控制是审计机关为实现审计目标，规范审计行为，明确审计责任，确保审计质量符合国家审计准则的要求而建立和实施的控制政策以及控制程序的总称。审计质量控制分为全面质量控制和项目质量控制。质量审计是一种独立的结构化审查，用来确定项目活动是否遵循组织和项目的政策、过程与程序。质量审计的目标是：识别全部正在实施的良好最佳实践；识别全部差距与不足；分享所在组织和行业中类似项目的良好实践；积极、主动地提供协助，以改进过程的执行，从而帮助团队提高生产效率；强调每次审计都应对组织经验教训的积累作出贡献。采取后续措施纠正问题的方式，可以使质量成本降低，并提高发起人或客户对项目产品的接受度。质量审计可事先安排、随机进行，也可由内部或外部审计师进行。

4.4.5　投诉处理

公司面对顾客投诉不能持回避态度。投诉可以培养长期理性顾客，使公司产品更好地改进，也可以提高相关员工工作能力，因此应以"严格、认真、主动、高效"的工作作风去处理投诉问题，这样才能从根本上减少投诉。通过对员工进行不同种类的投诉处理和回复培训，使员工掌握处理投诉的技巧，同时，应在处理投诉的过程中得到启发，改正不足。

运用管理工具在足够数量的基础数据支持下，可定量或半定量地进行风险管理缺陷模式效应分析：通过分析生产过程的各种潜在缺陷模式，以判断其对产品可能产生的影响；降低风险的方法针对各种缺陷模式；通过解析生产过程，将复杂问题简单化；将缺陷产生的原因和造成的后果联系起来。

4.5　本 章 小 结

本章简要介绍与 IT 风险评估相关的一些基础理论知识，主要包括风险识别、IT 风险评估的基本概念与理论，同时深入介绍风险评估的一些基本理论。风险评估主要有三种可行途径：基线评估、详细评估、组合评估。本书主要介绍的风险评估工具有流程图、检查表、鱼骨图、质量审计、投诉处理。典型项目风险评估方法分为定性评估方法和定量评估方法。定性评估方法有主观评估法、模糊数学法、蒙特卡罗模拟法、故障树法、影响图等方法；定量评估方法有影响图、敏感性分析、贝叶斯推断等方法，改进的项目风险评价方法主要有基于吸收能力的 IT 项目风险评估研究以及基于持续改进的项目风险管理能力成熟度模型，并对这些方法的特点和应用范围作出一定的介绍。

第 5 章　IT 项目风险评估模型

本章主要是从风险评估和风险规则挖掘的角度对风险进行分析，根据分析的结果为风险的规避提供理论支持。风险分析阶段作为风险管理的中间环节，它的分析结果不仅会影响 IT 项目管理人员的决策水平，而且对风险规避措施的实施提供了方向和目标，有着十分重要的作用。

5.1　IT 项目风险因素

根据英国著名风险管理专家 Dan Remenyi 的调查统计，IT 项目失败或不成功的表现主要集中在五个方面：①项目开发经费严重超支（28.2%）；②项目开发不能按时完成（35.2%）；③项目开发中途放弃（11.5%）；④项目已经完成开发，但是没有达到预期效果（52.7%）；⑤项目已经完成，但是基本未投入使用（46.1%）。

所谓风险因素，就是在 IT 项目的开发和实施过程中，导致 IT 项目失败或者不完全成功的原因。风险因素涉及很多方面，既有技术、管理等内部因素，也有市场需求、政策法规等外部因素。

相关业内人士对影响 IT 项目的风险因素进行总结与归纳。例如，Alter 在研究了 56 个决策支持系统的实现后，识别出八大风险因素：不合作的用户、多个用户或者实现单位、在多个参与者之间交接、无法指定目标或者用途、无法缓冲对其他人的冲击、缺少支持、缺少经验以及技术或投入的效力问题。Boehm 提出 IT 项目的十大风险因素：人员短缺、不切实际的经费预算与安排、功能和性质不能满足客户需求、客户参与不够、增加了新的功能、需求不断发生变化、缺乏新的技术支持、项目团队不稳定、高层领导支持不够。Roger 将风险分为产品规模、商业影响、客户特性、过程定义、开发环境、建造技术和人员数目及经验七大风险种类（subcategory），每个风险种类又有 8~20 个风险项（item）。Karolak 认为 IT 项目风险体现在技术、成本和进度等三个方面，并贯穿于整个开发周期，其中技术方面与性能、可用性等相关，成本则包括预算、盈利等，进度包括进度表的灵活度、现实性等。

近年来，不少学者和专家通过问卷调查和数据分析的方法来确定 IT 项目的风险因素，以及风险因素的影响度。例如，Barki 对 75 个组织参与的 120 个 IT 项目进行调查，围绕 35 个项目开发风险变量拟订 144 个相关问题，然后对反馈答案进行分析统计，最后确定出 24 个风险变量及 94 个相关问题，但 Barki 对项目开发方和使用方之间的沟通交流似乎没有涉及，而这两项对于 IT 项目的成败都是至关重要的。Tony Moynihan 对 14 个至少有 8 年项目开发经验的资深项目经理进行有关项目风险管理的调查，并总结出 113 个在项目开发过程中十分重要的事实，然后将这 113 个事实归纳成 22 个风险构成因素。亚利桑那州立大学的 DanHouston 也进行了一次调查，总结出 29 个风险因素，如缺乏客户支持、依赖少数关键人员、开发人员缺乏投入精神等。

　　本书对风险因素的分析也是采用调查问卷的形式，本次调查共发放问卷 500 份，回收问卷 386 份，其中有效问卷 272 份，有效回收率为 54.4%。本次调查横跨 24 个不同的行业，通过问卷调查，本书总结出 IT 项目的主要风险因素，如表 5-1 所示。

表 5-1　IT 项目风险因素

类别	风险因素	类别	风险因素
项目开发过程	明确的里程碑计划与安排	系统实现功能的正确性	需求分析的质量
	对成本和进度进行监控		使用方对项目的参与度
	方法学对开发过程的覆盖程度		开发方和使用方之间的沟通
	文档的编写质量和更新频率		管理层在项目开发过程中的稳定性
	对数据的重视程度		提交系统前进行软件功能测试
	系统的可扩充性和易维护性	系统的可使用性	界面的友好性
	需求的变动管理		软件使用的外部支持
	长期规划、分步实施		使用方信息化的经验
项目组的能力	项目组的经验		使用方业务人员的计算机使用水平
	技术的复杂度		系统安全性
	开发人员的开发技能	项目开发的工具支持	项目开发使用的自动化支持工具
	开发人员对业务知识的掌握程度		项目的复杂度
项目组的组织性	项目经理的经验		实现工具
	项目组结构		建立问题及其日志
	人员流动性		各个开发阶段的一致性
	项目组文化	使用方的组织性	使用方的结构成熟度
	项目组的信心和士气		使用方业务的规范度
项目质量管理	综合评估体系		使用方对项目的接受程度
	项目评估模型	外部资源	项目资金是否到位
	质量保证体系的建立		使用方对项目所持的态度
	项目监理体系的建立		高层领导的支持度

5.2　风险因素的提取

　　本节主要是在以上风险因素的基础上，进行风险因素的约简，识别出其中关键的风险因素，这样做不仅能够使风险分析的效率大大提高，减少分析过程中的工作量，而且正如"分析事物重点看其主要矛盾"一样，具有针对性。

　　目前关于属性约简最常用的方法是粗糙集方法。它有效解决了复杂系统里的信息处理问题，具有较强的实用性和科学性，在很多领域，如管理决策、机器学习、模式识别、知识发现等得到很好的应用。

　　粗糙集最大的特点在于它有利于数据本身提供的知识，不需要任何其他信息和先验知识，在保持知识分类能力不变的情况下，删除不重要的信息，揭示内在的规律。但由于国内 IT 项目中风险相关文献的缺乏，缺少完整数据的支持，本书在国家自然科学基金资助的支持下，所获得的信息建立在无决策属性的信息系统的基础上，由于传统的粗糙集是建立在有决策属性的决策表上，通过把信息量引入粗糙集，采用基于信息量的粗糙集对风险因素进行约简，提取关键风险因素。

5.2.1　粗糙集理论知识

　　本书在结合 IT 项目自身特点的基础上，采用知识分类的原理，对 IT 项目中的风险规则进行挖掘分析。由粗糙集的基本原理可知，一个完整的知识表达系统是用 $S = (U, C \cup D, V, f)$ 来表达的，其中 $A = C \cup D$ 表示属性的集合，$U = \{x_1, x_2, \cdots, x_n\}$ 表示对象集合，C 和 D 分别表示条件属性集合和决策属性集合，而且 $C \cup D = A$，$C \cap D = \phi$，假如一个知识表达系统用二维表来表示，则这个二维表被称为决策表，其中的列是属性和属性值，行则是论域中的各个元素。

　　假设论域 U 为对象的有限集合，任何一个子集 $x \in U$ 即是 U 中的范畴或者概念。关于 U 的抽象知识，简称知识为 U 中的任何概念族。假如 $R = (x_1, x_2, \cdots, x_n)$，其中 $x_i \in U$，$x_i \neq \phi$，$x_i \cap x_j = \phi$，当 $i \neq j$，$i, j = 1, 2, \cdots, n$ 则称集合 R 为一个分类，分类 R 的一个等价类就是 x_i。论域 U 上的每一个等价关系是由 U 的一个分类所确定的，反之，论域 U 的一个分类也由论域 U 的一个等价关系所确定，因此，可以运用等价关系的概念对集合实施分类。

　　对于任意一个 $x, y \in U$，$\forall P, P \subseteq A$，如果存在 Ind (P)，使得

　　　　Ind $(P) = \{(x, y) \in U \times U \mid \forall a \in P, f_a(x) = f_a(y)\}$

则记为 x, y 是 P 上具有不可分辨的关系，即 Ind (P)，这种不可分辨关系

Ind（P）又记为等价关系。如果 Ind（P）= Ind（Q），其中两个知识库分别为 K_1 =（U，P）、K_2 =（U，P），则记 K_1 和 K_2 为等价关系，即 $K_1 \cong K_2$。

对决策表 S =（U，$C \cup D$，V，f），其中 $V = \cup \{V_a \mid a \in A\} \cup V_d$ 为决策表 S 的值域，那么关于决策规则的一些基本描述如下所述：

定义 5.1　属性集合 $B \subseteq A \cup \{d\}$ 和决策表的值域 V 上的描述子集记为 $a = v$，用来表示属性 a 的取值为 v。假如 S 和 R 分别是决策属性和条件属性的子集，那么 $R \to S$ 这一逻辑含义记为决策规则，其中 R 是规则前件，S 是规则后件，它们表示的是一种因果联系。这里，决策表的条件属性只存在于公式 R 中所包含的原子公式中，决策表的决策属性则只存在于 S 中所包含的原子公式中。对于每一个决策公式 R，其中 $\| R \|$ 表示该公式在决策系统 L 的映射，也就是论域 U 含有 R 的所有对象的集合。

对于决策表的分类规则，可以做以下定义：

定义 5.2　设 S =（U，$C \cup D$，V，f）为信息决策表，其中 $A = C \cup D$，如果存在函数 $d_x: A \to V$，使得 d_x（a）= a（x），其中 $a \in A$，$X \subseteq U$，$x \in U$，那么 S 上的一条决策规则记为 d_x。假如 $a \in C \subset A$，那么决策规则的条件部分记为 $d_x \mid C$；假如 $a \in D \subset A$，那么决策规则的结论部分记为 $d_x \mid D$。

定义 5.3　假如对于任意 $y \neq x$，$d_x \mid C = d_y \mid C \Rightarrow d_x \mid D = d_y \mid D$，那么 d_x 是一致的，否则，d_x 是不一致的。假如每一条决策规则都是一致的，那么它们所处于的决策表 S =（U，$C \cup D$，V，f）则为一致的，否则，决策表是不一致的。一致性决策规则要求条件属性的值必须相同，并且决策属性的值也相同，也就是说每一决策规则完全依赖于它的条件值。一致性也记为协调性。

定义 5.4　对于近似空间 K =（U, R），且有 P，$Q \subseteq R$，当 Ind（P）$\subseteq$ Ind（Q），称知识 Q 依赖于知识 P，知识 Q 对 P 的依赖定义为

$$r_P（Q）= \frac{\text{Card}（\text{Pos}_P（Q））}{\text{Card}（U）} \tag{5-1}$$

式中，Card（）表示集合的基数，Pos_P（Q）表示集合 P 在 $U/$Ind（Q）中的正区域。

假设属性集子集 C，D 表示由 C 所得的分类，如果从属性子集 C 中去掉条件属性 a，此时分类必然会发生变化，那么 Sig_{C-a}（a）记为属性 a 的重要度，定义如下：

$$\text{Sig}_{C-a}（a）= \frac{r_C（C）- r_{C-a}（C）}{r_C（C）} = 1 - \frac{\text{Card}（\text{Pos}_{C-a}（D））}{\text{Card}（\text{Pos}_C（D））} \tag{5-2}$$

定义 5.5　设决策系统 S =（U，$C \cup D$，V，f），其中 $R \subseteq C$ 为条件属性子集，假设 Ind（R）和 Ind（D）所产生的分类分别为 $X = \{X_1, X_2, \cdots, X_n\}$，$Y =$

$\{Y_1,\ Y_2,\ \cdots,\ Y_n\}$，则 R 的熵定义为

$$H(R) = -\sum_{i=1}^{n} P(X_i)\log(P(X_i)) \tag{5-3}$$

式中，$P(X_i) = \text{Card}(X_i)/\text{Card}(U)$。

D 相当于 R 的熵定义为

$$H(D/R) = -\sum_{i=1}^{n} P(X_i)\sum_{j=1}^{k} P(Y_j/X_i)\log(P(Y_j/X_i)) \tag{5-4}$$

5.2.2 实证分析

为了更好地说明基于信息量的粗糙集指标约简过程，每个对象共有 10 个属性，是根据上述 10 个风险因素设置的，分别如下：a 表示"功能需求是否明确"、b 表示"项目组成员的工作能力"、c 表示"开发方与用户的关系质量"、d 表示"项目复杂度是否很高"、e 表示"项目组的组织结构是否合理"、f 表示"项目质量控制体系是否完善"、g 表示"开发方与使用方正式沟通频率"、h 表示"开发方与使用方非正式沟通频率"、i 表示"项目组能够获得的支持程度"、j 表示"企业所处的内外部环境"。评价值中的"0""1""2"分别代表导致风险的程度。评价值越大，该因素导致的风险越高。本书根据上述调查结果选取了 10 类发生频率较高的 IT 项目风险作为本次的研究对象。

在粗糙集理论中，信息系统的数据必须是离散的。因此，应根据原始调查结果进行预处理，以便进一步分析，如表 5-2 所示。

表 5-2　服务风险信息系统

U	条件属性									
	a	b	c	d	e	f	g	h	i	j
x_1	1	1	0	1	1	1	1	2	2	1
x_2	1	0	1	1	2	2	0	1	1	1
x_3	2	1	2	2	1	1	1	1	1	1
x_4	2	1	2	2	2	1	1	1	1	1
x_5	1	0	2	0	1	1	1	1	1	0
x_6	2	0	2	2	1	1	1	0	1	1
x_7	1	1	1	1	1	1	1	2	2	1
x_8	1	1	1	1	2	2	1	1	1	1
x_9	2	0	1	1	2	1	0	2	1	0
x_{10}	1	0	1	1	2	2	1	1	1	1

在此服务风险信息系统中，利用式（5-3）和式（5-4），可得：只有 $\text{Sig}_{A-\{a\}}(a)$ = 0，$\text{Sig}_{A-\{d\}}(d)$ = 0，$\text{Sig}_{A-\{f\}}(f)$ = 0，$\text{Sig}_{A-\{i\}}(i)$ = 0，$\text{Sig}_{A-\{j\}}(j)$ = 0。因此，只有属性指标 a、d、f、i 和 j 可约。此时 Core (A) = $\{b, c, e, g, h\}$。设 $P = \{b, c, e, g, h\}$，又因为 Ind (P) = Ind (A)，则 P 为 A 的一个约简。

指标约简具体过程如下：

根据粗糙集理论中的等价关系式（5-1），可得

$$U/\text{Ind}(P) = \{\{x_1\}, \{x_2\}, \{x_3\}, \{x_4\}, \{x_5\},$$
$$\{x_6\}, \{x_7\}, \{x_8\}, \{x_9\}, \{x_{10}\}\}$$

当从 P 中去掉属性 b 时：

$$U/(A-\{b\}) = \{\{x_1\}, \{x_2\}, \{x_3, x_5\}, \{x_4\},$$
$$\{x_6\}, \{x_7\}, \{x_8, x_{10}\}, \{x_9\}\}$$

由式（5-3）得 P 的信息量为

$$I(P) = 0.9, \ I(P-\{b\}) = 0.86$$

再由式（5-4）得 b 在 P 中的重要度为

$$\text{Sig}_{P-\{b\}}(b) = I(P) - I(P-\{b\}) = 0.04$$

同理可求出：

$$\text{Sig}_{P-\{c\}}(c) = I(c) - I(P-\{c\}) = 0.04,$$
$$\text{Sig}_{P-\{e\}}(e) = I(P) - I(P-\{e\}) = 0.02,$$
$$\text{Sig}_{P-\{g\}}(g) = I(P) - I(P-\{g\}) = 0.02,$$
$$\text{Sig}_{P-\{h\}}(h) = I(P) - I(P-\{h\}) = 0.04$$

通过基于信息量的粗糙集方法进行风险因素的约简，得到五个影响 IT 项目成功的关键风险因素，分别是：项目组成员的工作能力、开发方与用户的关系质量、项目组的组织结构是否合理、开发方与使用方正式沟通频率、开发方与使用方非正式沟通频率。这五个关键风险因素既降低了风险因素的维数，又能反映以上十个风险因素的信息量，为以下关键风险因素指标体系的建立奠定了基础。

5.3　风险因素指标体系建立

虽然先前的研究得到了信息传递的五个关键风险因素，但是却不清楚这些风险因素之间的内在联系，为了更准确地把握这些风险因素在风险体系中的地位，从而建立较为完整的风险因素指标体系，有必要对其内在联系做进一步的研究。需要说明的是，为了简化计算步骤，这里把开发方与使用方正式沟通频率和开发方与使用方非正式沟通频率归为一类，命名为开发方与使用方沟通频率。因此在

本节对 IT 项目风险因素关键指标的分析中，指标体系只包含项目组成员的工作能力、开发方与用户的关系质量、项目组的组织结构是否合理和开发方与使用方沟通频率。

目前的研究文献更多的是通过质性分析方法来识别 IT 项目中的风险因素，无法揭示系统因素的内在构造，不利于风险因素的管理和控制。因此，本节选用区间数 DEMATEL 方法来识别 IT 项目中的风险因素，原因有二：一是 DEMATEL 方法考虑了风险因素间的相互影响，能够指出风险因素的重要程度，并识别出各个风险因素属于原因风险因素还是结果风险因素，有效地弥补了以上质性研究方法的不足；二是区间数 DEMATEL 方法比传统的 DEMATEL 方法更适用于风险因素间影响关系具有复杂性和模糊性特点的 IT 项目。

5.3.1 区间数 DEMATEL 方法的相关理论

1）DEMATEL 方法

DEMATEL（decision making trial and evaluation laboratory），被译为"决策试验与评价实验室"，是为了解决现实世界中的复杂问题而提出的。该方法运用图论和矩阵工具分析系统各因素之间的关系，其中，直接影响矩阵表示系统两两因素之间的直接影响关系，综合影响矩阵表示系统两两因素之间包括直接和间接的总影响关系，通过对综合影响矩阵的计算，得出每个因素的中心度和原因度。中心度可以判定各因素在系统中的重要程度，原因度则用于说明每个因素对其他因素的影响程度和被影响程度。

DEMATEL 在因素识别、评价等领域均得到应用。国内外对于 DEMATEL 方法的研究主要分为两大类。一类是把 DEMTEL 与其他方法相结合。例如，M. N. Mokhtarian 利用模糊数学建立了模糊 DEMATEL 方法，并用于全球经理人的竞争力研究上；Jui-Kuei Chen 将 DEMATEL 和 ANP、TOPSIS 相结合，用于决策研究；周德群建立了集成 DEMATEL/ISM 方法，来研究复杂系统层次划分。另一类是进行 DEMATEL 方法的拓展研究。由于传统的 DEMATEL 方法仅限于实数域内，难以准确评价系统因素间复杂而又模糊的关系，针对这一现象，有关学者把 DEMATEL 方法拓展到二元语义和三角模糊数，较好地弥补了传统 DEMATEL 方法的不足。例如，樊治平等把 DEMATEL 方法拓展到二元语义上，并对风险因素进行识别研究；金卫健等则把 DEMATEL 方法拓展到模糊三角数上。

除了二元语义和三角模糊数之外，区间数也是常用于描述系统因素间复杂关系的工具。但对于以区间数形式描述因素复杂关系的这种情况，却没有相应的

DEMATEL 方法可以对其进行处理。因此有必要把 DEMATEL 方法拓展到区间数来加以研究。而本书正是在这种背景下，提出区间数 DEMATEL 方法，借助区间数的运算规则最终计算出中心度和原因度，并通过区间数的可能度排序来比较大小，以期得到因素在系统中的位置，最后把该方法应用于 IT 项目风险因素识别研究，作为对该方法实际应用效果的检验。

在把 DEMATEL 方法扩展到区间数之前，通过对以往 DEMATEL 方法研究文献的回顾，总结 DEMATEL 方法的建模步骤如下：

步骤 1：对信息收集和分析之后，确定系统因素指标体系，记为 $\{S_1, S_2, \cdots, S_n\}$。

步骤 2：确定系统各要素之间的直接影响关系。其中，从 S_i 指向 S_j 的箭头表示因素 S_i 对 S_j 有直接影响关系，箭头上的数字说明因素间直接影响关系的强弱。

步骤 3：初始化直接影响矩阵。设 S_i 到 S_j 箭头上的数字为 z_{ij}，当 $z_{ij}=0$ 时，则 S_i 到 S_j 没有直接影响关系；当 $z_{ij} \neq 0$ 时，则 S_i 到 S_j 有直接影响关系。此时，直接影响矩阵为

$$Z = \begin{bmatrix} 0 & z_{12} & \cdots & z_{1n} \\ z_{21} & 0 & & z_{2n} \\ \vdots & & 0 & \vdots \\ z_{n1} & z_{n2} & \cdots & 0 \end{bmatrix}$$

步骤 4：求综合影响矩阵。首先，计算标准化直接影响矩阵 N：

$$N = \lambda Z \tag{5-5}$$

$$\lambda = 1/\max\left(\sum_{j=1}^{n} z_{ij}\right) \tag{5-6}$$

然后，再利用公式：

$$T = \lim_{k \to \infty} (Z + Z^2 + \cdots + Z^k) = Z(I-Z)^{-1} \tag{5-7}$$

求得综合影响矩阵 T。

步骤 5：计算中心度和原因度。综合影响矩阵 T 的每行之和为

$$R_j = \sum_{i=1}^{n} t_{ij} \quad (j = 1, 2, \cdots, n) \tag{5-8}$$

每列之和为

$$D_i = \sum_{j=1}^{n} t_{ij} \quad (i = 1, 2, \cdots, n) \tag{5-9}$$

计算出中心度为

$$G_i = R_i + D_i \tag{5-10}$$

得到 S_i 在系统中的重要程度。

并且计算出原因度为

$$H_i = R_i - D_i \tag{5-11}$$

若 $H_i > 0$，表示 S_i 对系统中其他因素的影响较大，为原因因素；若 $H_i < 0$，表示 S_i 受系统中其他因素的影响较大，为结果因素。通过对中心度和原因度的分析，明确了各个因素在系统中的位置，从而揭示系统的内在构造。

2) 区间数的概念、运算及排序

针对系统中各因素之间关系的复杂性，通常情况下，可以确定其上限和下限，转化为区间数来处理。要实现把 DEMATEL 方法拓展到区间数领域，需要解决区间数的运算和排序问题。下面，将详细讨论本书中用到的区间数运算规则和排序方法。

先介绍区间数及运算规则。设 R 为实数域，闭区间 $A = [a^-, a^+]$ 为区间数，其中，$a^-, a^+ \in R$，$a^- \leqslant a^+$。当 $a^- = a^+ = a$ 时，区间数 $A = [a^-, a^+] = a$ 为退化区间数，即退化为实数 a，因此，可以把区间数看成实数的推广，区间数可以取区间内的任何一点。

对于区间数 $x = [x^-, x^+]$，$y = [y^-, y^+]$ 来说，有运算规则如下：

$$x + y = [a^- + b^-, \ a^+ + b^+] \tag{5-12}$$

$$x - y = [a^- - b^-, \ a^+ - b^+] \tag{5-13}$$

$$\alpha a = [\alpha a^-, \ \alpha a^+], \ \alpha \geqslant 0 \tag{5-14}$$

当 $\alpha = 0$ 时，$\alpha a = 0$。

再介绍区间数排序的可能度方法。自从徐泽水教授提出区间数排序的可能度方法之后，由于它的操作步骤简洁实用，在多属性决策和评价等多个领域相继得到应用。

设 $a = [a^-, a^+]$，$b = [b^-, b^+]$ 为区间数，记 $L(a) = a^+ - a^-$，$L(b) = b^+ - b^-$，则称

$$P(a \geqslant b) = \frac{\min\{L(a) + L(b), \ \max(a^+ - b^-, \ 0)\}}{L(a) + L(b)} \tag{5-15}$$

为 $a \geqslant b$ 的可能度。

对于区间数 $a_1, a_2, \cdots, a_n$，其中 $a_i = [a_i^-, a_i^+]$，$i = 1, 2, \cdots, n$，提出的基于区间数的可能度排序步骤如下：

步骤 1：利用式（5-15）求其相应的可能度 $P(a_i \geqslant a_j)$。

步骤 2：建立可能度互补矩阵 $P = (p_{ij})_{n \times n}$，其中 $p_{ij} = P(a_i \geqslant a_j)$，$i, j = 1, 2, \cdots, n$。

步骤 3：求解可能度矩阵 $P = (p_{ij})_{n \times n}$ 的排序向量，由公式：

$$\omega_i = \frac{\sum\limits_{j=1}^{n} p_{ij} + \frac{n}{2} - 1}{n(n-1)}, \quad i = 1, 2, \cdots, n \tag{5-16}$$

计算互补判断矩阵排序向量 $\omega = (\omega_1, \omega_2, \cdots, \omega_n)$，并按照其分量的大小对区间数进行排序。

3）区间数 DEMATEL 方法的实施

由于系统之间各个因素之间关系的模糊性和复杂性，难以用精确的数值量化，对于采用区间数来表示其间关系的情况，本书利用区间数的运算规则和排序方法，提出区间数 DEMATEL 方法，其具体实施过程如下：

步骤 1：确定影响关系的评估尺度。

影响关系的区间数评价集合如下：$M = \{M_0 = [0, 0]$（没有影响）、$M_1 = [0, 0.2]$（影响很小）、$M_2 = [0.2, 0.4]$（影响小）、$M_3 = [0.4, 0.6]$（影响程度中等）、$M_4 = [0.6, 0.8]$（影响大）、$M_5 = [0.8, 1]$（影响很大）$\}$，集合 M 中的元素用来表示某一因素对另一因素的直接影响程度。

步骤 2：建立区间数直接影响矩阵。

对于系统指标体系 $\{S_1, S_2, \cdots, S_n\}$ 来说，用区间数 a_{ij} 来表示第 i 个因素对第 j 个因素的直接影响，其中 $a_{ij} = [a_{ij}^-, a_{ij}^+]$，$a_{ij} \in M$，于是，建立区间数直接影响矩阵 A 如下：

$$A = \begin{bmatrix} 0 & a_{12} & \cdots & a_{1n} \\ a_{21} & 0 & & a_{2n} \\ \vdots & \vdots & 0 & \vdots \\ a_{n1} & a_{n2} & \cdots & 0 \end{bmatrix} = \begin{bmatrix} [0, 0] & [a_{12}^-, a_{12}^+] & \cdots & [a_{1n}^-, a_{1n}^+] \\ [a_{21}^-, a_{21}^+] & [0, 0] & & [a_{2n}^-, a_{2n}^+] \\ \vdots & & [0, 0] & \vdots \\ [a_{n1}^-, a_{n2}^+] & [a_{n2}^-, a_{n2}^+] & \cdots & [0, 0] \end{bmatrix}$$

$$\tag{5-17}$$

步骤 3：建立区间数综合直接影响矩阵。

首先，对式（5-17）进行标准化，利用式（5-16）和式（5-17）得到标准化区间数直接影响矩阵 $X = (x_{ij})_{n \times n} = (x_{ij}^-, x_{ij}^+)_{n \times n}$。这里，式（5-18）和式（5-19）如下：

$$X = \lambda A \tag{5-18}$$

$$\lambda = \frac{1}{\max\limits_{1 \leqslant i \leqslant n} \left(\sum\limits_{j=1}^{n} a_{ij}^+ \right)} \tag{5-19}$$

然后，因为总影响关系是到无限次之后的影响，可以通过式（5-20）来计算区间数综合影响矩阵。其中，式（5-20）及其推导如下：

$$T = \left(X^-(I-X^-)^{-1}, \ X^+(I-X^+)^{-1} \right), \ \text{其中} \ X^- = (x_{ij}^-)_{n\times n}, \ X^+ = (x_{ij}^+)_{n\times n} \tag{5-20}$$

其推导如下：

$$
\begin{aligned}
T &= \lim_{k\to\infty} (X+X^2+\cdots+X^k) \\
&= \left[\lim_{k\to\infty} \left((X^-) + (X^-)^2 + \cdots + (X^-)^k \right), \ \lim_{k\to\infty} \left((X^+) + (X^+) + \cdots + (X^+)^k \right) \right] \\
&= \left[X^- (I-X^-), \ X^+ (I-X^+) \right]
\end{aligned}
$$

步骤 4：计算中心度和原因度。

区间数综合影响矩阵 T 的每行之和为

$$R_j = \sum_{i=1}^{n} t_{ij} = \sum_{i=1}^{n} \left[t_{ij}^-, \ t_{ij}^+ \right] = \left[\sum_{i=1}^{n} t_{ij}^-, \ \sum_{i=1}^{n} t_{ij}^+ \right], \quad (j = 1, \ 2, \ \cdots, \ n) \tag{5-21}$$

每列之和为

$$D_i = \sum_{j=1}^{n} t_{ij} = \sum_{j=1}^{n} \left[t_{ij}^-, \ t_{ij}^+ \right] = \left[\sum_{j=1}^{n} t_{ij}^-, \ \sum_{j=1}^{n} t_{ij}^+ \right], \quad (i = 1, \ 2, \ \cdots, \ n) \tag{5-22}$$

计算出中心度为

$$G_i = R_i + D_i = \left[R_i^- + D_i^-, \ R_i^+ + D_i^+ \right] \tag{5-23}$$

计算出原因度为

$$H_i = R_i - D_i = \left[R_i^- - D_i^-, \ R_i^+ - D_i^+ \right] \tag{5-24}$$

步骤 5：区间数中心度和原因度的比较排序。

对于区间数中心度 $(G_1, \ G_2, \ \cdots, \ G_n)$，利用可能度排序中的式（5-15）和式（5-16），比较其大小，得到因素在系统中的重要程度。

而对于区间数原因度 $(H_1, \ H_2, \ \cdots, \ H_n)$，同样利用可能度排序的式（5-15）和式（5-16），分别和 0 进行比较。若 $H_i > 0$，则为原因因素；若 $H_i < 0$，则为结果因素。

5.3.2 实证分析

在 4 个 IT 项目风险因素的基础上，本书采用 Delphi 法确定风险因素间的直接影响关系的有无及强弱。首先组建专家小组，邀请 CIO、IT 项目部门、客户企业和业内专家 9 人，每位专家需要对这 9 个 IT 项目中风险因素的直接影响关系赋值。这 4 个风险因素为项目组成员的工作能力（a）、开发方与使用方沟通频率（b）、项目组的组织结构是否合理（c）和开发方与用户的关系质量（d）。此值为上述评估尺度区间数集合 *M* 中的元素，对每位专家的回答进行修正和汇总，并且将汇总的结果反馈给专家组，这样，专家组可以改变他们的回答。此过程循环往复，直到达成某种程度的一致。最终，确定 IT 项目中风险因素区间数直接影响矩阵如表 5-3 所示。

表 5-3　IT 项目中风险因素区间数直接影响矩阵

影响因素	*a*	*b*	*c*	*d*
a	[0, 0]	[0.2, 0.9]	[0, 0.2]	[0.9, 0.6]
b	[0.9, 0.6]	[0, 0]	[0, 0.2]	[0.6, 1]
c	[0.6, 0.6]	[0.2, 0.9]	[0, 0]	[0.6, 1]
d	[0.6, 0.6]	[0.2, 0.9]	[0.0.2]	[0, 0]

利用式（5-16）和式（5-19）对以上区间数直接影响矩阵标准化，然后利用式（5-20）在 MATLAB 软件上计算得到 IT 项目中风险因素的区间数综合影响矩阵，如表 5-4 所示。

表 5-4　IT 项目中风险因素区间数综合影响矩阵

风险因素	*a*	*b*	*c*	*d*	行和
a	[0.066, 0.999]	[0.119, 0.929]	[0, 0.230]	[0.236, 0.669]	[0.993, 1.762]
b	[0.311, 0.622]	[0.066, 0.373]	[0, 0.265]	[0.990, 0.966]	[0, 619, 2.996]
c	[0.937, 1.009]	[0.179, 0.609]	[0, 0.295]	[0.501, 1.109]	[1.112, 2.962]
d	[0.321, 0.756]	[0.126, 0.959]	[0.0.296]	[0.109, 0.520]	[0.553, 1.976]
列和	[1.155, 3.033]	[0.969, 1.655]	[0, 1.006]	[1.263, 3.276]	——

再根据区间数 DEMATEL 方法的步骤 4 中的公式，得到各风险因素之间的中心度和原因度，如表 5-5 所示。

表 5-5　IT 项目中风险因素的中心度和原因度

风险因素	*a*	*b*	*c*	*d*
中心度	[1.596, 9.615]	[1.306, 9.303]	[1.112, 3.966]	[1.636, 5.259]
原因度	[−0.712, −1.251]	[0.33, 0.593]	[1.112, 1.956]	[−0.73, −1.296]

由于各个风险因素的中心度是区间数，可以利用可能度排序对其进行处理。对 [1.596, 9.615]、[1.306, 9.303]、[1.112, 3.966]、[1.636, 5.259] 的排序过程如下：

首先，利用式（5-15），建立两两比较的可能度矩阵：

$$P = \begin{bmatrix} 0.5 & 0.565 & 0.61 & 0.449 \\ 0.435 & 0.5 & 0.545 & 0.385 \\ 0.39 & 0.455 & 0.5 & 0.34 \\ 0.551 & 0.615 & 0.66 & 0.5 \end{bmatrix}$$

然后，再利用式（5-16），求解排序向量。

$$\omega_1 = \frac{\sum\limits_{j=1}^{4} p_{1j} + \frac{4}{2} - 1}{4 \times (4-1)} = \frac{2.124 + 2 - 1}{12} \approx 0.26$$

$$\omega_2 = \frac{\sum\limits_{j=1}^{4} p_{2j} + \frac{4}{2} - 1}{4 \times (4-1)} = \frac{1.865 + 2 - 1}{12} \approx 0.239$$

$$\omega_3 = \frac{\sum\limits_{j=1}^{4} p_{3j} + \frac{4}{2} - 1}{4 \times (4-1)} = \frac{1.685 + 2 - 1}{12} \approx 0.224$$

$$\omega_4 = \frac{\sum\limits_{j=1}^{4} p_{4j} + \frac{4}{2} - 1}{4 \times (4-1)} = \frac{2.326 + 2 - 1}{12} \approx 0.277$$

于是有 $\omega = (0.26, 0.239, 0.224, 0.277)$。

由排序向量 ω 和可能度矩阵 P，对中心度排序如下：

$$[1.836, 5.254] \underset{0.551}{\succ} [1.598, 4.815] \underset{0.565}{\succ} [1.308, 4.303] \underset{0.545}{\succ} [1.112, 3.968]$$

也即是 $d \underset{0.551}{\succ} a \underset{0.565}{\succ} b \underset{0.545}{\succ} c$。

同样采用可能度排序方法，对原因度进行处理，其排序结果如下：

$$[1.112, 1.956] \underset{1}{\succ} [0.33, 0.593] \underset{1}{\succ} [0, 0] \underset{1}{\succ}$$
$$[-0.712, -1.251] \underset{0.529}{\succ} [-0.73, -1.298]$$

也即是 $c \underset{1}{\succ} b \underset{1}{\succ} 0 \underset{1}{\succ} a \underset{0.529}{\succ} d$。

从中心度指标来看，开发方与用户的关系质量（d）和项目组成员的工作能力（a）是 IT 项目中最重要的两个风险因素。Madhuchhanda 等基于有限理性和机会主义的假设，发现开发商常有投机行为的发生，如盗用客户企业的商业数据获得非法收入等。因为合同是根据有限可利用的信息制定的，开发商的行为不能总是被监控，只靠合同来约束服务双方的信息传递行为是远远不够的。服务双方假如没有建立基于信任的战略伙伴关系，通力协作，很难保证 IT 项目的顺利进行。能力因素是指项目开发人员所需要的技术能力、业务能力和人际交往能力等。由于项目开发过程中包括许多难以表达的因素，因此，如果没有较好的工作能力，那么对 SLA 就难以准确理解，这会增加 IT 项目中的风险。

　　由原因度排序可得：项目组的组织结构是否合理（c）和开发方与使用方沟通频率（b）为 IT 项目中信息传递的原因风险因素，它们对其他风险因素的影响比较大。开发方与用户的关系质量（d）和项目组成员的工作能力（a）为 IT 项目中信息传递的结果风险因素，它们受其他风险因素的影响比较大。其中，项目组的组织结构是否合理对其他风险因素的影响更大，分析原因，可能是良好的组织结构可以使 IT 项目人员较好地交流，具有更多的灵活性和适应性，经过长时间积累形成的企业文化，能有效促进组织间的协作和信息传递能力的提高。而关系质量因素受其他因素的影响更大一些，则是由于除了原因风险因素外，还可能受到项目组成员的工作能力风险因素的影响。较好的工作能力可以使客户和开发商在 IT 项目信息传递过程中更好地理解对方，通过信任机制建立更好的协作关系。这和笔者进行的问卷调查结果和相关研究是一致的，同时也验证了区间数 DEMATEL 方法的科学性。

　　通过对 IT 项目中风险因素内在关系的分析，对 IT 项目人员提出以下建议：一是由于关系质量因素是受其他风险因素影响最大，也是最重要的风险因素，因此，服务双方必须给予高度重视，建立战略伙伴关系，加强协作关系。二是组织结构因素对其他风险因素的影响较大，但不容易发生改变，企业应长期致力于建立良好组织结构，如学习型组织的良性组织结构。三是在考虑以上风险因素的同时，综合考虑其他风险因素来降低 IT 项目中的风险，如建立信息传递平台、促进信息传递水平的提高。

　　通过采用区间数 DEMATEL 方法，明晰信息传递关键风险因素之间的关系，其中，风险原因因素包括组织结构因素和开发方与使用方沟通频率因素，风险结果因素包括关系质量因素和能力因素。通过中心度排序，可知它们的重要程度依次为关系质量因素、能力因素、开发方与使用方沟通频率和组织结构因素。

5.4　风险因素权重分析

5.4.1　单个风险因素权重分析

　　定义 5.6　设有信息系统 $S = (U, C \cup D, V, f)$，可以得出任意一个属性 a_i 的重要性 $\mathrm{Sig}_{C-a_i}(D)$，对每个属性的重要性进行归一化处理，可以得到属性的权重 W_{a_i}：

$$W_{a_i} = \frac{\text{Sig}_{C-a_i}(D)}{\sum_{j=1}^{n} \text{Sig}_{C-a_j}(D)}$$

为了更好地说明利用粗糙集求不同属性权重的问题，这里只考虑四个风险因素，如表5-6所示。

表 5-6　风险因素信息决策表

U	条件属性				决策属性
	a	b	c	d	D
x_1	1	2	2	1	2
x_2	3	2	2	2	3
x_3	3	2	3	3	3
x_4	2	2	2	2	2
x_5	2	3	2	1	3
x_6	1	2	2	2	1
x_7	2	1	2	1	2
x_6	3	3	1	1	1

根据粗集的定义，条件属性集合 $C = (a, b, c, d)$，决策属性为 D，则

$$U/C = U/\text{Ind}(a, b, c, d) = \{(x_1), (x_2),$$
$$(x_3), (x_4), (x_5), (x_6), (x_7), (x_8)\}$$
$$U/D = \{(x_1, x_4, x_7), (x_2, x_3, x_5), (x_6, x_8)\},$$
$$\text{Pos}_C(D) = \{x_1, x_2, x_3, x_4, x_5, x_6, x_7, x_8\}$$

因此得 $r_C(D) = \text{Card}(\text{Pos}_C(D))/\text{Card}(U) = 8/8 = 1$。

当去掉属性 a 时，$U/(C-a) = U/\text{Ind}(b, c, d) = \{(x_1), (x_2, x_4, x_6), (x_3), (x_5), (x_7), (x_8)\}$，

$\text{Pos}_{C-a}(D) = \{x_1, x_3, x_5, x_7, x_8\}$，则可以求出属性 a 的重要度：

$$\text{Sig}_{C-a}(D) = 1 - \frac{\text{Card}(\text{Pos}_{C-a}(D))}{\text{Card}(\text{Pos}_C(D))} = 1 - \frac{5}{8} = \frac{3}{8}$$

同理可以求出属性 b、c、d 的重要度：

$$\text{Sig}_{C-b}(D) = 1 - \frac{\text{Card}(\text{Pos}_{C-b}(D))}{\text{Card}(\text{Pos}_C(D))} = 1 - \frac{6}{8} = \frac{2}{8}$$

$$\text{Sig}_{C-c}(D) = 1 - \frac{\text{Card}(\text{Pos}_{C-c}(D))}{\text{Card}(\text{Pos}_C(D))} = 1 - \frac{8}{8} = 0$$

$$\mathrm{Sig}_{C-d}\left(D\right) = 1 - \frac{\mathrm{Card}\left(\mathrm{Pos}_{C-d}\left(D\right)\right)}{\mathrm{Card}\left(\mathrm{Pos}_{C}\left(D\right)\right)} = 1 - \frac{6}{8} = \frac{2}{8}$$

根据公式，对属性 a、b、c、d 进行归一化处理，得出相应的权重：

$$W_a = \frac{3/8}{3/8 + 2/8 + 0 + 2/8} = \frac{3}{7};\ W_b = \frac{2/8}{3/8 + 2/8 + 0 + 2/8} = \frac{2}{7}$$

$$W_c = \frac{0}{3/8 + 2/8 + 0 + 2/8} = 0;\ W_d = \frac{2/8}{3/8 + 2/8 + 0 + 2/8} = \frac{2}{7}$$

以上根据粗糙集的基本原理，计算出单个属性的权重，但是可以发现，通过粗糙集计算的单个属性权重的结果存在以下问题。表 5-6 中所有的条件属性都是经过约简的，不存在多余的条件属性，因此所有的条件属性对决策结果都是起作用的，但是计算结果却表明，属性 c 的权重为 0，也即是 c 对决策结果不起任何作用，这显然是不符合属性约简原则的，也是不符合实际的；同时，通过后面的进一步分析还可以发现，当把类似于 (a, b)、(a, c) 等风险因素组合起来考虑时，它们对决策结果的作用发生了很大的变化。这说明，属性之间一定存在着相互制约、相互作用的某种关系，因此仅仅只是计算单个属性的权重，并不能从客观上反映每个属性对最终决策结果的重要程度，还有必要进一步分析属性之间的相互作用，以及对决策结果的影响。

5.4.2　风险因素多元组合权重分析

针对以上情况，本书引入属性组合权重的基本概念。所谓组合权重，是指多个条件属性的组合，以及其相互作用时对决策结果的影响程度，其定义如下：

定义 5.7　假设属性集子集 C，由 C 得到的分类为 D，当从属性子集 C 中去掉任意个属性 $(a_i, \cdots, a_j)$ 后，定义 $\mathrm{Sig}_{C-(a_i,\cdots,a_j)}\left(D\right)$ 为属性 $(a_i, \cdots, a_j)$ 的重要度，即

$$\mathrm{Sig}_{C-(a_i,\cdots,a_j)}\left(D\right) = \frac{\mathrm{Card}\left(\mathrm{Pos}_{C}\left(D\right)\right) - \mathrm{Card}\left(\mathrm{Pos}_{C-(a_i,\cdots,a_j)}\left(D\right)\right)}{\mathrm{Card}\left(\mathrm{Pos}_{C}\left(D\right)\right)}$$

$$= 1 - \frac{\mathrm{Card}\left(\mathrm{Pos}_{C-(a_i,\cdots,a_j)}\left(D\right)\right)}{\mathrm{Card}\left(\mathrm{Pos}_{C}\left(D\right)\right)}$$

从上面的定义可知，可以对两个属性进行组合，也可以对三个甚至更多的属性进行组合，从而计算组合权重，本书由于篇幅有限，只计算两个属性的组合权重，并称之为二元组合权重。组合权重最大的优点在于：不但考虑单个属性的作用，而且考虑属性之间的相互作用，以及共同作用后对决策结果的影响，避免了仅仅计算单个属性权重的片面性和局限性。很多单个属性对决策结果的影响不是

很大，而一旦与其他属性组合，决策结果就会发生很大的变化。例如，属性 c，尽管单个权重为 0，但与其他属性组合，其组合权重就会发生变化，对决策结果的影响也不同。

下面先计算二元属性组合重要度：

当去掉属性 (a, b) 时，$U/(C-(a, b)) = U/\text{Ind}(c, d) = \{(x_1, x_5, x_7), (x_2, x_4, x_6), (x_3), (x_8)\}$，$\text{Pos}_{C-(a,b)}(D) = \{x_3, x_8\}$，因此根据公式，可以得出 a 和 b 重要度为

$$\text{Sig}_{C-(a,b)}(D) = 1 - \frac{\text{Card}(\text{Pos}_{C-(a,b)}(D))}{\text{Card}(\text{Pos}_C(D))} = 1 - \frac{2}{8} = 6/8$$

同理可以得出 (a, c)、(a, d)、(b, c)、(b, d)、(c, d) 的重要度：

$$\text{Sig}_{C-(a,c)}(D) = 5/8, \quad \text{Sig}_{C-(a,d)}(D) = 4/8, \quad \text{Sig}_{C-(b,c)}(D) = 2/8,$$
$$\text{Sig}_{C-(b,d)}(D) = 5/8, \quad \text{Sig}_{C-(c,d)}(D) = 4/8$$

通过定义可知，$\text{Sig}_{C-(a_i,a_j)}(D) = \text{Sig}_{C-(a_j,a_i)}(D)$，并且可以将 $\text{Sig}_{C-a_i}(D)$ 记为 $\text{Sig}_{C-(a_i,a_i)}(a_i, a_i)$，即 $\text{Sig}_{C-a_i}(D) = \text{Sig}_{C-(a_i,a_i)}(D)$，因此：

$$\text{Sig}_{C-(a,a)}(D) = \text{Sig}_{C-a}(D) = 3/8, \quad \text{Sig}_{C-(b,b)}(D) = \text{Sig}_{C-b}(D) = 2/8$$
$$\text{Sig}_{C-(c,c)}(D) = \text{Sig}_{C-c}(D) = 0, \quad \text{Sig}_{C-(d,d)}(D) = \text{Sig}_{C-d}(D) = 2/8$$

由公式进行拓展，从而对属性的组合重要度进行归一化处理，就可以得到属性的二元组合权重 $W_{(a_i,a_j)}$，定义如下：

$$W_{(a_i, a_j)} = \frac{\text{Sig}_{C-(a_i, a_j)}(D)}{\sum_{i=1}^{n} \sum_{j=i}^{n} \text{Sig}_{C-(a_i, a_j)}(D)}, \quad (i \geq j, \ i = 1, 2, \cdots, n, \ j = i, \cdots, n)$$

根据公式，可以计算出二元组合权重如下：

$$W_{(a,a)} = 3/33, \quad W_{(a,b)} = 6/33, \quad W_{(a,c)} = 5/33, \quad W_{(a,d)} = 4/33, \quad W_{(b,b)} = 2/33,$$
$$W_{(b,c)} = 2/33, \quad W_{(b,d)} = 5/33, \quad W_{(c,c)} = 0, \quad W_{(c,d)} = 4/33, \quad W_{(d,d)} = 2/33$$

可以发现，二元属性组合权重存在以下性质：①$W_{(a_i,a_j)} = W_{(a_j,a_i)}$，$(i, j = 1, 2, \cdots, n)$；②$W_{(a_i,a_i)} = \text{Min}\{W_{(a_i,a_j)}\}$，$(i, j = 1, 2, \cdots, n)$。

其中，性质②的数学意义为单个属性的权重小于或等于任何一个组合权重，因为单个属性对正域的改变要比多个属性对正域的改变小得多；其现实意义表明，单个属性往往对决策结果影响不大，但是多个属性的组合则可以对决策结果产生很大的影响。这也说明，以上对二元组合权重的粗集处理方法是科学合理的，也是符合客观实际的。

5.4.3 基于组合权重的风险因素聚类分析

聚类分析是指对多属性统计样本进行定量分类，确定样本亲疏关系的多元分

析方法，其主要目的是对所研究的对象按照指定的标准进行分类，增强人们对客观现实的认识。

基于组合权重的聚类分析的基本思想是：从一批样本的多个统计指标体系中，找出度量样本变量之间或指标之间相似程度的统计量，构成一个对称的相似性矩阵，在此基础之上进一步找寻各变量或组合变量之间的相似程度，按相似程度的大小，把变量逐一归类，关系密切的归类聚集到一个分类单位，关系疏远的聚集到另外一个分类单位，直到所有的变量或者变量组合都聚集完毕，形成亲疏关系图，从而可以更直观地显示出分类对象的差异和联系，寻求变量之间的内在关系。

1）计算组合权重间的相似程度

由上面粗集方法计算出的组合权重结果组成权重矩阵，其中，权重矩阵中的元素是相应的组合权重，为了方便起见，将 $W_{(a_i, a_j)}$ 用 $W_{(i,j)}$ 来表示，$M_{n \times n} = (W_{(i,j)})_{n \times n}$（$i, j = 1, 2, \cdots, n$），即

$$M_{n \times n} = \begin{bmatrix} 3/33 & 6/33 & 5/33 & 4/33 \\ 6/33 & 2/33 & 2/33 & 5/33 \\ 5/33 & 2/33 & 0/33 & 4/33 \\ 4/33 & 5/33 & 4/33 & 2/33 \end{bmatrix}$$

为了判断以上权重矩阵中不同风险因素之间组合权重的相似程度，需要计算各组合权重之间的相似系数，并由此相似系数组成权重相似系数矩阵。相似系数矩阵客观地反映各种风险因素组合之间的差异与联系，这里主要采用模糊数学中的分析方法，以及欧拉距离公式来构造相似矩阵。

定义 5.8 组合权重相似系数矩阵为 $R_{n \times n} = (r_{(i,j)})_{n \times n}$，（$i, j = 1, 2, \cdots, n$），其中相似系数为

$$r_{(i, j)} = 1 - \sqrt{\frac{1}{n} \sum_{k=1}^{n} (w_{ik} - w_{jk})^2}$$

不难发现，相似矩阵具有以下性质：

$$r_{(i,i)} = 1, \quad r_{(i,j)} = r_{(j,i)}$$

由公式可以计算出对应的相似系数：

$$r_{(1,2)} = 1 - \sqrt{\frac{1}{4} \left[(w_{(1,1)} - w_{(2,1)})^2 + (w_{(1,2)} - w_{(2,2)})^2 + (w_{(1,3)} - w_{(2,3)})^2 + (w_{(1,4)} - w_{(2,4)})^2 \right]} = 0.910$$

同理可以计算出：

$$r_{(1,3)} = 0.898, \quad r_{(1,4)} = 0.960, \quad r_{(2,3)} = 0.963, \quad r_{(2,4)} = 0.923, \quad r_{(3,4)} = 0.917$$

因此，相似系数矩阵为

$$R_{n \times n} = \begin{bmatrix} 1.000 & 0.910 & 0.898 & 0.960 \\ 0.910 & 1.000 & 0.963 & 0.923 \\ 0.898 & 0.963 & 1.000 & 0.917 \\ 0.960 & 0.923 & 0.917 & 1.000 \end{bmatrix}$$

2) 利用模糊等价关系进行聚类分析

由于以上的相似系数矩阵只满足自反性和对称性，而不满足传递性，为了进行模糊聚类分析，因此需要对相似系数矩阵进行布尔闭包传递运算，即 $R^k \times R^k = R^{2k}$，（$k = 1$，2，4，8，$\cdots$，2^n），直到新的相似系数矩阵具有传递性，即 $R^k = R^{2k}$，这时的相似系数矩阵即为所求的模糊等价关系矩阵，其具有自反性、对称性、传递性等性质。

$$R^k \times R^k = R^{2k} = r_{(i,j)} = \bigvee_{k=1}^{n} (r_{(i,k)} \wedge r_{(k,j)}), \quad (i, j = 1, 2, \cdots, n)$$

式中，"$\wedge$、$\vee$"分别表示取小、取大运算，这里先进行取小运算，然后进行取大运算，因此，可以计算出：

$$R^2 = R \times R = \begin{bmatrix} 1.000 & 0.923 & 0.917 & 0.960 \\ 0.923 & 1.000 & 0.963 & 0.923 \\ 0.917 & 0.963 & 1.000 & 0.923 \\ 0.960 & 0.923 & 0.923 & 1.000 \end{bmatrix}$$

$$R^4 = R^2 \times R^2 = \begin{bmatrix} 1.000 & 0.923 & 0.923 & 0.960 \\ 0.923 & 1.000 & 0.963 & 0.923 \\ 0.923 & 0.963 & 1.000 & 0.923 \\ 0.960 & 0.923 & 0.923 & 1.000 \end{bmatrix}$$

$$R^8 = R^4 \times R^4 = \begin{bmatrix} 1.000 & 0.923 & 0.923 & 0.960 \\ 0.923 & 1.000 & 0.963 & 0.923 \\ 0.923 & 0.963 & 1.000 & 0.923 \\ 0.960 & 0.923 & 0.923 & 1.000 \end{bmatrix}$$

因为 $R^8 = R^4$，所以将 R^8 作为模糊等价关系矩阵。根据模糊等价关系矩阵进行聚类分析，这时可以分别取不同的阈值 λ，从而得到不同水平的分类，也即是属性之间的组合权重的类别。将同一水平下的分类用动态聚类图形表示，如图 5-1 所示。

根据聚类的结果，可以对风险因素的组合进行如下分类：

当 $\lambda = 0.923$ 时，(a, b)、(a, c)、(b, d)、(c, d) 可以分为同一类；

当 $\lambda = 0.940$ 时，(a, d) 可以分为同一类；

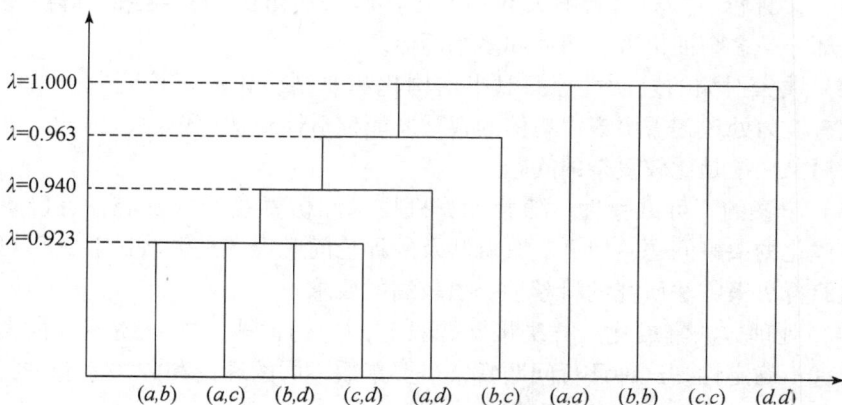

图 5-1 风险因素动态聚类分析图

当 $\lambda = 0.963$ 时，（b，c）可以分为同一类。

聚类分析的结果有利于项目管理者将多个风险因素进行有效组合，实现对 IT 项目服务中风险因素的客观定量分析，在量上对各种风险因素及其组合进行主从排序和重要性分析，并根据组合权重的大小和分类水平进行归类，使得管理者能根据实际情况为项目决策作出正确的判断，提高决策的合理性、准确性和可靠性，从而保证项目的成功实施。

5.5 基于模糊群决策的风险评估模型

但是鉴于信息传递的复杂性和 IT 项目的多主体性，单个专家很难对 IT 项目作出科学的决策，因此，本节将群决策理论引入风险评价中。又因为信息传递的模糊性，把三角模糊数理论引入对风险的评价当中，因此，采用模糊群决策方法进行评价。关于模糊群决策的方法很多，本节将介绍其中适合 IT 项目中风险评价研究的模糊粗糙集群决策方法和模糊 TOPSIS（technique for order preference by similarity to ideal so iution）群决策方法。

5.5.1 模糊群决策方法的理论基础

1）群决策方法

在 1979 年，群决策的思想开始萌芽，但是作为一个科学概念，群决策是在二十多年前才被明确提出来的。群决策方法的主要特点有：

（1）多评价者。评价者的人数会直接影响群决策的最终结果，群决策的评价者大部分是多个评价者、团体和多个团体。

（2）决策对象的复杂性。面对半结构化和非结构化的评价问题，单个决策者已没有能力处理，需要集中集体的智慧才能创造性地加以解决，因此，群决策的评价对象往往是比较复杂的问题。

（3）方案的不可试验性。随着计算机技术和仿真技术的发展，可以解决一些模型优化的决策问题，但群决策所涉及的评价问题很多是无法试验、不可模拟的，这给群决策方法研究的科学性提出较高的要求。

（4）处理方法集成化。群决策问题没有固定的模式，本身还带有很大的风险性或者不确定性。这种评价问题常常需要集成不同的理论和方法才能进行有效处理，很难用一种方法全部加以解决。

2）三角模糊数理论

三角模糊数是模糊集理论中一个重要的概念。三角模糊数是实数的三角模糊子集，是由"置信区间"扩展来的。引入三角模糊数的定义和基本运算如下。

一个 R 上的三角模糊数 $\tilde{A}$ 定义为三角模糊数，假如它的隶属函数 $\mu_{\tilde{A}}(x)$：$R \to [0, 1]$ 为

$$\mu_{\tilde{A}}(x) = \begin{cases} x-L/M-L, & L \leqslant x \leqslant M \\ U-x/U-M, & M \leqslant x \leqslant U \\ 0, & 其他 \end{cases} \tag{5-25}$$

三角模糊数 $\tilde{A}$ 可记为 (L, M, N)，其中 U 和 L 分别是模糊数 $\tilde{A}$ 的上界和下界，M 为中值。设任意两个三角模糊数 $\tilde{a}$、$\tilde{b}$ 和任意实数 k，其中 $\tilde{a} = (a_1, a_2, a_3)$，$\tilde{b} = (b_1, b_2, b_3)$，有如下运算公式：

$$\tilde{a}+\tilde{b} = (a_1+b_1, a_2+b_2, a_3+b_3) \tag{5-26}$$

$$k\tilde{a} = (ka_1, ka_2, ka_3) \tag{5-27}$$

$$d(\tilde{a}, \tilde{b}) = \sqrt{\frac{1}{3}[(a_1-b_1)^2+(a_2-b_2)^2+(a_3-b_3)^2]} \tag{5-28}$$

5.5.2 模糊粗糙集群决策模型

模糊群决策模型（FRGDM）的原理如下：将模糊粗糙集作为模糊群决策的预处理工具，从模糊决策表中挖掘出对评价最重要的风险因素和其权重，应用在

后续的评价当中；然后运用距离矩阵计算评价者的权重，以达到聚合评价者意见的目的；最终，利用模糊三角数的期望和方差评价风险因素。

FRGDM 的评估过程由专家评分、权重计算、群体结论集结等评价步骤组成。而对于 IT 项目中风险的评价，共分为五个步骤：第一步，组建专家小组；第二步，分析风险案例；第三步，建立模糊决策表；第四步，专家评分；第五步：采用 FRGDM 模型评价风险。

步骤 1：组建专家小组。

由于 IT 项目领域相关技术、理念的较快发展和 IT 项目涉及企业知识管理的各个组织层面，评价 IT 项目中风险应当考虑公司的领导部门、技术部门、业内专家等的意见。所以，组建专家小组，最好邀请 CIO、技术部门、业内专家等，同时必须平衡企业和服务商的人数，以期获取全面准确的信息和意见。

步骤 2：分析风险案例。

从企业的 IT 项目信息传递案例中寻找代表性案例，包括成功的和失败的案例，并将案例转化成便于分析的数据资料。

步骤 3：建立模糊决策表。

分析风险案例中的历史数据，通过专家小组的集体讨论，确定每个评价指标的隶属函数值，所有的知识和信息表达成模糊决策表的形式。

步骤 4：专家评分。

每个评价者对所评价对象的各个风险因素作出语义评价和语义评价所表示的三角模糊数。因为，对大多数决策者而言，看风险因素的方式也都是语义评价，如很高、较高、高、中、低、较低、很低等。

步骤 5：采用 FRGDM 模型评价风险。

按 FRGDM 模型的评价方法，对每个评价对象的综合风险水平进行科学客观的评价，包括计算权重、利用距离矩阵计算评价者的权重、用三角模糊数的期望和方差进行风险排序等，为风险控制模型的有效实施提供依据。

5.5.3　模糊 TOPSIS 群决策模型

模糊 TOPSIS 群决策模型是在 TOPSIS 方法的基础上，融合三角模糊数和群决策理论提出来的，能够有效评价复杂的管理问题。在对 IT 项目中信息传递进行评价之前，有必要对模糊 TOPSIS 群决策方法的基本原理进行回顾。

1）TOPSIS 方法

TOPSIS 评价是由 C. L. H. Wang 和 K. Yoon 在 1961 年提出的。TOPSIS 评价法

是借助于一个虚拟的各项指标要达到最优值的理想解和一个虚拟的各项指标要达到最差值的负理想解对评价对象进行排序，以此来评价各评价对象的优劣。其基本思想是被选择的对象应与理想解之间的距离最近，而与负理想解之间的距离最远。TOPSIS 评价计算步骤清晰，相比之下，AHP 的多个因素两两判断则显得较为繁琐。

一般 TOPSIS 方法的操作步骤为：设有 n 个评价对象、p 个评价指标，由此得到原始数据 $X = (x_{ij})_{n \times p}$。

步骤 1：对高优指标（越大越好）、低优指标（越小越好）分别进行归一化处理，得到归一化矩阵 $Z = (z_{ij})_{n \times m}$。由于各个评价指标的量纲不同，为将其统一为效益型指标，本书利用以下公式，得到归一化矩阵 $R = (r_{ij})_{n \times m}$。

对于效益型指标：

$$\left\{ p_{ij}^{L} = \frac{x_{ij}^{L}}{\sum\limits_{i=1}^{m} x_{ij}^{U}}, \ p_{ij}^{M} = \frac{x_{ij}^{M}}{\sum\limits_{i=1}^{m} x_{ij}^{M}}, \ p_{ij}^{U} = \frac{x_{ij}^{U}}{\sum\limits_{i=1}^{m} x_{ij}^{L}} \middle| j \in J_1 \right\} \tag{5-29}$$

对于成本型指标：

$$\left\{ p_{ij}^{L} = \frac{1/x_{ij}^{L}}{\sum\limits_{i=1}^{m} 1/x_{ij}^{U}}, \ p_{ij}^{M} = \frac{1/x_{ij}^{M}}{\sum\limits_{i=1}^{m} 1/x_{ij}^{M}}, \ p_{ij}^{U} = \frac{1/x_{ij}^{U}}{\sum\limits_{i=1}^{m} 1/x_{ij}^{L}} \middle| j \in J_2 \right\} \tag{5-30}$$

步骤 2：评价指标权重的确定

确定指标权重的方法很多，可以通过专家打分法、层次分析法、熵值赋权法等方法确定评价指标的权重，为避免主观因素的影响，本书采用熵值赋权法确定评价指标的权重。

加权的规范评价矩阵为 $R^* = (r_{ij}^*)_{n \times p}$，其中

$$r_{ij}^* = r_{ij} w_i \quad (i=1, 2, \cdots, n; \ j=1, 2, \cdots, p) \tag{5-31}$$

步骤 3：确定矩阵 r_{ij}^* 的正理想解向量 Z^+ 和负理想解向量 Z^-。计算公式如下：

$$Z_j^+ = \max \ \{ r_{1j}^*, \ r_{2j}^*, \ \cdots, \ r_{nj}^* \} \tag{5-32}$$

$$Z_j^- = \min \ \{ r_{1j}^*, \ r_{2j}^*, \ \cdots, \ r_{nj}^* \} \tag{5-33}$$

步骤 4：计算各评价指标与正理想向量的距离 D_i^+ 和负理想向量的距离 D_i^-。计算公式如下：

$$D_i^+ = \sqrt{\sum\limits_{j=1}^{p} (z_{maxj} - z_{ij})^2} \tag{5-34}$$

$$D_i^- = \sqrt{\sum\limits_{j=1}^{p} (z_{minj} - z_{ij})^2} \tag{5-35}$$

式中，$i=1, 2, \cdots, n; \ j=1, 2, \cdots, p$。

步骤 5：计算各评价指标与最优向量的相对接近度 C_i，并依据 C_i 的值对决策方案进行排序，值越小基本公共服务的供给水平越高。计算公式如下：

$$C_i = D_j^- / (D_i^+ + D_i^-) \tag{5-36}$$

2)　模糊 TOPSIS 群决策模型

模糊 TOPSIS 群决策模型算法如下：

假设 T 位评价专家 $\{E_1, E_2, \cdots, E_T\}$，每位专家的重要性为 λ_t，$0 \leqslant \lambda_t \leqslant 1$，$\sum\limits_{t=1}^{T} \lambda_t = 1$。有 m 个 IT 项目，其中每个项目有 n 个评价指标 $(C_1, C_2, \cdots, C_n)$。

步骤 1：建立专家组语义评价矩阵。

考虑到信息传递的模糊性和复杂性，在对 IT 项目信息传递进行风险评价时，对于相关专家来说，他们看待风险因素的方式一般都是语义评价。因此，先进行语义评价，语义变量有七个，分别是"非常低"（VL）、"低"（L）、"有点低"（ML）、"一般"（M）、"有点高"（MH）、"高"（H）、"非常高"（VH）。语义评价采用 Delphi 法，原因有二：一是 Delphi 法不需要大量的样本数据，可以大大减少研究人员的工作量；二是由于 Delphi 法允许研究人员对每位专家的回答进行修正和汇总，并且将汇总的结果反馈给专家组，专家组有机会改变他们的回答，此过程循环往复，直到达成某种程度的一致。但因为每位专家的个人 IT 项目经验和知识结构不同，对评价指标权重的设置存在个人偏好，因此，评价专家在提出语义评价的同时，也提出评价指标的权重。设专家组对第 i 个 IT 项目的第 j 个风险评价指标的语义变量为 x_{ij}，则此专家组提出的 IT 项目风险的语义评价矩阵为

$$X = \begin{bmatrix} x_{11} & \cdots & x_{1n} \\ \vdots & & \vdots \\ x_{m1} & \cdots & x_{mn} \end{bmatrix}$$

步骤 2：转化为专家组模糊评价矩阵。

为了便于处理，本书利用三角模糊数对语义变量进行转化，在转化为三角模糊数处理之前，先列出要用到的三角模糊数运算法则。

这七个语义变量对应的三角模糊数如表 5-7 所示。其中，风险因素导致风险的高低不同，低风险赋予低分值，高风险赋予高分值，评价值的大小代表风险的高低。

表 5-7 语义变量和其对应的三角模糊数

指标语言评价	对应的模糊数评价
VL	(0, 0, 10)
L	(0, 10, 30)
ML	(10, 30, 50)
M	(30, 50, 70)
MH	(50, 70, 90)
H	(70, 90, 100)
VH	(90, 100, 100)

设语义变量 x_{ij} 的三角模糊数表示为 $\tilde{x}_{ij}$，$\tilde{x}_{ij} = (x_{ij}^L, x_{ij}^M, x_{ij}^U)$，则专家组提出的模糊评价矩阵 $\tilde{x}$：

$$\tilde{x} = \begin{bmatrix} \tilde{x}_{11} & \cdots & \tilde{x}_{1n} \\ \vdots & & \vdots \\ \tilde{x}_{m1} & \cdots & \tilde{x}_{mn} \end{bmatrix} = \begin{bmatrix} (x_{11}^L, x_{11}^M, x_{11}^U) & \cdots & (x_{1n}^L, x_{1n}^M, x_{1n}^U) \\ \vdots & & \vdots \\ (x_{m1}^L, x_{m1}^M, x_{m1}^U) & \cdots & (x_{mn}^L, x_{mn}^M, x_{mn}^U) \end{bmatrix}$$

步骤 3：建立专家 k 的加权标准化模糊评价矩阵。

利用三角模糊数标准化公式：

$$\left\{ p_{ij}^L = \frac{x_{ij}^L}{\sum\limits_{i=1}^{m} x_{ij}^U}, \ p_{ij}^M = \frac{x_{ij}^M}{\sum\limits_{i=1}^{m} x_{ij}^M}, \ p_{ij}^U = \frac{x_{ij}^U}{\sum\limits_{i=1}^{m} x_{ij}^L} \middle| j \in J_1 \right\}$$

$$\left\{ p_{ij}^L = \frac{1/x_{ij}^L}{\sum\limits_{i=1}^{m} 1/x_{ij}^U}, \ p_{ij}^M = \frac{1/x_{ij}^M}{\sum\limits_{i=1}^{m} 1/x_{ij}^M}, \ p_{ij}^U = \frac{1/x_{ij}^U}{\sum\limits_{i=1}^{m} 1/x_{ij}^L} \middle| j \in J_2 \right\}$$

其中，J_1 为效益型指标集合；J_2 为成本型指标集合；$i = 1, 2, \cdots, m$，$j = 1, 2, \cdots, n$。

对矩阵 $\tilde{x}$ 进行标准化得到标准化模糊评价矩阵 $\tilde{p}$：

$$\tilde{p} = \begin{bmatrix} \tilde{p}_{11} & \cdots & \tilde{p}_{1n} \\ \vdots & & \vdots \\ \tilde{p}_{m1} & \cdots & \tilde{p}_{mn} \end{bmatrix}$$

设第 k 个专家提出的评价指标权重为 $W^k = (w_1^k, w_2^k, \cdots, w_n^k)$，其中 $0 \leq w_j^k \leq 1$，$\sum\limits_{j=1}^{n} w_j^k = 1$，$0 \leq k \leq T$。对 $\tilde{p}$ 加权之后得到加权标准化模糊评价矩阵 $\tilde{p}(k)$：

$$\tilde{p}(k) = \begin{bmatrix} \tilde{p}_{11}(k) & \cdots & \tilde{p}_{1n}(k) \\ \vdots & & \vdots \\ \tilde{p}_{m1}(k) & \cdots & \tilde{p}_{mn}(k) \end{bmatrix} = \begin{bmatrix} w_1^k \tilde{p}_{11} & \cdots & w_n^k \tilde{p}_{1n} \\ \vdots & & \vdots \\ w_1^k \tilde{p}_{m1} & \cdots & w_n^k \tilde{p}_{mn} \end{bmatrix}$$

步骤 4：计算专家 k 对 IT 项目的相对贴近度。

然后，确定第 k 位专家对待评价的 IT 项目的正理想解和负理想解：

$$\tilde{p}^+(k) = (\tilde{p}_1^+(k), \tilde{p}_2^+(k), \cdots, \tilde{p}_n^+(k)) \tag{5-37}$$

$$\tilde{p}^-(k) = (\tilde{p}_1^-(k), \tilde{p}_2^-(k), \cdots, \tilde{p}_n^-(k)) \tag{5-38}$$

其中：

$$\tilde{p}_j^+(k) = \{(\max_i \tilde{p}_{ij}(k) \mid j \in J_1); (\min_i \tilde{p}_{ij}(k) \mid j \in J_2)\} \tag{5-39}$$

$$\tilde{p}_j^-(k) = \{(\min_i \tilde{p}_{ij}(k) \mid j \in J_1); (\max_i \tilde{p}_{ij}(k) \mid j \in J_2)\} \tag{5-40}$$

式中，J_1 为效益型指标集合；J_2 为成本性指标集合；$i = 1, 2, \cdots, m, j = 1, 2, \cdots, n$。

计算第 k 位专家对第 i 个 IT 项目与正理想解、负理想解的距离如下：

$$d_i^+(k) = \sum_{j=1}^n d(\tilde{p}_{ij}(k), \tilde{p}_j^+(k)) \tag{5-41}$$

$$d_i^-(k) = \sum_{j=1}^n d(\tilde{p}_{ij}(k), \tilde{p}_j^-(k)) \tag{5-42}$$

再计算专家 k 对第 i 个 IT 项目的相对贴近度：

$$\gamma(P_i(k)) = \frac{d_i^-(k)}{d_i^+(k) + d_i^-(k)} \tag{5-43}$$

步骤 5：建立专家组的相对贴近度矩阵。

计算出每个专家的相对贴近度之后，建立相对贴近度矩阵 D 为

$$D = \begin{pmatrix} \gamma(P_1(1)) & \cdots & \gamma(P_1(T)) \\ \vdots & & \vdots \\ \gamma(P_m(1)) & \cdots & \gamma(P_m(T)) \end{pmatrix}$$

考虑到每位专家的权重不一样，得到加权相对贴近度矩阵 λD 为

$$\lambda D = \begin{pmatrix} \lambda_1 \gamma(P_1(1)) & \cdots & \lambda_T \gamma(P_1(T)) \\ \vdots & & \vdots \\ \lambda_1 \gamma(P_m(1)) & \cdots & \lambda_T \gamma(P_m(T)) \end{pmatrix}$$

步骤 6：计算专家组对第 i 个 IT 项目的相对贴近度。

计算专家组对待评价的 IT 项目的正理想解 A_M^+ 和负理想解 A_M^- 如下：

$$A_M^+ = (A_{M1}^+, A_{M2}^+, \cdots, A_{MT}^+) = (\max_i \lambda_1 \gamma(P_i(1)),$$

$$\max_i\lambda_2\gamma\ (P_i\ (2)),\ \cdots,\ \max_i\lambda_T\gamma\ (P_i\ (T))) \tag{5-44}$$

$$A_M^- = (A_{M1}^-,\ A_{M2}^-,\ \cdots,\ A_{MT}^-) = (\min_i\lambda_1\gamma\ (P_i\ (1)),$$

$$\min_i\lambda_2\gamma\ (P_i\ (2)),\ \cdots,\ \min_i\lambda_T\gamma\ (P_i\ (T))) \tag{5-45}$$

再计算专家组对第 i 个 IT 项目与正理想解 A_M^+ 和负理想解 A_M^- 的距离:

$$d_M^+(i) = \sqrt{\sum_{k=1}^{T} (\lambda_k\gamma(P_i(k)) - A_{Mk}^+)^2} \tag{5-46}$$

$$d_M^-(i) = \sqrt{\sum_{k=1}^{T} (\lambda_k\gamma(P_i(k)) - A_{Mk}^-)^2} \tag{5-47}$$

最终, 计算专家组对第 i 个 IT 项目的相对贴近度:

$$\gamma_M\ (i) = \frac{d_M^-\ (i)}{d_M^+\ (i)\ + d_M^-\ (i)} \tag{5-48}$$

按照相对贴近度 $\gamma_M\ (i)$ 的大小, 对待评价的 IT 项目进行风险排序。$\gamma_M\ (i)$ 越大, 说明第 i 个 IT 项目的风险越大。

5.5.4 实证分析

在以上模糊群决策模型的基础理论知识和算法分析的基础上, 本书选用其中一种评价方法——模糊群决策方法, 结合调查后所得到的实际案例, 来评价 IT 项目中的风险。

鉴于用传统的 TOPSIS 方法对 IT 项目风险进行评价具有以下不足: 一是 IT 项目信息传递过程中具有不确定性和复杂性的特点, 专家提出的评价信息通常带有模糊性, 而 TOPSIS 方法却采用精确数进行评价。二是评价 IT 项目风险的专家一般是信息管理行业、IT 项目企业和有关研究机构等多个单位, 虽然借助于 Delphi 方法能够使专家评价信息达到某种程度的一致, 但是在指标权重的设置上, 他们多从自身所处行业的角度出发, 难免存在个人偏好, 不能达成完全统一。故本书对传统 TOPSIS 方法进行了改进, 一是引入三角模糊数这一工具对评价信息进行处理, 解决 TOPSIS 方法处理模糊信息不足的问题, 二是借助群决策, 有效集结来自多个行业专家的意见, 使评价信息更加客观、全面, 从而提出模糊 TOPSIS 群决策模型。

某些大中型企业将企业的 IT 项目业务实施外包以集中精力发展其核心竞争力。为了有效规避 IT 项目风险, 本书选取其中的 3 个 IT 项目 (U_1, U_2, U_3), 并用上述评价模型和评价指标对 IT 项目风险进行评价。同时, 邀请来自信息管理行业、IT 项目企业和有关研究机构的 3 位专家作为专家组成员参与评价, IT

项目中的风险指标分别是：开发方与使用方正式沟通频率（a）、开发方与使用方非正式沟通频率（b）、能力因素（c）、组织结构因素（d）、关系质量因素（e），专家组采用 Delphi 法对各个指标作出语言评价如表 5-8 所示。

表 5-8　专家组对 IT 项目风险指标的语言评价

IT 项目	a	b	c	d	e
U_1	ML	M	MH	M	H
U_2	M	ML	M	M	MH
U_3	MH	VH	ML	ML	ML

按照表 5-7 列出的语义变量和三角模糊数的对应关系，将表 5-8 转化成三角模糊数，表示成的模糊评价矩阵 $\tilde{X}$：

$$\tilde{x} = \begin{bmatrix} (10,30,50) & (30,50,70) & (50,70,90) & (30,50,70) & (70,90,100) \\ (30,50,70) & (10,30,50) & (30,50,70) & (30,50,70) & (50,70,90) \\ (50,70,90) & (90,100,100) & (10,30,50) & (10,30,50) & (10,30,50) \end{bmatrix}$$

由于评价指标均为效益型指标，因此采用式（5-29）对矩阵 $\tilde{X}$ 标准化，建立标准模糊评价矩阵 $\tilde{P}$：

$$\tilde{P} = \begin{bmatrix} (0.05,0.2,0.56) & (0.14,0.28,0.54) & (0.24,0.47,1) & (0.16,0.39,1) & (0.29,0.47,0.77) \\ (0.14,0.33,0.78) & (0.05,0.17,0.39) & (0.14,0.33,0.78) & (0.16,0.39,1) & (0.21,0.37,0.69) \\ (0.24,0.47,1) & (0.41,0.56,0.77) & (0.05,0.2,0.56) & (0.05,0.23,0.71) & (0.04,0.16,0.39) \end{bmatrix}$$

在 Delphi 方法的实施过程中，三位专家提出的各指标权重分别为

$$W^1 = (0.2, 0.2, 0.2, 0.2, 0.2),$$
$$W^2 = (0.1, 0.2, 0.2, 0.1, 0.4),$$
$$W^3 = (0.3, 0.3, 0.1, 0.2, 0.1)$$

对于专家 1 来说，其加权模糊评价矩阵 $\tilde{P}$（1）为

$$\tilde{P}(1) = \begin{bmatrix} (0.01,0.04,0.11) & (0.03,0.06,0.11) & (0.05,0.09,0.2) & (0.03,0.08,0.2) & (0.06,0.09,0.15) \\ (0.03,0.06,0.16) & (0.01,0.03,0.08) & (0.03,0.07,0.16) & (0.03,0.08,0.2) & (0.04,0.07,0.14) \\ (0.05,0.09,0.2) & (0.08,0.11,0.15) & (0.01,0.04,0.11) & (0.05,0.06,0.14) & (0.01,0.03,0.08) \end{bmatrix}$$

利用式（5-39）和式（5-40），求得专家 1 对 3 个待评价 IT 项目的正理想解、负理想解为

$\tilde{P}^+(1) = ((0.05,0.09,0.2)\ (0.08,0.11,0.15)\ (0.05,0.09,0.2)\ (0.03,0.08,0.2)\ (0.06,0.09,0.15))$

$\tilde{P}^-(1) = ((0.01,0.04,0.11)\ (0.01,0.03,0.08)\ (0.01,0.04,0.11)\ (0.05,0.06,0.14)\ (0.01,0.03,0.08))$

再利用式（5-41）、式（5-42）和式（5-43），得到专家 1 对 3 个 IT 项目与正理解解、负理想解的距离和相对贴近度如表 5-9 所示。

表 5-9   专家 1 的模糊 TOPSIS 评价结果

项目	$d_i^+(1)$	$d_i^-(1)$	$\gamma(P_i(1))$
U_1	0.195	0.169	0.57
U_2	0.16	0.152	0.99
U_3	0.162	0.137	0.96

同理得到专家 2、专家 3 对 3 个 IT 项目与正理想解、负理想解的距离和相对贴近度，如表 5-10 和表 5-11 所示。

表 5-10   专家 2 的模糊 TOPSIS 评价结果

项目	$d_i^+(2)$	$d_i^-(2)$	$\gamma(P_i(2))$
U_1	0.061	0.226	0.79
U_2	0.153	0.161	0.51
U_3	0.209	0.105	0.39

表 5-11   专家 3 的模糊 TOPSIS 评价结果

项目	$d_i^+(3)$	$d_i^-(3)$	$\gamma(P_i(3))$
U_1	0.179	0.19	0.95
U_2	0.166	0.126	0.9
U_3	0.109	0.206	0.67

在三位专家的相对贴近度都计算出来之后，建立相对贴近度矩阵 D：

$$D = \begin{bmatrix} 0.57 & 0.74 & 0.45 \\ 0.49 & 0.51 & 0.4 \\ 0.46 & 0.34 & 0.67 \end{bmatrix}$$

考虑到每位专家在专家组中的重要性不同，这里取专家权重为 $\lambda = (0.3, 0.5, 0.2)$，从而建立加权相对贴近度矩阵 λD：

$$\lambda D = \begin{bmatrix} 0.171 & 0.37 & 0.09 \\ 0.147 & 0.255 & 0.08 \\ 0.138 & 0.17 & 0.134 \end{bmatrix}$$

利用式（5-44）和式（5-45），得到专家组对待评价 IT 项目的正理想解、负理想解为

$$A_M^+ = (A_{M1}^+, A_{M2}^+, A_{M3}^+) = (0.171, 0.37, 0.134)$$
$$A_M^- = (A_{M1}^-, A_{M2}^-, A_{M3}^-) = (0.138, 0.17, 0.08)$$

再利用式（5-46）、式（5-47）和式（5-48），得到专家组对 IT 项目与正理想解、负理想解的距离和相对贴近度如表 5-12 所示。

表 5-12　专家组的模糊 TOPSIS 群决策评价结果

项目	d_M^+	d_M^-	γ_M
U_1	0.099	0.203	0.622
U_2	0.129	0.065	0.397
U_3	0.203	0.059	0.210

由表 5-12 贴近度可得：$C_1 \succ C_2 \succ C_3$，这说明第一个 IT 项目风险最大，其次是第二个 IT 项目，第三个 IT 项目的风险最小。根据此评价结果，发现第一个 IT 项目的风险远大于第二个和第三个 IT 项目，分析其原因，是因为第一个 IT 项目的能力因素和关系质量因素比较高，而开发方与使用方沟通频率不同于知识扩散，需要发挥开发商和使用方的主观能动性，因此，企业可制定发展人力资源的长效机制和激励手段等风险规避策略，以有效控制 IT 项目风险。

IT 项目风险管理作为当前 IT 项目研究的一个热点和亮点，其风险评价的科学性至关重要。由于对 IT 项目进行评价的专家通常来自多个行业以及在实施 IT 项目过程中风险因素的模糊性和不确定性，本书引入三角模糊数、群决策与 TOPSIS 方法融合，建立了模糊 TOPSIS 群决策的评价方法。此方法借助于 Delphi 法确定评价信息和评价指标的权重，再采用语义评价转化为三角模糊数处理，然后计算每位专家的相对贴近度，建立相对贴近度矩阵，最终得到专家组的综合评价。这样，不但解决了不确定情况下的 IT 项目风险评价问题，而且考虑到专家组各个成员的风险偏好，使评价结果更客观和符合实际情况。因此，模糊 TOPSIS 群决策是一种多专家、多指标的评价决策方法，而且步骤清晰、方法易行，具有一定的参考价值和实际意义，为其他领域内的风险评价的解决提供了方法借鉴。

5.6　本 章 小 结

本章主要研究 IT 项目中的风险评价。第一，在之前章节的研究基础上，通过问卷调查法，总结 IT 项目中的主要风险因素。第二，从 IT 项目中的主要风险因素中提取出十种不同的风险因素，包括功能需求是否明确、项目组成员的工作能力、开发方与用户的关系质量、项目复杂度是否很高、项目组的组织结构是否合理、项目质量控制体系是否完善、开发方与使用方正式沟通频率、开发方与使用方非正式沟通频率、项目组能够获得的支持程度、企业所处的内外部环境。第三，利用基于信息量的粗糙集方法提取其中的关键风险因素，即开发方与使用方正式沟通频率、开发方与使用方非正式沟通频率、能力因素、组织结构因素和关系质量因素。第四，利用基于区间数的 DEMATEL 方法展开对这五个关键风险因素的研究，研究结果表明：通过原因度排序，得到风险原因因素包括组织结构因素和开发方与使用方沟通频率，风险结果因素包括关系质量因素和能力因素。按照重要程度，对中心度排序，依次为关系质量因素、能力因素、开发方与使用方沟通频率素和组织结构因素。从而对这四个关键风险因素的内在构造进行分析，建立相对完整的 IT 项目中风险因素体系。第五，通过利用模糊群决策等评价方法对 IT 项目中风险因素进行评价，对 IT 项目中的风险因素的重要程度进行排序。

第 6 章　IT 项目风险规则挖掘模型

IT 项目的实施是一项高投入、高风险的过程，因此，有效识别风险，并对风险规则进行挖掘是 IT 项目成功的关键，而 IT 项目的实施过程中会产生大量的不确定、不完整的信息，这给风险规则挖掘带来了一定的难度。粗糙集理论作为处理不完全信息的数据工具，其最大的特点是不需要除问题所需处理数据集合之外的任何信息，不需要已知先验概率和后验概率，而是直接从已知数据出发，在不损失信息的前提下提取有用特征，分析数据之间潜在的关系，作决策规则分析，它大大简化了计算的复杂性，不失为一种有效的数据分析工具。但是，由于人们对 IT 项目风险的认识有限，基于粗糙集的数据处理方法仍然存在一些缺陷，主要表现在数据的搜集过程中，由于缺乏关键数据和信息的支持，也没有考虑历史数据，决策效率相对较低，甚至作出一些错误的判断，尤其是当关键信息缺省的个数比较多的时候，粗糙集还是不能精确进行属性约简和分类。鉴于此，本章将粗糙集理论与信息熵、贝叶斯理论、人工神经网络等其他理论相结合，从各方面来弥补粗糙集的不足之处，在增强粗糙集的柔性、容错性的同时，提高其对不完全数据的分类与处理能力，从而提高 IT 项目在实施过程中的决策效率。

6.1　基于标准分类的风险规则挖掘模型

鉴于 IT 项目的风险因素过多，为了方便问题的讨论，本书为了避免风险因素离散化过程，根据调查分析的结果，按照不同的风险来源，选取 5 个有代表性的风险因素作为本书的研究对象：a 表示"功能需求是否明确"、b 表示"项目计划与安排是否合理"、c "项目质量控制体系是否完善"、d 表示"项目复杂度是否很高"、e 表示"项目管理层经验是否丰富"。每个风险因素根据取值不同而赋予不同的含义，如表 6-1 所示。

表 6-1   主要风险因素及其含义

代码	风险因素	取值	含义
a	功能需求是否明确	1	非常明确
		2	一般
		3	不明确
b	项目计划与安排是否合理	1	非常合理
		2	一般
		3	不合理
c	项目质量管理体系是否完善	1	非常完善
		2	一般
		3	不完善
d	项目复杂度是否很高	1	非常高
		2	一般
		3	不高
e	项目管理层经验是否丰富	1	非常丰富
		2	一般
		3	不丰富

决策属性通过风险等级 D 来表示，并且划分为"非常高"（serious）、"中等"（moderate）、"较小"（minor）。一般说来，风险等级越高，项目失败或者不成功的概率也就越大，如表 6-2 所示。

表 6-2   风险等级及风险后果

代码	风险等级	风险后果
1	较小	项目进展比较顺利，项目经费基本上在预定范围左右；工期也基本能按时完成；项目质量和功能基本能满足客户需求
2	中等	项目经费将会有所超支；工期也会延期；项目质量难以得到保证，功能不能满足客户需求
3	非常高	项目经费将会严重超支；工期超时、甚至中途放弃；功能不能满足客户的需求

风险规则挖掘的目的就是根据项目实际过程中风险因素的表现确定风险等级，从而提前预知风险因素可能带来的风险损失和后果，这样就为管理层的风险决策和控制提供依据。

6.1.1 规则获取与分类一致性

IT 项目的风险决策过程是一个非常复杂的系统工程，在确定风险因素的过程中，由于要涉及众多的环节，因此在这个过程中不可避免地导致条件属性值会出现一些偏差，甚至可能会导致一些错误的情况。例如，在条件属性相似或者相同的情况下，决策结果却完全不同，甚至相反的情况等。因此这类问题的处理，是 IT 项目决策过程中的一个重要内容。

从目前规则挖掘的主流研究方向来看，普遍采用的分类标准是根据发现知识的种类来进行分类，目前分类规则挖掘主要有以下几种方式。

（1）特征规则（characteristic rule）。特征规则描述目标数据集中存在的特征，这些特征为数据集中大部分数据所共有。

（2）关联规则（association rule）。关联规则揭示了一组对象之间存在的联系规律，它表示"从一个对象可以推出另一个对象"，其形式通常为 $(A_1 \wedge A_2 \wedge \cdots \wedge A_i) \Rightarrow (B_1 \wedge B_2 \wedge \cdots \wedge B_i)$，即目标数据集中对象 $(B_1 \wedge B_2 \wedge \cdots \wedge B_i)$ 倾向于和对象 $(A_1 \wedge A_2 \wedge \cdots \wedge A_i)$ 一同出现。

（3）区分规则（discriminant rule）。区分规则是通过总结出目标类的特征和性质，以区分目标类和其他用于比较的类。例如，区分规则通过总结出某种风险因素特有的现象，可以说明该种现象与风险后果之间的区别。

（4）分类规则（classification rule）。分类规则是把数据集划分成规定的若干种类的一组规则。例如，可以从一组有关某种风险因素及其表现形式的数据中得到分类规则，根据这些分类规则，可以按风险因素的表现和后果将其归到不同的类别中去。

本节主要讨论基于分类标准的风险规则挖掘方法。在风险信息决策表中，进行属性约简后，每个对象形成一条规则，但这些规则还可以进一步规范化，这就是粗糙集中的决策规则获取问题，从决策系统中获取决策规则，就是从其中发现潜在的知识。

对于决策系统 $S = (U, C \cup D, V, f)$，其中 $V = \cup \{V_a \mid a \in A\} \cup V_d)$ 为决策系统 S 的值域，则决策规则的一些相关描述如下：

定义 6.1 $a = v$ 是属性集 $B \subseteq A \cup \{d\}$ 与决策系统的值域 V 上的描述子集，表示属性 a 取值 v。如果 F 和 G 分别是条件属性和决策属性的子集，则 $F \rightarrow G$ 的逻辑含义称为决策规则，F 称为规则前件，G 称为规则后件，它们表达一种因果关系。其中，公式 F 中所包含的原子公式中只有决策系统的条件属性，G 中所包含的原子公式中只有决策系统的决策属性。

对于任一决策公式 F，$\|F\|$ 是该公式在决策系统 L 中的解释，即论域 U 具有特性 F 的所有对象的集合，归纳定义如下：

（1）若 F 为决策公式，即 $[a=v]$，则 $\|F\|=\{u\in U|a_u=v\}$ 是公式；

（2）如果 F 和 G 是决策公式，则有

$$\|\bar{F}\|=U-\|F\|$$
$$\|F\wedge G\|=\|F\|\cap\|G\|$$
$$\|F\vee G\|=\|F\|\cup\|G\|$$

目前基于粗糙集的决策规则获取的主要方法有：①原始的基于核值的方法，该方法是先计算出核值表，然后考查每条规则，此时规则仅含该规则的核，添加其他属性值，实现对原规则的约简。②Pawlak Z. 和 Skowron A. 提出的基于布尔推理的最小决策算法，该方法将决策类相同的规则的前件表达成一个析取式，然后通过逻辑式转换来得到对应于该决策类的小的决策规则。③Mollestand 等还提出缺省规则获取方法，该方法先划分出条件属性和决策属性的等价类 E 和 F，并对其中的相关元素 E_i 和 F_j 进行比较，它不需要严格的 $E_i\subseteq F_j$，而只要满足 $\mu=$ Card($E_i\cap F_j$)/Card(E_i)，即规则的置信度大于某一给定的阈值即可以得到规则：r_{ij}：Des(E_i)→Des(F_j)，该规则的置信度为 μ。

对于决策表的分类规则，有以下定义：

定义 6.2　设 $S=(U,C\cup D,V,f)$ 为信息决策表，其中 $A=C\cup D$，如果存在函数 d_x：$A\to V$，使得 $d_x(a)=a(x)$，其中 $a\in A$，$X\subseteq U$，$x\in U$，则称 d_x 是 S 上的一条决策规则。若 $a\in C\subset A$，则记 $d_x|C$ 是决策规则的条件部分；若 $a\in D\subset A$，则记 $d_x|D$ 是决策规则的结论部分。

定义 6.3　如果对于任一个体 $y\neq x$，$d_x|C=d_y|C\Rightarrow d_x|D=d_y|D$，则称 d_x 是一致的，否则称 d_x 是不一致的。

一致性决策规则说明条件属性值相通必然隐含着决策属性值相同，即决策规则完全依赖于条件值。一致性也称为协调性。

定义 6.4　如果所有的决策规则都是一致的，则它们所处的决策表 $S=(U,C\cup D,V,f)$ 是一致的，否则决策表是非一致的。

6.1.2　基于分类一致性的规则挖掘

1）算法过程描述

有文献提到一种基于分类一致性的规则挖掘算法 RICCR（rule induction based on classificiation consistency rate），这里为了使获得的知识更加简洁，更容易理解，

将组合权重方法引入 RICCR 中，进一步简化算法过程，分为三个主要步骤，即 IT 项目风险因素的数据初始化、风险决策规则挖掘、决策规则简化，并合理运用到 IT 项目的风险决策规则挖掘中。该方法的基本思路：从空集开始，先计算单个属性的权重，然后逐步选择重要的属性加入，当属性权重相等时，则计算组合权重，直到所有的对象都能够被正确分类，此时导出规则并将规则所覆盖的对象集删除，直到所有的对象都被覆盖，具体算法如下：

Input：一致的决策知识表达系统 $S = (U,\ C \cup D,\ V,\ f)$

Ouput：规则集 *Rules*

步骤1：初始化相关集合

令 $G = S$，$Rules = \varphi$，$SelecAttr = \varphi$，$unSelecAttr = C$；

步骤2：规则获取阶段

While $G \neq \varphi$ *do*

rule $\neq \varphi$；

for $i = 1$ *to Card*（*unselecattr*）*do*

计算 $Pos_{Ind(selecattr \cup (a_i))}(Ind\ (d))$

计算属性权重 W_{a_i}

End

选择 $card(Pos_{Ind(selecattr \cup (a_i))}(Ind(d)))$ 达到最大的属性 a_i

If｛多个属性同时达到最大｝，*Then*

则选择属性 a_i 使得 $H\ (\{d\}/\{a_i\})$ 最小；

End if

If｛单个属性权重相等｝，*Then*

则选择属性 a_j 与其他属性相结合的组合权重最大；

End if

$SelecAttr = SelecAttr \cup\ \{a_i\}$

$unSelecAttr = unSelecAttr -\ \{a_i\}$

If $Pos_{Ind(selecattr \cup (a_i))}\ (Ind\ (d))\ \neq \phi\ then$

用属性 $SelecAttr$ 从对象集 $Pos_{Ind(selecattr \cup (a))}(Ind(d))$ 导出规则

将化简后的规则并入 *Rules*

$G = G - Pos_{Ind(selecattr \cup (a))}(Ind(d))$

End if

步骤3：规则简化阶段；

For 规则集 *rules* 中的每条规则 *rule*

For 规则 *rule* 中的每个描述

If {删除该描述子 $b=v$ 后规则与其他规则不产生冲突}

Then 删除该描述子集

End if

End

End

在算法的循环规则获取阶段，挑选属性加入时，充分利用条件信息熵的作用，并且按照 $\mathrm{Sig} = \mathrm{Pos}_{\mathrm{Ind}(\mathrm{selecattr} \cup (a))}(\mathrm{Ind}(d)) - \mathrm{Pos}_{\mathrm{Ind}(\mathrm{selecattr})}(\mathrm{Ind}(d))$ 作为属性的重要性度量，其中 selecattr 为当前已经选择的属性，当有多个属性同时达到最大时，考虑它们的条件熵 $H(\{d\}/\{a_i\})$，选择其中条件熵最小的属性。在规则简化阶段，考查规则中的描述子集，看它是否可以约去。事实上，属性的考查顺序也是非常重要的，一种方法是按照属性本来的排序来考虑的，另外还可以考虑按照属性的重要性，即从最不重要的属性考查开始。

2） 一致性规则挖掘的实现

给定一致性规则决策表，在表 6-3 所示的知识表达系统中，风险因素 {a, b, c, d, e} 称为条件属性，而风险等级 D 则为决策属性，因此表 6-3 也称为决策信息表。需要说明的是对象集合 $U = \{x_1, x_2, x_3, x_4, x_5, x_6, x_7, x_8, x_9, x_{10}, x_{11}, x_{12}, x_{13}, x_{14}, x_{15}\}$ 是指具有某种特征的项目集合，而不是泛指某一个特定的项目。例如，对象 x_1 是指具备条件属性值（$a=2$，$b=2$，$c=1$，$d=2$，$e=3$）的所有项目集合，而对象 x_5 则是指具备条件属性值（$a=1$，$b=3$，$c=1$，$d=2$，$e=2$）的所有项目集合。

表 6-3　一致性信息决策表

U	条件属性					决策属性
	a	b	c	d	e	D
x_1	2	2	1	2	3	1
x_2	1	2	2	3	1	1
x_3	1	3	2	2	2	1
x_4	2	2	2	1	1	1
x_5	1	3	1	2	2	2
x_6	2	2	1	2	1	2
x_7	2	1	2	2	1	2
x_8	2	1	3	1	2	2

续表

U	条件属性					决策属性
	a	b	c	d	e	D
x_9	2	1	1	2	3	2
x_{10}	3	2	1	3	2	3
x_{11}	3	3	2	2	2	3
x_{12}	2	2	1	3	3	3
x_{13}	3	3	2	3	2	3
x_{14}	3	1	2	3	2	3
x_{15}	3	3	3	1	1	3

在表 6-3 中，按照条件属性和决策属性的取值进行分类：

$U/D = \{ (x_1, x_2, x_3, x_4), (x_5, x_6, x_7, x_8, x_9), (x_{10}, x_{11}, x_{12}, x_{13}, x_{14}, x_{15}) \}$；

$U/\mathrm{Ind}(a) = \{ (x_2, x_3, x_5), (x_1, x_4, x_6, x_7, x_8, x_9, x_{12}), (x_{10}, x_{11}, x_{13}, x_{14}, x_{15}) \}$；

$U/\mathrm{Ind}(b) = \{ (x_7, x_8, x_9, x_{14}), (x_1, x_2, x_4, x_6, x_{10}, x_{12}), (x_3, x_5, x_{11}, x_{13}, x_{15}) \}$；

$U/\mathrm{Ind}(c) = \{ (x_1, x_5, x_6, x_9, x_{10}, x_{12}), (x_2, x_3, x_4, x_7, x_{11}, x_{13}, x_{14}), (x_8, x_{15}) \}$；

$U/\mathrm{Ind}(d) = \{ (x_4, x_8, x_{15}), (x_1, x_3, x_5, x_6, x_7, x_9, x_{11}), (x_2, x_{10}, x_{12}, x_{13}, x_{14}) \}$；

$U/\mathrm{Ind}(e) = \{ (x_2, x_4, x_6, x_7, x_{15}), (x_3, x_5, x_8, x_{10}, x_{11}, x_{13}, x_{14}), (x_1, x_9, x_{12}) \}$；

$\mathrm{Pos}_a(D) = \{ x_{10}, x_{11}, x_{13}, x_{14}, x_{15} \}$；

$\mathrm{Pos}_b(D) = \phi; \mathrm{Pos}_c(D) = \phi; \mathrm{Pos}_d(D) = \phi; \mathrm{Pos}_e(D) = \phi$。

由于相对于其他几个条件属性而言，$\mathrm{Pos}_a(D) \neq \phi$，因此选择条件属性 a 作为决策的直接依据，这样就有：由对象 $(x_{10}, x_{11}, x_{13}, x_{14}, x_{15})$ 得到 $a = 3 \Rightarrow D = 3$；即如果功能需求不明确的话，那么项目风险等级就非常高。具体表现在：很可能会导致项目经费不足，工期超期，甚至中途放弃，项目的功能也不能满足客户的需求。

根据以上分析的结果，去掉对象 $(x_{10}, x_{11}, x_{13}, x_{14}, x_{15})$，得到以下决策表，如表 6-4 所示。

表 6-4　选择条件属性 a 后得到的决策表

U	条件属性					决策属性
	a	b	c	d	e	D
x_1	2	2	1	2	3	1
x_2	1	2	2	3	1	1
x_3	1	3	2	2	2	1

U	条件属性					决策属性
	a	b	c	d	e	D
x_4	2	2	2	1	1	1
x_5	1	3	1	2	2	2
x_6	2	2	1	2	1	2
x_7	2	1	2	2	1	2
x_8	2	1	3	1	2	2
x_9	2	1	1	2	3	2
x_{12}	2	2	1	3	3	3

对表 6-4 继续按照以上步骤进行分类，结果如下：

$U/D = \{(x_1, x_2, x_3, x_4), (x_5, x_6, x_7, x_8, x_9), (x_{12})\}$;

$U/\mathrm{Ind}(a,b) = \{(x_1, x_4, x_6, x_{12}), (x_2), (x_3, x_5), (x_7, x_8, x_9)\}$;

$U/\mathrm{Ind}(a,c) = \{(x_1, x_6, x_9, x_{12}), (x_2, x_3), (x_4, x_7), (x_5), (x_8)\}$;

$U/\mathrm{Ind}(a,d) = \{(x_1, x_6, x_7, x_9), (x_2), (x_3, x_5), (x_4, x_8), (x_{12})\}$;

$U/\mathrm{Ind}(a,e) = \{(x_1, x_9, x_{12}), (x_2), (x_3, x_5), (x_4, x_6, x_7), (x_8)\}$;

$\mathrm{Pos}_{(a,b)}(D) = \{x_2, x_7, x_8, x_9\}$; $\mathrm{Pos}_{(a,c)}(D) = \{x_2, x_3, x_5, x_8\}$;

$\mathrm{Pos}_{(a,d)}(D) = \{x_2, x_{12}\}$; $\mathrm{Pos}_{(a,e)}(D) = \{x_2, x_8\}$。

由于 $\mathrm{Card}(\mathrm{Pos}_{(a,b)}(D)) = \mathrm{Card}(\mathrm{Pos}_{(a,c)}(D)) = 5$ 同时取得最大值,因此需要考虑条件信息熵。

定义 6.5 设决策系统 $S = (U, C \cup D, V, f)$,其中 $R \subseteq C$ 为条件属性子集,假设 $\mathrm{Ind}(R)$ 和 $\mathrm{Ind}(D)$ 所产生的分类分别为 $X = \{X_1, X_2, \cdots, X_n\}$, $Y = \{Y_1, Y_2, \cdots, Y_n\}$,则 R 的熵定义为

$$H(R) = -\sum_{i=1}^{n} P(X_i) \log(P(X_i)) \tag{6-1}$$

式中,$P(X_i) = \mathrm{Card}(X_i)/\mathrm{Card}(U)$。

D 相当于 R 的熵定义为

$$H(D/R) = -\sum_{i=1}^{n} P(X_i) \sum_{j=1}^{k} P(Y_j/X_i) \log(P(Y_j/X_i)) \tag{6-2}$$

而 $H(D/b) = -\left\{ \dfrac{4}{15} \left(\dfrac{3}{4} \log\left(\dfrac{3}{4}\right) + \dfrac{1}{4} \log\left(\dfrac{1}{4}\right) \right) + \dfrac{6}{15} \left(\dfrac{3}{6} \log\left(\dfrac{3}{6}\right) + \right.$

$\dfrac{2}{6} \log\left(\dfrac{2}{6}\right) + \dfrac{1}{6} \log\left(\dfrac{1}{6}\right)$

$$+ \frac{5}{15}\left(\frac{1}{5}\log\left(\frac{1}{5}\right) + \frac{1}{5}\log\left(\frac{1}{5}\right) + \frac{3}{5}\log\left(\frac{3}{5}\right)\right)\}$$

$$= -\frac{1}{15}\left(\log\frac{27}{128} - 5\right) = 0.378$$

$$H(D/c) = -\left\{\frac{6}{15}\left(\frac{1}{6}\log\left(\frac{1}{6}\right) + \frac{2}{6}\log\left(\frac{2}{6}\right) + \frac{3}{6}\log\left(\frac{3}{6}\right)\right)\right.$$

$$+ \frac{2}{15}\left(\frac{1}{2}\log\left(\frac{1}{2}\right) + \frac{1}{2}\log\left(\frac{1}{2}\right)\right)$$

$$+ \frac{7}{15}\left(\frac{3}{7}\log\left(\frac{3}{7}\right) + \frac{1}{7}\log\left(\frac{1}{7}\right) + \frac{3}{7}\log\left(\frac{3}{7}\right)\right)\}$$

$$= -\frac{1}{15}\left(\log\frac{27}{64} - 7 \times \log 7\right) = 0.419$$

显然，$H(D/b) < H(D/c)$。因为条件信息熵越小，表示系统的信息越混乱，因此这里选择条件信息熵较小的属性 b，得到如下规则：①由对象 x_2 得到 $a = 1 \wedge b = 2 \Rightarrow D = 1$；②由对象 x_7、x_8、x_9 得到 $a = 2 \wedge b = 1 \Rightarrow D = 2$。

去掉被覆盖的对象（x_2，x_7，x_8，x_9），得到以下决策表，如表 6-5 所示。

表 6-5　选择属性 b 后得到的决策表

U	条件属性					决策属性
	a	b	c	d	e	D
x_1	2	2	1	2	3	1
x_3	1	3	2	2	2	1
x_4	2	2	2	1	1	1
x_5	1	3	1	2	2	2
x_6	2	2	1	2	1	2
x_{12}	2	2	1	3	3	3

对表 6-5 继续按照以上步骤进行分类，结果如下：

$$U/D = \{(x_1, x_3, x_4), (x_5, x_6), (x_{12})\}$$

$$U/\text{Ind}(a, b, c) = \{(x_1, x_6, x_{12}), (x_3), (x_4), (x_5)\}$$

$$U/\text{Ind}(a, b, d) = \{(x_1, x_6), (x_3, x_5), (x_4), (x_{12})\}$$

$$U/\text{Ind}(a, b, e) = \{(x_1, x_{12}), (x_3, x_5), (x_4, x_6)\}$$

$$\text{Pos}_{(a,b,c)}(D) = \{x_3, x_4, x_5\}; \text{Pos}_{(a,b,d)}(D) = \{x_4, x_{12}\}$$

$$\text{Pos}_{(a,b,e)}(D) = \phi; \text{Card}(\text{Pos}_{(a,b,c)}(D)) = 3$$

因此可以选择属性 c，得到以下决策规则：①由对象 x_3 得到：$a=1 \wedge b=2 \wedge c$ $=2 \Rightarrow D=1$；②由对象 x_4 得到：$a=2 \wedge b=2 \wedge c=2 \Rightarrow D=1$；③由对象 x_5 得到：$a=1$ $\wedge b=3 \wedge c=1 \Rightarrow D=2$。

去掉被覆盖的对象（x_3，x_4，x_5），得到以下决策表，如表 6-6 所示。

表 6-6　选择属性 c 后得到的决策表

U	条件属性					决策属性
	a	b	c	d	e	D
x_1	2	2	1	2	3	1
x_6	2	2	1	2	1	2
x_{12}	2	2	1	3	3	3

对表 6-6 继续按照以上步骤进行分类，结果如下：

$$U/D = \{(x_1),(x_6),(x_{12})\}$$
$$U/\mathrm{Ind}(a,b,c,d) = \{(x_1,x_6),(x_{12})\}$$
$$U/\mathrm{Ind}(a,b,c,e) = \{(x_1,x_{12}),(x_6)\}$$
$$\mathrm{Pos}_{(a,b,c,d)}(D) = \{x_{12}\} ; \mathrm{Pos}_{(a,b,c,d)}(D) = \{x_6\}$$
$$\mathrm{Card}(\mathrm{Pos}_{(a,b,c,d)}(D)) = \mathrm{Card}(\mathrm{Pos}_{(a,b,c,e)}(D)) = 1$$

而 $H(D/d) = 0.362, H(D/e) = 0.442$。

因为 $H(D/d) < H(D/e)$，所以选择条件属性 d，得到以下决策规则：由对象 x_{12} 得到：$a=2 \wedge b=2 \wedge c=1 \wedge d=3 \Rightarrow D=3$。

去掉被覆盖的对象 x_{12}，得到以下决策表，如表 6-7 所示。

表 6-7　选择属性 d 后得到的决策表

U	条件属性					决策属性
	a	b	c	d	e	D
x_1	2	2	1	2	3	1
x_6	2	2	1	2	1	2

对表 6-7 继续按照以上步骤进行分类，结果如下：

$$U/D = \{(x_1),(x_6)\} ; U/\mathrm{Ind}(a,b,c,d,e) = \{(x_1),(x_6)\}$$
$$\mathrm{Pos}_{(a,b,c,d,e)}(D) = \{x_1,x_6\}$$

选择属性 e，得到以下决策规则：①由对象 x_1 得到：$a=2 \wedge b=2 \wedge c=1 \wedge d=2$

$\wedge e=3\Rightarrow D=1$；②由对象 x_6 得到：$a=2\wedge b=2\wedge c=1\wedge d=2\wedge e=1\Rightarrow D=2$。

去掉被覆盖的对象（x_1，x_6）至此，所有的对象都被覆盖，因此可以终止运算。经过规则约简（合并部分规则），可以得到所有的决策规则：

①由对象 x_1 得到：$a=2\wedge b=2\wedge c=1\wedge d=2\wedge e=3\Rightarrow D=1$；②由对象（$x_2$，$x_3$）得到：$a=1\wedge b=2\Rightarrow D=1$；③由对象 x_4 得到：$a=2\wedge b=2\wedge c=2\Rightarrow D=1$；④由对象 x_5 得到：$a=1\wedge b=3\wedge c=1\Rightarrow D=2$；⑤由对象 x_6 得到：$a=2\wedge b=2\wedge c=1\wedge d=2\wedge e=1\Rightarrow D=2$；⑥由对象（$x_7$，$x_8$，$x_9$）得到：$a=2\wedge b=1\Rightarrow D=2$；⑦由对象（$x_{10}$，$x_{11}$，$x_{13}$，$x_{14}$，$x_{15}$）得到：$a=3\Rightarrow D=3$；⑧由对象 x_{12} 得到：$a=2\wedge b=2\wedge c=1\wedge d=3\Rightarrow D=3$。

由此可见，表 6-3 中的 15 个对象可以产生 8 条决策规则。结合第六章中的 IT 项目主要风险因素，可以对以上这些决策规则进行实际意义的说明，如对象（x_2，x_3）中的规则表明：如果在项目开发过程中，功能需求非常明确，而且，项目计划与安排比较合理，那么项目风险相对较低。

6.1.3　基于可识别矩阵的规则挖掘

1）属性约简

在知识表达系统中，不同属性在分类时所起的作用是不同的，有的属性不可或缺，有的属性实际上是冗余的；有的属性起主要作用，有的属性起次要作用。属性约简就是在保持知识分类能力不变的前提下，删除冗余属性，找出属性核值，从而提高决策效率的过程。

设信息系统 $S=(U,C\cup D,V,f)$，$c\in C$，若 $r_C(D)=r_{C-c}(D)$，则 c 是 C 中关于 D 可省略的，否则是 C 中关于 D 不可省略的；若 C 中所有元素都是 D 不可省略的，则 C 是关于 D 独立的。如果某条件属性在信息系统中是可省略的，则移去该属性不会影响条件属性集的分类能力。

如果信息系统 $S=(U,C\cup D,V,f)$，$B\subseteq C$，若 $r_C(D)=r_B(D)$，且 B 是 D 独立的，则 B 为 C 的 D 约简，记为 $\mathrm{Re}\,d_D(C)$。C 的约简是不含任何冗余属性且与 C 具有相同分类能力的子集。粗糙集中的分类是指用知识 C 将对象划分到知识 D 的初等范畴中。如果所有知识 C 对分类都是必要的，则 C 是 D 独立的；知识 C 的 D 约简与知识 C 具有相同的分类能力，若 C 的 D 约简是唯一的，某种程度上讲知识 C 是决定 D 的，分类方法只有一种。一般情况下，C 的 D 约简有多个，此时分类的方法有多种。

C 中所有 D 不可省略的属性构成的集合称为 C 的 D 核，记作 $\mathrm{Core}_D(C)$，C 的

所有 D 约简的交集等于 C 的 D 核,即 $\mathrm{Core}_D(C)=(\cap \mathrm{Red}_D(C))$。

假定有一致性决策表,如表6-8 所示。

表6-8　一致性决策信息表

U	条件属性				决策属性
	a	b	c	d	D
x_1	2	2	1	2	1
x_2	1	2	2	3	1
x_3	2	1	1	2	2
x_4	2	1	3	1	2
x_5	2	2	1	3	3
x_6	3	3	1	3	3
x_7	3	1	1	3	3
x_8	3	3	3	1	3

根据表6-8 以及属性约简的方法,可以得到:

$$U/D=\{(x_1,x_2),(x_3,x_4),(x_5,x_6,x_7,x_8)\}$$

$$U/C=\{(x_1),(x_2),(x_3),(x_4),(x_5),(x_6),(x_7),(x_8)\}$$

$$\mathrm{Pos}_C(D)=\{x_1,x_2,x_3,x_4,x_5,x_6,x_7,x_8\}$$

当去掉属性 a 时,存在:

$$U/(C-a)=\{(x_1),(x_2),(x_3),(x_4),(x_5),(x_6),(x_7),(x_8)\}$$

$$\mathrm{Pos}_{(C-a)}(D)=\{x_1,x_2,x_3,x_4,x_5,x_6,x_7,x_8\}$$

因此有 $\mathrm{Pos}_C(D)=\mathrm{Pos}_{(C-a)}(D)$,所以属性 a 相对于决策属性 D 是不必要的,可以被约去。同理可以得出属性 c 也是相对于决策属性 D 不必要的,可以约掉;而属性 b 和 d 相对于决策属性 D 则是必要的,不可被约去。但是进一步分析可以发现:

$$U/(C-(a,c))=\{(x_1),(x_2,x_5),(x_3),(x_4),(x_6),(x_7),(x_8)\}$$

$$\mathrm{Pos}_{(C-(a,c))}(D)=\{x_1,x_3,x_4,x_6,x_7,x_8\}\neq\mathrm{Pos}_C(D)$$

由此可见,尽管属性 a 和 c 是相对于决策属性 D 可以省略的,但是两者不能同时省略,因此,用以上这种方法并不能真实反映属性的每个约简形式,尤其是属性的个数比较多的时候,计算方法显得更为繁琐,而且不能直观反映属性核和约简形式。

2）可识别矩阵与分辨函数

从上面的计算过程可以看出，在一致性信息决策过程中，传统的属性约简和规则获取规则还存在着一定的弊端，尤其是 RICCR 算法，尽管可以对决策规则进行简化，但是不能很方便地找出属性的核值。鉴于以上方法在属性约简过程中存在的一些问题，这里采用可识别矩阵方法进行属性约简。可识别矩阵是由波兰华沙大学数学家 Skowron 提出的（Brooks，1987；方德英等，2004）。

定义 6.6　令 $S=(U,A,V_a,f)$ 是一个知识表达系统，其中 U 为论域且 $U=\{x_1,x_2,\cdots,x_n\}$，$A=C\cup D$ 为属性集合，V_a 为记录 x 在属性 $a\in A$ 的值，$a_i(x_j)$ 是对象 x_j 在属性 a_i 上的取值，$C_D(i,j)$ 表示可识别矩阵中第 i 行 j 列的元素，则可识别矩阵定义为

$$C_D(i,j)\begin{cases}\{a_k\mid a_k\in C\wedge a_k(x_i)\neq a_{ka}(x_j)\}, & D(x_i)\neq D(x_j)\\0, & D(x_i)=D(x_j)\\i,j=1,2,\cdots,n\end{cases}\tag{6-3}$$

由上面的定义可以知道，可识别矩阵是一个对称矩阵，且对角线上的元素为零，因此在实际分析中，只需要考虑其上三角或下三角部分就可以了。

通过可识别矩阵进行属性约简的逻辑运算基本步骤为：

步骤 1：计算决策表的可识别矩阵 $C_D(i,j)$，其中 $i,j=1,2,\cdots,n$；

步骤 2：对所有非空集合的元素 $C_{ij}(C_{ij}\neq 0,C_{ij}\neq\phi)$，建立相应的析取逻辑表达式：$L_{ij}=\bigvee_{a_i\in C_{ij}}a_i$；

步骤 3：将所有的析取逻辑表达式进行合取运算，得到一个合取范式 $L=\bigwedge_{C_{ij}\neq 0,C_{ij}\neq\phi}L_{ij}$；

步骤 4：将合取范式 L 转换为析取范式的形式，得到 $L'=\bigvee_{i=1}^{n}L_i$；

步骤 5：输出属性约简结果。析取范式 L' 中的每个合取项就对应一个属性约简的结果，每个合取项中所包含的属性组成约简后的条件属性集合。

依照以上步骤，首先根据式（6-3），求出表 6-8 所对应的可识别矩阵，如表 6-9 所示。

表 6-9　对应于表 6-8 的可识别矩阵

U	x_1	x_2	x_3	x_4	x_5	x_6	x_7	x_8
x_1	0	0	b	bcd	d	abd	abd	$abcd$
x_2		0	$abcd$	$abcd$	ac	abc	abc	$abcd$

续表

U	x_1	x_2	x_3	x_4	x_5	x_6	x_7	x_8
x_3			0	0	bd	abd	ad	$abcd$
x_4				0	$abcd$	$abcd$	acd	ab
x_5					0	0	0	0
x_6						0	0	0
x_7							0	0
x_8								0

然后，对表6-9中每一行进行析取运算，得到对应的逻辑析取范式：

$$\text{CNF}_1 = b \wedge (b \vee c \vee d) \wedge d \wedge (a \vee b \vee d) \wedge (a \vee b \vee c \vee d) = b \wedge d$$

$$\text{CNF}_2 = (a \vee b \vee c \vee d) \wedge (a \vee c) \wedge (a \vee b \vee c) = (a \vee c)$$

$$\text{CNF}_3 = (b \vee d) \wedge (a \vee b \vee d) \wedge (a \vee d) \wedge (a \vee b \vee c \vee d)$$
$$= (a \vee d) \wedge (b \vee d)$$

$$\text{CNF}_4 = (a \vee b \vee c \vee d) \wedge (a \vee c \vee d) \wedge (a \vee b) = (a \vee c \vee d) \wedge (a \vee b)$$

对以上四个逻辑范式进行合取运算：

$$\text{CNF} = b \wedge d \wedge (a \vee c) \wedge (a \vee d) \wedge (b \vee d) \wedge (a \vee c \vee d) \wedge (a \vee b)$$
$$= b \wedge d \wedge (a \vee c)$$

可以进一步对上面的合取范式进行分配率运算，将合取范式转化为析取逻辑表达式，得到最小分辨函数：

$$\text{DNF} = (b \wedge d \wedge a) \vee (b \wedge d \wedge c)$$

以上的析取范式有两个析取项，分别为 $R_1 = (b, d, a)$ 和 $R_2 = (b, d, c)$，它表示表6-8所对应的知识表达系统有两个约简，其属性核为 $R_1 \cap R_2 = (b, d)$。这表明，在 IT 项目的开发与实施过程中，合理的项目计划与安排（b），以及项目本身复杂程度的高低（d）对整个项目的成功与否起着决定性的作用，这是与实际情况相吻合的。由此可见，上面的属性约简方法是科学的，也是可行的。

对信息表中的每个对象，都可能存在冗余的属性值，而属性值简化就是删除这些冗余的属性值，找出对决策结果影响最大的属性核值。这里只取 $R_1 = (b, d, a)$ 作为对象信息表，如表6-10所示。

表 6-10 消去属性 c 后的信息表

U	条件属性			决策属性
	a	b	d	D
x_1	2	2	2	1
x_2	1	2	3	1

续表

U	条件属性			决策属性
	a	b	d	D
x_3	2	1	2	2
x_4	2	1	1	2
x_5	2	2	3	3
x_6	3	3	3	3
x_7	3	1	3	3
x_8	3	3	1	3

对于第一个对象：考虑集合$[1]_a = \{x_1, x_3, x_4, x_5\}$，$[1]_b = \{x_1, x_2, x_5\}$，$[1]_d = \{x_1, x_3,\}$，$[1]_D = \{x_1, x_2,\}$。依次去掉每一个条件属性，检查余下属性值的交集是否属于决策属性子集，然后判断所有符合条件的属性值的交集，即为所求的属性核值。

这里，$[1]_a \cap [1]_b = \{x_1, x_5\}$，$[1]_a \cap [1]_d = \{x_1, x_3\}$，$[1]_b \cap [1]_d = \{x_1\}$，而只有$[1]_b \cap [1]_d = \{x_1\} \subset [1]_D$，故$b(1) = 1$与$d(1) = 1$为第一条规则的属性核值。

同理，可以得出其他每个对象的属性核值，如表 6-11 所示，其中，"-"表示不重要的属性值。

表 6-11　条件属性的简化核值表

U	条件属性			决策属性
	a	b	d	D
x_1	-	2	2	1
x_2	1	-	-	1
x_3	-	1	-	2
x_4	-			2
x_5	2	-	3	3
x_6	-			3
x_7	-			3
x_8	-			3

3）有效规则权重与规则简化

根据表 6-11，可以对每个规则进行不同方式的组合，得到简化规则集，然后进行优化，优化是按照规则的数目最少或规则中要求的条件最少的准则进行的。

优化的规则集合不是唯一的。

在决策规则 1 中，因为 $[1]_D = \{x_1, x_2\}$ 且 $[1]_b \cap [1]_d = \{x_1\} \subset [1]_D$，所以 $b(1) = 1$ 与 $d(1) = 1$ 是对象 x_1 的所有可能分类规则，也称为规则特征值。

在决策规则 2 中，因为 $[2]_D = \{x_1, x_2\}$，$[2]_a = \{x_2\} \subset [2]_D$、$[2]_a \cap [2]_b = \{x_2\}$ $\subset [2]_D$，且 $[2]_a \cap [2]_d = \{x_2\} \subset [2]_D$，所以 $(a(2) = 0, b(2) = 1)$ 与 $(a(2) = 0, d(2) = 2)$ 是对象 x_2 的所有可能分类规则。同理，可以求出所有简化规则及其特征值，如表 6-12 所示。

表 6-12　所有可能的简化规则表

U	条件属性			决策属性
	a	b	d	D
1	−	2	2	1
2	1	2	−	1
2′	1	−	3	1
3	2	1	−	2
3′	−	1	2	2
4	2	1	−	2
4′	−	1	1	2
4″	2	−	1	2
5	2	−	3	3
6	3	3	−	3
6′	3	−	3	3
6″	−	3	3	3
7	3	1	−	3
7′	−	1	3	3
7″	3	−	3	3
8	3	3	−	3
8′	3	−	1	3
8″	−	3	1	3

由表 6-12 可知，决策规则 1、规则 5 只有一种简化形式，而规则 2、规则 3 有 2 种简化形式，而决策规则 4、规则 6、规则 7、规则 8 则分别有 3 种简化形式，这样，该知识表达系统的决策规则共有 324 种（1×1×2×2×3×3×3×3）简化形式。显然，如果对这么大的一个规则集合进行有效的判断，无疑是一件很复杂的事情，而且，很多决策规则的简化形式是相同的，比如 3′与 4、6′与 7′等。因此，需要根据实际情况，从决策规则集中尽可能地选择权重比较大的简化形式来

表达该决策规则。

这里提出一种比较实用的方法来剔除一些冗余的、非重点的决策规则，这就是有效规则权重，即如下定义：

定义 6.7　设有信息系统 $S=(U,C\cup D,V,f)$，假设属性集子集 C，由 C 得到的分类为 D，当从属性子集 C 中去掉属性 a 后，其分类必定发生变化，则定义 $\mathrm{Sig}_{C-a}(D)$ 为属性 a 的重要度，即

$$\mathrm{Sig}_{C-a}(D)=\frac{r_C(C)-r_{C-a}(C)}{r_C(C)}=1-\frac{\mathrm{Card}(\mathrm{Pos}_{C-a}(D))}{\mathrm{Card}(\mathrm{Pos}_C(D))} \tag{6-4}$$

定义 6.8　设有信息系统 $S=(U,C\cup D,V,f)$，根据式（6-4）可以得出任意一个属性 a_i 的重要性 $\mathrm{Sig}_{C-a_i}(D)$，对每个属性的重要性进行归一化处理，可以得到属性的权重 W_{a_i}：

$$W_{a_i}=\frac{\mathrm{Sig}_{C-a_i}(D)}{\sum_{j=1}^{n}\mathrm{Sig}_{C-a_j}(D)} \tag{6-5}$$

定义 6.9　设化简后的决策表属性集为 $A=\{a_1,a_2,\cdots,a_n\}$，其属性权重分别为 $w(a_1),w(a_2),\cdots,w(a_n)$，规则 i 有 k 种可能的简化形式，则定义每一种简化形式的有效规则权重为

$$w_i=\sum_{i=1}^{n}(f(a_i)\times w(a_i)) \tag{6-6}$$

其中，在每个简化形式中，如果属性 a_i 的值是确定的，则 $f(a_i)=1$，否则，$f(a_i)=0$。取每一个规则中的有效规则权重最大的简化形式作为最终的决策规则集合，即 $W=\mathrm{Max}(W_i)$。

因此，首先需要求出每个属性的权重，然后才能计算出每一种简化形式的有效规则权重。

在表 6-10 中，属性集合为 $C=(a,b,d)$，因此有

$$U/(a,b,d)=\{(x_1),(x_2),(x_3),(x_4),(x_5),(x_6),(x_7),(x_8)\}$$

$$U/D=\{(x_1,x_2),(x_3,x_4),(x_5,x_6,x_7,x_8)\}$$

$$\mathrm{Pos}_C(D)=\{x_1,x_2,x_3,x_4,x_5,x_6,x_7,x_8\}$$

当去掉属性 a 时，存在：

$$U/(C-a)=U/(b,d)=\{(x_1),(x_2,x_5),(x_3),(x_4),(x_6),(x_7),(x_8)\}$$

$$\mathrm{Pos}_{(C-a)}(D)=\{x_1,x_3,x_4,x_6,x_7,x_8\}$$

因此 $\mathrm{Card}(\mathrm{Pos}_{(C-a)}(D))=6$。

由式（6-4）可以求出属性 a 的重要度：

$$\mathrm{Sig}_{C-a}(a)=1-\frac{\mathrm{Card}(\mathrm{Pos}_{C-a}(D))}{\mathrm{Card}(\mathrm{Pos}_C(D))}=1-\frac{6}{8}=\frac{2}{8}$$

同理，可以求出属性 b、d 的重要度：

$$\mathrm{Sig}_{C-b}(b)=1-\frac{\mathrm{Card}(\mathrm{Pos}_{C-b}(D))}{\mathrm{Card}(\mathrm{Pos}_C(D))}=1-\frac{5}{7}=\frac{2}{7}$$

$$\mathrm{Sig}_{C-d}(d)=1-\frac{\mathrm{Card}(\mathrm{Pos}_{C-d}(D))}{\mathrm{Card}(\mathrm{Pos}_C(D))}=1-\frac{4}{6}=\frac{2}{6}$$

因此，根据式（6-5）可以求出每个属性的权重：

$$W_a=\frac{2/8}{2/8+2/7+2/6}=0.287;\ W_b=\frac{2/7}{2/8+2/7+2/6}=0.329;\ W_d=\frac{2/6}{2/8+2/7+/6}=0.384$$

因为决策规则 1 只有一条简化形式，所以必须保留。而对于决策规则 2，则根据式（6-2）计算两个简化形式的有效规则权重：

$$W_2=1\times0.287+1\times0.329+0\times0.384=0.616$$

$$W_2'=1\times0.287+0\times0.329+1\times0.384=0.671$$

因为 $W_2'>W_2$，所以取 2′为第二条规则的最终形式。同理，根据式（6-6）可以计算出每个简化形式的有效规则权重，并且得到最终的规则集合，如表 6-13 所示。

表 6-13　最简有效决策规则

U	条件属性			决策属性
	a	b	d	D
x_1	–	2	2	1
x_2	1	–	3	1
x_3	2	1	–	2
x_4	2		1	2
x_5	2		3	3
x_6	–	3	3	3
x_7	–	1	3	3
x_8	3	3	–	3

对表 6-13 进行规则推导，并剔除一些不合理的规则，得到以下决策算法形式：

$$b=2\wedge d=2\Rightarrow D=1$$

$$(a=2\wedge b=1)\vee(a=2\wedge d=1)\Rightarrow D=2$$

$$(a=2\wedge d=3)\vee(b=3\wedge d=3)\vee(b=1\wedge d=3)\vee(a=3\wedge b=3)\Rightarrow D=3$$

通过以上决策规则的结果可知，"功能需求是否明确"与"合理的项目计划与安排"在整个项目开发过程中非常重要，如果"功能需求定位"不明确或者

"项目计划与安排"不合理,那么不管其他方面做得多好,项目本身都充满了巨大的风险,而"项目复杂程度"的高低尽管对项目的成功与否也有影响,但不是决定性因素,这与实际的 IT 项目风险分析结果是吻合的,这再次说明,利用粗糙集方法对 IT 项目风险进行决策分析是科学的,也是非常实用的。

6.1.4　基于分类不一致的规则挖掘

在以上两节中所提到的算法,对于处理一致性决策系统比较好,但是对于处理不一致性决策系统就存在着一定的缺陷,需要采取额外的办法。有学者提出一种改进的基于分类不一致性规则获取算法,即 LEM2 算法,该方法将冲突的对象从决策系统中删除,将不一致决策系统转换为一致的决策系统。首先计算各个决策类的上近似集、下近似集,然后针对每个近似集进行规则获取,从下近似获得确定性规则,从上近似获取概率规则。在规则的获取中,仍采用分类一致率来确定属性的重要性,从空集开始,逐步选择最重要的属性加入,当能够正确分类时,导出规则并将规则所覆盖的对象集删除,直到该近似集所有的对象都被覆盖。可以将该算法用于处理 IT 项目风险决策中不一致的规则挖掘问题,并通过实例来说明算法过程。

1)　算法过程描述

Input:不一致的决策知识表达系统 $S = (U, C \cup D, V, f)$

Output:确定的规则集 Certain Rules 和概率规则集 Possible Rules;

步骤 1:确定属性分类,及相关分类的上下近似集:

$n = card(U)$

$for \ i = 1 \ to \ n$

$U/d_i = \{x_j \in U \mid d(x_j) = d_i\}$

$R_*(D = d_i) = \{x_j \mid [x_j]_{Ind(C)} \subseteq U/d_i\}$

$R_*(D = d_i) = \{x_j \mid [x_j]_{Ind(C)} \cap U/d_i \neq \phi\}$

End

步骤 2:对各分类的上下近似集进行规则获取运算

Input:对象集 Objects Set;

Output:覆盖该对象集的规则集 Rules;

初始化:令 $G = Objects \ Set$; $Rules = \varphi$;

$W = decision \ Tab$

$Selec \ Attr = \varphi$

UnSelecAttr = C

While G ≠ Φ do

Begin

rule ≠ Φ;

while rule ≠ Φ) or ([rule] ≠ Objects Set) do

begin

for i = 1 to card(unselecAttr) do

计算并选择 $\{x_j \mid [x_j]_{IND(selecAttr \cup \{a_i\})} \subseteq G\}$ 达到最大的属性 a

计算属性权重 W_{a_i}

If {多个属性使得同时达到最大} *then*

选择属性 a 使得 $H(\{d\} \mid \{a\})$ 最小

End if

If {单个属性权重相等}, *Then*

则选择属性 a_j 与其他属性相结合的组合权重最大；

End if

SelecAttr = SelecAttr ∪ {a}

UnSelecAttr = unSelecAttr- {a}

If $\{x_j \mid [x_j]_{IND(selecAttr \cup \{a_i\})} \subseteq G\} \neq \phi$ *then*

Begin

用属性 *SelecAttr* 导出规则；

对规则进行化简；

G = G- {规则所覆盖到对象}

W = W- {规则所覆盖到对象)

将化简后的规则并入 *Rules*

End if

End

End

步骤 3：在算法的循环规则获取阶段，挑选属性加入时，按照：

$Sig(a) = \{x_j \mid [x_j]_{Ind(selecAttr \cup \{a_i\})} \subseteq G\} - \{x_j \mid [x_j]_{Ind(selecAttr)} \subseteq G\}$ 作为属性的重要性

度量，其中 *SelecAttr* 为当前已经选择的属性，当有多个属性同时达到最大时，考虑它们的条件熵 $H(\{d\} \mid \{a\})$，选择其中条件熵最小的属性。

2） 分类不一致规则挖掘的实现

表 6-14 是一个典型的不一致决策表，表中对象 x_3 和 x_6 的条件属性完全相同，

但是决策属性却不相同。同样，对象 x_7 和 x_9 之间也存在着这种关系。

表 6-14　不一致信息决策表

U	条件属性				决策属性
	a	b	c	d	D
x_1	1	3	1	2	1
x_2	1	2	2	1	1
x_3	2	1	2	2	1
x_4	1	2	2	3	1
x_5	2	2	2	1	2
x_6	2	1	2	2	2
x_7	3	1	2	2	2
x_8	2	2	1	3	2
x_9	3	1	2	2	3
x_{10}	2	2	3	1	3
x_{11}	2	1	3	2	3
x_{12}	3	3	1	3	3

（1）针对决策属性的不同结果进行分类：

对于决策结果"$D=1$"，可以得到相关分类结果如下：

$$U/(D=1)=\{x_1,x_2,x_3,x_4\}$$

根据前面分析的结果，可以求出上近似集合和下近似集合分别为

$$R_*(D=1)=\{x_1,x_2,x_4\};R^*(D=1)=\{x_1,x_2,x_3,x_4,x_6\}$$

而该决策的边界域为

$$BN_R(D=1)=\{x_3,x_6\}$$

同样的道理，对于决策结果"$D=2$"，可以得到相关分类结果如下：

$$U/(D=2)=\{x_5,x_6,x_7,x_8\}$$

$$R_*(D=2)=\{x_5,x_8\};R^*(D=2)=\{x_3,x_5,x_6,x_7,x_8,x_9\}$$

$$BN_R(D=2)=\{x_3,x_6,x_7,x_9\}$$

而对于决策结果"$D=3$"，可以得到相关分类结果如下：

$$U/(D=3)=\{x_9,x_{10},x_{11},x_{12}\}$$

$$R_*(D=3)=\{x_{10},x_{11},x_{12}\};R^*(D=3)=\{x_7,x_9,x_{10},x_{11},x_{12}\}$$

$$BN_R(D=3)=\{x_7,x_9\}$$

首先，可以通过决策属性"$D=1$"来获取相关的规则，根据上下近似集合的基

本含义,可以从下近似集合 $R_*(D=1)$ 获取确定性规则,而从 $R_*(D=1)$ 来获取可能性规则。

(2)从 $R_*(D=1)$ 获取确定性规则:

令

$$U=\{x_1,x_2,x_3,x_4,x_5,x_6,x_7,x_8,x_9,x_{10},x_{11},x_{12}\},$$

$$G=\{x_1,x_2,x_3,x_4\}$$

$$U/\mathrm{Ind}(a)=\{(x_1,x_2,x_4),(x_3,x_5,x_6,x_8,x_{10},x_{11}),(x_7,x_9,x_{12})\}$$

$$U/\mathrm{Ind}(b)=\{(x_3,x_6,x_7,x_9,x_{11}),(x_2,x_4,x_5,x_8,x_{10}),(x_1,x_{12})\}$$

$$U/\mathrm{Ind}(c)=\{(x_1,x_8,x_{12}),(x_2,x_3,x_4,x_5,x_6,x_7,x_9),(x_{10},x_{11})\}$$

$$U/\mathrm{Ind}(d)=\{(x_2,x_5,x_{10}),(x_1,x_3,x_6,x_7,x_9,x_{11}),(x_4,x_8,x_{12})\}$$

$$\mathrm{Pos}_a(G_1)=\{x_1,x_2,x_4\},\mathrm{Pos}_b(G_1)=\phi,\mathrm{Pos}_c(G_1)=\phi,\mathrm{Pos}_d(G_1)=\phi$$

选择属性 a,由对象 (x_1,x_2,x_4) 得到 $a=1\Rightarrow D=1$;由于对象 (x_1,x_2,x_4) 已经被覆盖,所以去掉 (x_1,x_2,x_4),得到如表 6-15 所示的新的决策表。

表 6-15　不一致信息决策表

U	条件属性				决策属性
	a	b	c	d	D
x_3	2	1	2	2	1
x_5	2	2	2	1	2
x_6	2	1	2	2	2
x_7	3	1	2	2	2
x_8	2	2	1	3	2
x_9	3	1	2	2	3
x_{10}	2	2	3	1	3
x_{11}	2	1	3	2	3
x_{12}	3	3	1	3	3

因此,

$$U=U-\{x_1,x_2,x_4\}=\{x_3,x_5,x_6,x_7,x_8,x_9,x_{10},x_{11},x_{12}\}$$

$$G=G-\{x_1,x_2,x_4\}=\{x_3\}$$

$$U/\mathrm{Ind}(a,b)=\{(x_3,x_6,x_{11}),(x_5,x_8,x_{10}),(x_7,x_9),(x_{12})\}$$

$$U/\mathrm{Ind}(a,c)=\{(x_3,x_5,x_6),(x_7,x_9),(x_8),(x_{10},x_{11}),(x_{12})\}$$

$$U/\mathrm{Ind}(a,d)=\{(x_3,x_6,x_{11}),(x_5,x_{10}),(x_8),(x_7,x_9),(x_{12})\}$$

$$\mathrm{Pos}_{(a,b)}(G)=\phi,\mathrm{Pos}_{(a,c)}(G)=\phi,\mathrm{Pos}_{(a,d)}(G)=\phi$$

在这种情况下,没有决策规则,选择属性 b:

$U/\mathrm{Ind}(a,b,c)=\{(x_3,x_6),(x_5),(x_7,x_9),(x_8),(x_{10}),(x_{11}),(x_{12})\}$

$U/\mathrm{Ind}(a,b,d)=\{(x_3,x_6,x_{11}),(x_5,x_{10}),(x_7,x_9),(x_8),(x_{12})\}$

$\mathrm{Pos}_{(a,b,c)}(G)$ 与 $\mathrm{Pos}_{(a,b,d)}(G)$ 仍然为空集,选择属性 c:

$U/\mathrm{Ind}(a,b,c,d)=\{(x_3,x_6),(x_5),(x_7,x_9),(x_8),(x_{10}),(x_{11}),(x_{12})\}$

$\mathrm{Pos}_{(a,b,c)}(G)=\phi$

可以看出,对于"$D=1$"的下近似集合 $R_*(D=1)=\{x_1,x_2,x_4\}$ 中的规则,不能再继续进行挖掘,因此得到的确定性规则为 $a=1\Rightarrow D=1$。

(3) 从 $R_*(D=1)$ 获取可能性规则:

因为 $R^*(D=1)=\{x_1,x_2,x_3,x_4,x_6\}$,所以该对象集合的决策表,如表 6-16 所示。

表 6-16　$R_*(D=1)$ 集合的信息决策表

U	条件属性				决策属性
	a	b	c	d	D
x_1	1	3	1	2	1
x_2	1	2	2	1	1
x_3	2	1	2	2	1
x_4	1	2	2	3	1
x_6	2	1	2	2	2

令

$U=\{x_1,x_2,x_3,x_4,x_5,x_6,x_7,x_8,x_9,x_{10},x_{11},x_{12}\},G=\{x_1,x_2,x_3,x_4,x_6\}$

$U/\mathrm{Ind}(a)=\{(x_1,x_2,x_4),(x_3,x_5,x_6,x_8,x_{10},x_{11}),(x_7,x_9,x_{12})\}$

$U/\mathrm{Ind}(b)=\{(x_3,x_6,x_7,x_9,x_{11}),(x_2,x_4,x_5,x_8,x_{10}),(x_1,x_{12})\}$

$U/\mathrm{Ind}(c)=\{(x_1,x_8,x_{12}),(x_2,x_3,x_4,x_5,x_6,x_7,x_9),(x_{10},x_{11})\}$

$U/\mathrm{Ind}(d)=\{(x_2,x_5,x_{10}),(x_1,x_3,x_6,x_7,x_9,x_{11}),(x_4,x_8,x_{12})\}$

$\mathrm{Pos}_a(G_1)=\{x_1,x_2,x_4\},\mathrm{Pos}_b(G_1)=\phi$

$\mathrm{Pos}_c(G_1)=\phi,\mathrm{Pos}_d(G_1)=\phi$

选择属性 a,并去掉被覆盖的对象 (x_1,x_2,x_4),则

$U=U-\{x_1,x_2,x_4\}=\{x_3,x_5,x_6,x_7,x_8,x_9,x_{10},x_{11},x_{12}\}$

$G=G-\{x_1,x_2,x_4\}=\{x_3,x_6\}$

$\mathrm{Pos}_{(a,b)}(G)=\phi,Pos_{(a,c)}(G)=\phi,Pos_{(a,d)}(G)=\phi$

选择属性 b, 继续运算, 得

$$U/\mathrm{Ind}(a,b,c) = \{(x_3,x_6),(x_5),(x_7,x_9),(x_8),(x_{10}),(x_{11}),(x_{12})\}$$

$$U/\mathrm{Ind}(a,b,d) = \{(x_3,x_6,x_{11}),(x_5,x_{10}),(x_7,x_9),(x_8),(x_{12})\}$$

$$\mathrm{Pos}_{(a,b,c)}(G) = \{x_3,x_6\}, \mathrm{Pos}_{(a,b,d)}(G) = \phi$$

因此, 由对象 (x_3,x_6) 得到的决策规则:

$$``a=2" \wedge ``b=1" \wedge ``c=2" \wedge ``d=2" \Rightarrow ``D=1"$$

$$``a=2" \wedge ``b=1" \wedge ``c=2" \wedge ``d=2" \Rightarrow ``D=2"$$

由于这里只讨论"$D=1$"的情形, 所以删除第二条决策规则。

对第一条规则进行简化, 其中 $R^*(D=1) = \{x_1,x_2,x_3,x_4,x_6\}$:

如果删除"$a=2$", 则所覆盖的对象:

$$\{x_1,x_2,x_4\} \subset R^*(D=1) \bigvee \{x_7,x_9,x_{12}\} \not\subset R^*(D=1)$$

如果删除"$b=1$", 则所覆盖的对象:

$$\{x_2,x_4,x_5,x_8,x_9\} \not\subset R^*(D=1) \bigvee \{x_1,x_{12}\} \not\subset R^*(D=1)$$

如果删除"$c=2$", 则所覆盖的对象:

$$\{x_1,x_8,x_{12}\} \not\subset R^*(D=1) \bigvee \{x_{10},x_{11}\} \not\subset R^*(D=1)$$

如果删除"$d=2$", 则所覆盖的对象:

$$\{x_2,x_5,x_{10}\} \subset R^*(D=1) \bigvee \{x_4,x_8,x_{12}\} \not\subset R^*(D=1)$$

根据上面分析的结果, 可以删除属性值"$a=2$", 因此约简后的规则为

$$b=1 \wedge c=2 \wedge d=2 \Rightarrow D=1$$

其规则可信度为

$$p = \frac{\mathrm{Card}((\overline{a=2}) \subset R^*(D=1))}{\mathrm{Card}(R^*(D=1))} = \frac{3}{5} = 0.6$$

对于"$D=2$"和"$D=3$"的情形, 可以根据同样的方法求出相应的确定性规则和可能性规则。

6.2 不完全信息下 IT 项目风险规则挖掘

6.2.1 不完全信息系统

在传统的粗糙集数据理论中, 存在一个明显的假设, 即所有的个体对象对于属性集合都有一个完整的描述, 即每个对象的每个属性都有且只有一个属性值, 这样就可以唯一地决定论域上的等价关系。这种假设对于处理数据是非常方便的, 但在很多情况下, 由于多方面的原因, 需要处理的信息系统存在数据缺失问

题。例如，在 IT 项目开发过程中，很多风险因素的数据不能直接获得，即便是可以得到这些数据，但因这些数据可能不符合实际情况，而导致关于论域中对象的描述不完全。

信息不完备是复杂决策环境中不可避免的问题，而导致不完备信息产生的原因可能有以下几种：①获取这些信息的代价较大；②由于 IT 实施过程一般时间跨度较长，风险分析的实时性较高，而当前掌握的信息不能及时为判断或者决策提供依据；③有些信息无法获取或不存在。

尽管不完全决策表缺少信息，但并不能掩盖既有数据中蕴涵的、有用的知识，这些知识对于不完全信息下的决策是十分必要的。事实上，由于能抓住问题的主要方面，领域专家在不完全信息条件下往往也能提供满意的答案，所以收集专家在不完全信息下 IT 项目风险决策的原始数据，组成不完全决策表并从中挖掘潜在的有用知识，对于增强和提高风险决策效果是非常必要的。

标准粗糙集能够简洁、有效地分析决策表，提取表中属性之间存在的潜在模式，但是由于它是建立在不可分辨关系的分类基础之上的，因此，标准粗糙集缺乏对不完备信息的处理机制，仅适用于完全决策表的情况，未免使其在应用中受到限制。而对于不完备信息系统的处理，这种等价关系就不适合实际需要。因此，只能从对象之间的某种相似性来考虑对象之间的关系，就目前的情况来看，对不完备信息系统的粗糙集理论的研究主要采用相容关系、非对称相似关系和量化相容关系来处理。

目前，对不完备信息的处理方法有以下三种：

（1）删除法。该方法就是直接删除论域中带有空值的对象，并将删除后的集合作为新的论域。删除空值的方法最大的不足在于：可能造成数据浪费，而且删除不完全决策表中包含空值的对象后，挖掘的知识可能为伪规则，即对原不完全系统而言不一定成立。

（2）扩展法。对系统中的不完全属性分别以该属性的所有可能取值代替，即将一个不完全元素扩展成在其不完全属性上的所有可能取值组合的若干元素。在粗糙集商业软件 LERS 中，提到根据不同的组合把不完全决策表转化为若干完全决策表，这种方法的复杂性高，效率显然很低。

（3）常用值法。当系统中的不完全属性为数值型时，可以用该属性的所有完全元素的平均值作为默认值替代不完全元素；当不完全属性为非数值型时，可以用该属性的所有完全元素的最常见值作为默认值代替不完全元素。Kounoenko 提出用贝叶斯范式（Bayesian formalism）估计空值的概率分布；也有用其他的条件属性和决策属性的取值或属性之间的关联来估计空值的做法，例如，Ragel 等提出的处理空值的预处理方法 MVC（missing values completion），先用鲁棒规则挖掘算法 RAR，从含有空值的数据库提取关联规则，然后利用这些规则中包含的属性关联填充空值，得到含有噪声较小的完全信息表，以便后续的数据开采；Slowinski 等利用模糊集理论处理空值引起的不确定性。

此外，Kryszkiewicz 利用辨识矩阵和布尔推理方法，提出不完备决策表的知识约简方法，并且提出获取最优真规则和最优确定性规则的方法，但是并没有涉及属性值部分知道的情形。Leung 利用极大相容块的概念，刻画不完备信息系统中的基本知识粒，最大限度地挖掘非完备信息系统中隐含于相似关系中的知识信息，建立了不完备信息系统中知识获取的一种新方法，即极大相容块技术。

本节利用相似粗糙集中的相似关系和约简格模型，对标准粗糙集理论在不完全信息下的 IT 项目风险分析能力进行拓展，力图从不完全的数据中提取风险决策规则，挖掘蕴涵的有用知识，以弥补标准粗糙集在处理不完备风险信息方面的不足。

6.2.2　基于相似关系的不完全信息规则挖掘

1）相似关系

在不完备信息系统中，主要是通过对象之间的相似关系来划分不完全等价类，其最大的特点在于引进不完全下近似集合和不完全上近似集合，并充分利用相似关系来代替不可分辨关系，用以扩展标志粗糙集处理不完全信息的能力。实践证明，相似模型在处理不完全信息方面具有比标准粗糙集模型更好的性能，而且无需改变原始不完全信息表。

在不完全信息中定义了两个对象之间的不完全等价关系（也称相似性）。

定义 6.10　在不完全决策系统 $S = (U, C \cup D, V, f)$ 中，令 $A = C \cup D$，且 $a \in A$，相似关系（similarity relation）定义如下：

$$\mathrm{SIM}(A) = \{(x,y) \in U \times U \mid \forall a \in A, f(x,a) = f(y,a)$$
$$\text{or } f(x,a) = * \text{ or } f(x,a) = *\} \tag{6-7}$$

如果 SIM（A）是一个相容关系，则

$$\mathrm{SIM}(A) = \bigcap_{a \in A} \mathrm{SIM}(\{a\}) \tag{6-8}$$

类似于等价类，可以定义相似关系下的相似集。

定义 6.11　任意对象 $x \in U$ 在属性集 A 上的相似集 $S_A(x)$ 定义为

$$S_A(x) = \{y \in U \mid (x,y) \in \mathrm{SIM}(A)\} \tag{6-9}$$

对于 A 而言，$S_A(x)$ 是与 x 可能不可分辨的对象的最大集合。值得注意的是，$S_A(x)$ 中的元素不一定属于同一决策类。

令 $P(\mathrm{SIM}_{(A)}) = \{X_1, X_2, \cdots, X_t\} = \{S_A(x) \mid x \in U\}$ 表示分类，$P(\mathrm{SIM}_{(A)})$ 中的任何元素称为相容类，在使用相似关系代替粗糙集合中的不可分辨关系后，最主要的变化就是相似类不再形成对原集合的划分，它们之间相互重叠，但 $\cup \{Xi \mid Xi \in P(\mathrm{SIM}_{(A)}), 1 \leq i \leq t\} = U$。利用相似集可以很容易地定义相似粗糙集的不完全上近似集合、下近似集合，以及正域、负域和边界域等概念。

定义 6.12　设 R 为属性集 A 的任意子集，则关系 R 上 X 的不完全下近似集合和上近似集合分别为 $R_*(x)$ 与 $R^*(x)$，其定义为

$$R_*(x) = \{(x_{\mathrm{symbol}}^{(i)}) \quad 1 \leq i \leq n, x^{(i)} \in X, R_k^c(x^{(i)}) \subseteq X, 1 \leq k \leq |R(x^{(i)})|\}$$

$$(6\text{-}10)$$

$$R^*(x) = \{(x_{\mathrm{symbol}}^{(i)}) \quad 1 \leq i \leq n, R_k^c(x^{(i)}) \cap X \neq \Phi,$$
$$R_k^c(x^{(i)}) \not\subseteq X, 1 \leq k \leq |R(x^{(i)})|\}$$

$$(6\text{-}11)$$

$R_*(x)$ 是肯定属于 X 的对象的集合，而 $R^*(x)$ 是可能属于 X 的对象的集合。对应的正域定义为 $\mathrm{POS}_{\mathrm{SIM}}(X) = R_*(x)$，边界域 $\mathrm{BND}_{\mathrm{SIM}}(X) = R^*(x) - R_*(x)$，负域 $\mathrm{NEG}_{\mathrm{SIM}}(X) = U - R^*(x)$。

2）基于对象相似的空值估算

在信息决策系统中，空值（null value），也称作丢失数据（missing data）。空值被看作与其他任何值都不相同的符号，它意味着该值不可用。空值的语义比较复杂，可将其分为三大类：①不存在型空值，属性值无法填入；②存在型空值，属性值暂时无法填入，但其值确实存在，只能用空值表示，存在型空值对应的是谓词表达，如论域内的某些取值等；③占位型空值，属性值能否填入暂时无法确定，占位型空值对于元组属性在进行知识处理时，需要被其他类型的空值所取代，占位只是一种形式。

在人工智能领域，已经存在一些处理空值问题的方法。最简单的方法是从训练集中移去含未知值的实例，或用某个最可能的值进行替换。Grzymala-Busse 提出将含有未知值的一个给定决策表转换成一个新的、可能不相容的但每个属性值均已知的决策表，方法是将某个属性的未知值用所有该属性的可能值替换形成多个信息系统，即将空值问题转变成不相容示例的学习问题，然后利用粗集方法归纳出确定的和可能的规则，该方法在实际情况下几乎不能使用。Lee 提出一种扩展关系数据库模型的方法，其中空值被分解成三种情况来处理，即未知、不适用、未知或不适用。Zong 提出基于样本中其他属性的取值和分类信息，构造规则来预测丢失的数据，并用预测结果填补丢失值。

定义 6.13　设信息系统 S 是不完全信息系统，缺省值用 $*$ 表示，则 S 的扩展

记为 $S' = (U, C \cup D, V, f')$，其中若 $a(x) \neq * \Rightarrow a'(x) = a(x)$。否则 $a'(x) \in V_a$，S' 是 S 的一个完全系统，当且仅当 S' 是一个 S 扩展的完全系统。S 的所有扩展系统记为 extn(S)，S 的所有完全系统记为 Comp(S)，若 S 中的扩展仅对 S 中的对象 x 扩展，则称为 S 的 x 扩展，记为 extn(S, x)。

定义 6.14 设对于任意对象 $x \in U$，属性子集 $B \subseteq C \neq \phi$，$A = C \cup D$，则称

$$B(x) = \{a : a \in B \wedge a(x) \neq *\}$$

为对象 x 的 B 相关属性集；称 $x_B = \{a(x) : a \in B\}$ 为 x 关于 B 的特征值组。假设 A 中的属性是有序的，因此 B 中的属性也是有序的，故 x_B 是有序的。

定义 6.15 设 $B \subseteq A$ 为非空属性子集，S_B 是 U 上的二元关系，对于任意 $x, y \in U$ 及 $a \in B(x) \cap B(y)$，如果有 $fa(x) = a(y)$，则称 S_B 是 U 上的相似关系。若 S_B 是 U 上的相似关系，则 S_B 一定是相容关系。

定义 6.16 对于信息系统 $S = (U, C \cup D, V, f)$ 及任一对象 $x, y \in U$，如果 $x S_B y$，则 x 与 y 相容。所有与 x 相容的对象集称为相容类，记为 $S_B(x)$。

表 6-17 为 IT 项目风险决策过程中不完全信息系统 S（含有空值），表 6-18 是 S 的一个扩展，但不是 S 的一个完全系统，只有将所有的空值用非空值替换，才能称为 S 的一个完全系统。表 6-19 是 S 的 p_s 扩展，也是 S 的一个扩展。

表 6-17 不完全信息系统

U	条件属性			
	a	b	c	d
x_1	2	*	3	*
x_2	*	2	3	5
x_3	4	2	3	*
x_4	3	*	3	5
x_5	3	2	*	5
x_6	3	2	3	*
x_7	5	*	1	6

根据表 6-17 提供的数据，有 $U = \{x_1, x_2, x_3, x_4, x_5, x_6, x_7\}$，$B = A = \{a, b, c, d\}$，因此 $B(x_1) = \{a, c\}$，$B(x_2) = \{b, c, d\}$，$B(x_3) = \{a, b, c\}$，$B(x_4) = \{a, c, d\}$，$B(x_5) = \{a, b, d\}$，$B(x_6) = \{a, b, c\}$，$B(x_7) = \{a, c, d\}$。

以 x_1 和 x_2 为例，$B(x_1) \cap B(x_2) = \{a\}$，因为 $c(x_1) = c(x_2)$，故 $x_1 S_B x_2$，即 x_1 与 x_2 相容；同理即 x_2 与 x_1 相容；但是 $B(x_1) \cap B(x_3) = \{a, c\}$，而 $a(x_1) \neq a(x_3)$，即 x_1 与 x_3 不相容。同理，可以求出其他对象之间的相容关系。因此，可以得到不完全信息

系统 S 扩和 x_s 扩展,如表6-18、表6-19 所示。

表6-18　不完全信息系统 S 的扩展

U	条件属性			
	a	b	c	d
x_1	2	2	3	6
x_2	4	2	3	5
x_3	4	2	3	5
x_4	3	*	3	5
x_5	3	2	3	5
x_6	3	2	3	5
x_7	5	*	1	6

表6-19　不完全信息系统的 x_s 扩展

U	条件属性			
	a	b	c	d
x_1	2	2	3	6
x_2	*	2	3	5
x_3	4	2	3	*
x_4	3	*	3	5
x_5	3	2	*	5
x_6	3	2	3	*
x_7	5	*	1	6

从以上分析可以看出,S_B 关系是粗糙集理论中 $\mathrm{Ind}(B)$ 关系的一种泛化,即 x 与 y 关于 B 不可分辨,当且仅当 $B(x)=B(y)=B$ 且 $x_B=y_B$。据此考虑两个相容对象的元组可以互相补偿丢失数据:若对象 x 的 a 属性值是空,则可用与 x 相容的对象的非空 a 属性值替换,即 $a(x)\in\{a(y):y\in S_B(x)\}$,这样可获得信息系统 I 的一个完全系统且最大限度地保持了对象的相容性。

由于一个元组的相容对象有时不止一个,可供选择的属性替换值不唯一。如上例,对象 x_2 的 a 属性值可用 $a(x_1)=3$ 或 $a(x_3)=5$ 或 $a(x_4)=a(x_5)=a(x_6)=4$ 三个值替换,此时可通过设计其他算法挑选其中一个值而不违背相容性。

对于任意对象 $x\in U$,其属性 a 的可能值记为 $v(x,a)$,则 $v(x,a)$ 定义为

$$v(x,a)=\begin{cases} a(x), & a(x)\text{已经定义} \\ \{a(y):y\in S_B(x)\}, & a(x)\text{未定义} \end{cases} \tag{6-12}$$

因此,本书提出一种算法。对于某个 $a(x)$ 有多个值填补时,算法采用投票

策略, 即 $a(x)$ 取某个出现次数最多的值。

Input: 含有空值的信息表;

Ouput: 填补空值后的信息表;

Step 1: 输入信息表 $S=(U, C \cup D, V, f)$;

Step 2: 对于每个对象 x, 计算其相容类 $S_B(x)$;

Step 3: 对于每个属性 $a \in A$, 对每个对象 $x \in U$, 计算 $v(x, a)$;

Step 4: 如果信息表内容不再变化, 则到 Step 5, 否则返回 Step 2;

Step 5: 如果信息表中存在 $a(x)=?$, 则使用投票策略来确定 $a(x)$, 否则退出。

根据以上算法, 可以得出表 6-17 的空值估算后的结果, 如表 6-20、表 6-21 所示。从上面可以看出, 该方法既没有将含有空值的对象移去, 也没有形成多个决策表。与其他统计方法相比, 该方法最大的优点在于充分考虑了数据之间的相容性和属性之间的依赖关系。

表 6-20 空值估算结果

U	条件属性			
	a	b	c	d
x_1	2	2	3	5
x_2	?	2	3	5
x_3	4	2	3	5
x_4	3	2	3	5
x_5	3	2	3	5
x_6	3	2	3	5
x_7	5	*	1	6

表 6-21 投票策略

U	条件属性			
	a	b	c	d
x_1	2	2	3	5
x_2	3	2	3	5
x_3	4	2	3	5
x_4	3	2	3	5
x_5	3	2	3	5
x_6	3	2	3	5
x_7	5	*	1	6

3）基于相似关系的规则挖掘

基于粗糙集和相似关系的不完全信息下规则获取的基本思想是：根据属性值来标识每个对象，即用 $x_{\text{symbol}}^{(i)}$ 来区分不同的对象，其中 symbol 表示对象属性值的类别，c 表示属性值已知，u 表示属性值未知或不确定。如果对象 $x_{\text{symbol}}^{(i)}$ 的属性 a_j 的值为确定的 $v_j^{(i)}$，那么就将（$x_c^{(i)}$）归入 $v_j^{(i)}$ 的等价类，否则，（$x_u^{(i)}$）归入 a_j 的等价类，这主要是为了将属性值未知的属性进行正确分类。然后根据式（6-10），对分类结果依次求出每个属性的不完全下近似集合 $R_*(x)$，并且根据不完全等价关系，即式（6-7），对未知的属性赋值。重复以上过程，直到所有的属性值都已知，最后根据式（6-11）求出每个属性的不完全上近似集合 $R^*(x)$；根据不完全上近似集合、下近似集合，挖掘出决策规则，并对规则约简，得出最终的决策规则。

主要算法步骤如下：

Input：一个信息不完整的 n 个对象（每个对象有 m 个属性）所组成的集合；

Output：确定的或者可能的决策规则；

Step 1：对数据进行预处理，并根据条件属性值的类别对每个对象进行标示和分类；

Step 2：令 $q=1$，q 是用来记录不完全下近似集合中当前被处理的条件属性的个数；

Step 3：根据式（6-10），计算第一个条件属性的不完全下近似集合；

Step 4：根据式（6-7），对不完全下近似集合中的不确定属性值进行估算；

Step 5：根据 Step 4 的结果，按照等价关系原则重新调整相关属性的等价类和不完全下近似集合；

Step 6：令 $q=q+1$（$q \leqslant m$），重复 Step 2~5，根据式（6-10）分别计算出每个属性的不完全下近似集合；并根据式（6-7）估算不确定的属性值，然后调整相应的等价类和不完全下近似集合；

Step 7：重复 Step 2~6，利用式（6-11）求出每个属性的不完全上近似集合；

Step 8：根据不完全上近似集合、下近似集合和属性等价类，导出决策规则，并进行规则约简等操作，得到最终决策规则。

表 6-22 是一个不完全信息决策表，在该表中，多个信息值空缺，因此可以利用相似关系进行数据分析。

表 6-22　IT 项目风险分析不完全信息决策表

U	条件属性			决策属性
	a	b	c	D
$x^{(1)}$	1	2	2	2
$x^{(2)}$	3	1	1	3
$x^{(3)}$	2	3	1	2
$x^{(4)}$	1	1	*	1
$x^{(5)}$	*	3	2	3
$x^{(6)}$	2	3	3	3
$x^{(7)}$	1	*	2	1
$x^{(8)}$	1	3	2	2
$x^{(9)}$	*	2	3	3

根据以上的步骤对表 6-22 进行处理：

步骤 1：根据决策属性 D 的值对对象进行分类，形成不同的对象子集，即

$$X_3 = (x^{(2)}, x^{(5)}, x^{(6)}, x^{(9)}), X_2 = (x^{(1)}, x^{(3)}, x^{(8)}), X_1 = (x^{(4)}, x^{(7)})$$

步骤 2：根据条件属性 a，b，c 的值域（1，2，3），以及式（6-10），可以得出每个属性的三个不完全等价类：

a 的不完全等价类为

$$U/\text{Ind}(a) = \{ (x_c^{(1)}, x_c^{(4)}, x_c^{(7)}, x_c^{(8)}, x_u^{(5)}, x_u^{(9)}),$$
$$(x_c^{(2)}, x_u^{(5)}, x_u^{(9)}), (x_c^{(3)}, x_c^{(6)}, x_u^{(5)}, x_u^{(9)}) \}$$

b 的不完全等价类为

$$U/\text{Ind}(b) = \{ (x_c^{(1)}, x_c^{(9)}, x_u^{(7)}), (x_c^{(2)}, x_c^{(4)}, x_u^{(7)}),$$
$$(x_c^{(3)}, x_c^{(5)}, x_c^{(6)}, x_c^{(8)}, x_u^{(7)}) \}$$

c 的不完全等价类为

$$U/\text{Ind}(c) = \{ (x_c^{(1)}, x_c^{(5)}, x_c^{(7)}, x_c^{(8)}, x_u^{(4)}),$$
$$(x_c^{(2)}, x_c^{(3)}, x_u^{(4)}), (x_c^{(6)}, x_c^{(9)}, x_u^{(4)}) \}$$

步骤 3：令 $q=1$，q 是用来记录不完全下近似集合中当前被处理的属性个数。

步骤 4：首先计算 $X_3 = (x^{(2)}, x^{(5)}, x^{(6)}, x^{(9)})$ 的不完全下近似集合。

既然在 U/Ind（a）中只有第二个不完全等价类的确定部分 $x_c^{(2)}$ 以及不确定部分 $x_u^{(5)}$ 和 $x_u^{(9)}$ 属于 X_3，则根据式（6-10）可得出 X_3 关于 a 的不完全下近似集合为 $a_*(X_3) = \{ (x_c^{(2)}), (x_u^{(5)}), (x_u^{(9)}) \}$。而在 $U/\text{Ind}(b)$ 和 $U/\text{Ind}(c)$ 中都没有确定的或者不确定的对象属于 X_3，因此 $b_*(X_3) = \phi$，$c_*(X_3) = \phi$。

同理，可以得出关于 $X_2 = (x^{(1)}, x^{(3)}, x^{(8)})$，$X_1 = (x^{(4)}, x^{(7)})$ 的不完全下近似集合：

$$a_*(X_2) = \phi, b_*(X_2) = \phi, c_*(X_2) = \phi$$
$$a_*(X_1) = \phi, b_*(X_1) = \phi, c_*(X_1) = \phi$$

步骤 5：检查上面的每一个不完全下近似集合元素之间的不完全等价性，根据式（6-7），将不确定的属性值修改成确定性的属性值。例如，在 $a_*(X_3)$ 中，$x^{(5)}$ 和 $x^{(9)}$ 只存在于 $a=3$ 的不完全等价类中，因此可以将 $x^{(5)}$ 和 $x^{(9)}$ 的属性 a 赋值 "3"，$x_u^{(5)}$ 和 $x_u^{(9)}$ 也相应改为 $x_c^{(5)}$ 和 $x_c^{(9)}$，这样，$a_*(X_3)$ 也变为 $a_*(X_3) = \{x_c^{(2)}, x_c^{(5)}, x_c^{(9)}\}$，而属性 a 的等价类则修改为

$$U/\mathrm{Ind}(a) = \{(x_c^{(1)}, x_c^{(4)}, x_c^{(7)}, x_c^{(8)}), (x_c^{(2)}, x_c^{(5)}, x_c^{(9)}), (x_c^{(3)}, x_c^{(6)})\}$$

步骤 6：$q = q+1 = 2$，重复步骤 4~6。首先求出 (a, b) 的不完全等价类：

$$U/\mathrm{Ind}(a, b) = \{(x_c^{(1)}, x_c^{(7)}), (x_c^{(2)}), (x_c^{(3)}, x_c^{(6)}), (x_c^{(4)}, x_u^{(7)}),$$
$$(x_c^{(5)}), (x_u^{(7)}, x_c^{(8)}), (x_c^{(9)})\}$$

然后根据式（6-10），得出 (a, b) 的三个不完全下近似集合分别为

$$\{a, b\}_*(X_3) = \{(x_c^{(2)}), (x_c^{(5)}), (x_c^{(9)})\}; \{a, b\}_*(X_2) = \phi;$$
$$\{a, b_2\}_*(X_1) = \{(x_c^{(4)}), (x_u^{(7)})\}$$

根据式（6-10），检查以上每一个不完全下近似集合中对象间的不完全等价性，可以得知，$\{a, b\}_*(X_3)$ 中的属性值都已知，而 $\{a, b\}_*(X_1)$ 中的不确定对象 $x^{(7)}$ 仅仅存在于 $b=1$ 的不完全等价类中，因此可以将 $x^{(7)}$ 的属性 b 赋值 "1"，$x^{(7)}$ 也相应改为 $x_c^{(7)}$，同时，$\{a, b\}_*(X_1)$ 修改为 $\{a, b\}_*(X_1) = \{(x_c^{(4)}), (x_c^{(7)})\}$，$U/\mathrm{Ind}(b)$ 也改为 $U/\mathrm{Ind}(b) = \{(x_c^{(1)}, x_c^{(9)}), (x_c^{(2)}, x_c^{(4)}, x_c^{(7)}), (x_c^{(3)}, x_c^{(5)}, x_c^{(6)}, x_c^{(8)})\}$。相应的，属性 (a, b) 的等价类为 $U/\mathrm{Ind}(a, b) = \{(x_c^{(1)}), (x_c^{(2)}), (x_c^{(3)}, x_c^{(6)}), (x_c^{(4)}, x_c^{(7)}), (x_c^{(5)}), (x_c^{(8)}), (x_c^{(9)})\}$。

步骤 7：令 $q = q+1 = 3$，重复步骤 4~步骤 6。

首先求出 (a, b, c) 的不完全等价类：

$$U/\mathrm{Ind}(a, b, c) = \{(x_c^{(1)}), (x_c^{(2)}), (x_c^{(3)}), (x_u^{(4)}, x_c^{(7)}),$$
$$(x_c^{(5)}), (x_c^{(6)}), (x_c^{(8)}), (x_c^{(9)})\}$$

然后求出 (a, b, c) 的三个不完全下近似集合分别为

$$\{a, b, c\}_*(X_3) = \{(x_c^{(2)}), (x_c^{(5)}), (x_c^{(6)}), (x_c^{(9)})\}$$
$$\{a, b, c\}_*(X_2) = \{(x_c^{(1)}), (x_c^{(3)}), (x_c^{(8)})\}$$
$$\{a, b, c\}_*(X_1) = \{(x_u^{(4)}), (x_c^{(7)})\}$$

根据式（6-7），检查以上每一个不完全下近似集合中元素间的不完全等价性，可以得知，$\{a, b, c\}_*(X_1')$ 中的不确定对象 $x^{(4)}$ 仅仅只存在于 $c=2$ 的不完

全等价类中，因此可以将 $x^{(4)}$ 的属性 c 赋值 "2"，$x_u^{(4)}$ 相应也改为 $x_c^{(4)}$，同时，$\{a, b, c\}_*(X_1)$ 修改为 $\{a, b, c\}_*(X_1) = \{(x_c^{(4)}), x_c^{(7)}\}$，$U/\mathrm{Ind}(c)$ 也变为

$$U/\mathrm{Ind}(c) = \{(x_c^{(1)}, x_c^{(4)}, x_c^{(5)}, x_c^{(7)}, x_c^{(8)}), (x_c^{(2)}, x^{(3)}), (x_c^{(6)}, x^{(9)})\}$$

因此属性 (a, b, c) 的等价类为

$$U/\mathrm{Ind}(a, b, c) = \{(x_c^{(1)}), (x_c^{(2)}), (x_c^{(3)}),$$
$$(x_c^{(4)}, x_c^{(7)}), (x_c^{(5)}), (x_c^{(6)}), (x_c^{(8)}), (x_c^{(9)})\}$$

因此，根据不完全等价中的相似关系，所有不确定的属性值都已经被赋值，如表 6-23 所示。

表 6-23　IT 项目风险分析完全信息决策表

U	条件属性			决策属性
	a	b	c	D
$x^{(1)}$	1	2	2	2
$x^{(2)}$	3	1	1	3
$x^{(3)}$	2	3	1	2
$x^{(4)}$	1	1	2	1
$x^{(5)}$	3	3	2	3
$x^{(6)}$	2	3	3	3
$x^{(7)}$	1	1	2	1
$x^{(8)}$	1	3	2	2
$x^{(9)}$	3	2	3	3

步骤 8：由于所有的属性值都已经确定，因此可以省略求解单个属性的不完全上近似集合的过程，而直接计算 (a, b, c) 的三个不完全上近似集合，因为：

$$U/\mathrm{Ind}(a, b, c) = \{(x_c^{(1)}), (x_c^{(2)}), (x_c^{(3)}), (x_c^{(4)}, x_c^{(7)}),$$
$$(x_c^{(5)}), (x_c^{(6)}), (x_c^{(8)}), (x_c^{(9)})\}$$

根据式 (6-11)，可得

$$\{a, b, c\}^*(X_3) = \phi' \{a, b, c\}^*(X_2) = \phi' \{a, b, c\}^*(X_1) = \phi$$

步骤 9：现在已经求出所有不完全上近似集合和不完全下近似集合，并且根据不完全等价关系，对所有的未知属性值都进行了赋值，因此可以从 (a, b, c) 的三个不完全上近似集合、下近似集合，以及 $U/\mathrm{Ind}\{(a, b, c)\}$ 的等价类，即

$$U/\mathrm{Ind}(a, b, c) = \{(x_c^{(1)}), (x_c^{(2)}), (x_c^{(3)}),$$
$$(x_c^{(4)}, x_c^{(7)}), (x_c^{(5)}), (x_c^{(6)}), (x_c^{(8)}), (x_c^{(9)})\}$$

推导出决策规则，并对规则进行删除、合并等约简操作，得到最终的决策规

则如下：

(1) 如果 $a=1$，并且 $b=1$，并且 $c=3$，则 $D=1$；

(2) 如果 $a=1$，并且 $b=2$，并且 $c=2$，则 $D=2$；

(3) 如果 $a=1$，并且 $b=3$，并且 $c=2$，则 $D=2$；

(4) 如果 $a=2$，并且 $b=3$，并且 $c=3$，则 $D=3$；

(5) 如果 $a=2$，并且 $b=3$，并且 $c=1$，则 $D=2$；

(6) 如果 $a=3$，则 $D=3$。

6.2.3　基于约简格的缺省规则挖掘模型

在一个决策系统 $S=(U,\ C\cup D,\ V,\ f)$ 中，当一个类 $E_i \in U/\mathrm{Ind}(C)$ 中的全部对象都映射到同一决策类 $X_i \in U/\mathrm{Ind}(D)$ 时，即 $E_i \subseteq X'_i$，那么理论上都能产生确定性规则，而且置信度应该为 100%。但实际情况并不都是这样，由于属性的遗漏或噪声等原因，E_i 的对象并不完全映射到同一决策类 X_i 上，而是映射到两个或两个以上的决策类上，这时所产生的规则将不具备 100% 的置信度，即产生缺省规则。

虽然缺省规则不是百分之百正确，但在大部分情况都是可以正确使用的。例如，鸟都会飞就是一条缺省规则，而作为鸟类的企鹅是不会飞的，但这并不影响规则在大部分情况下的使用。缺省规则是处理数据不一致性的必然产物，也符合人类思维推理的过程。专家的推理往往是使用经验规则，虽然这些规则并不是完全正确，有例外的情况，但在实际应用中它通常比特定的确定性规则更有效，这主要是因为人们获取的知识是有限的，通常不能满足特定确定规则的所有条件，而且缺省规则通常比确定性规则更简洁，更易理解和使用。

针对缺省规则挖掘的模型，Skowron 提出的边界区域收缩（boundary region thinning）的方法和概念来实现对缺省规则的挖掘，并将对于决策来说具有较小的概率分布的对象视为噪声；Mollestad 等提出利用网格和搜索树的方法从不一致性的数据中提取命题缺省规则（default rule）的方法，这种方法是自上向下地在网格中搜索各个节点，在每一个节点上生成规则，直至所需搜索的节点遍历完毕；王亚英、许琦等利用分类和决策树的方法，并结合约简格的方法，将知识分为不同的层次，然后在不同的层次上实现对缺省规则的挖掘。

本节在此基础上，利用粗糙集和约简格方法，提出缺省规则的挖掘模型。该方法的基本思路是：给定目标规则的可信度阈值 μ，从样本数据出发，依照粗糙集理论构造具有不同简化层次的约简格，对格中的各层节点计算出满足可信度阈值要求的规则集；在应用得到的规则进行推理或决策时，可根掘已有的信息在格中逐层进行匹配, 然后按照某种优先级判定算法, 得出问题的最优解。

1) 约简格的构造

概念格是根据二元关系提出的一种概念层次结构, 它是数据分析的有力工具。格 (lattice) 的概念最初是由 Wille R. 于 1982 年提出, 格也称为概念格 (concept lattice), 格的每个节点是一个形式概念, 主要由外延和内涵两部分组成, 外延是指节点所覆盖的实例, 而内涵是指该概念覆盖实例的共同特征。格在本质上描述对象和属性之间的联系, 表明概念之间的泛化和特化关系。同一批数据所生成的格是唯一的, 它不受数据或属性排列次序的影响。

设决策系统的条件属性的个数为 N, 通过条件属性的投影方法建立初始格, 最高层 (N 层) 只有一个节点, 每层节点的属性个数相同 (与层号一致), 且随着层号的减少而减少, 直到第零层为空节点, 共有 $N+1$ 层。第 k 层节点个数为 C_N^k 个, 它的节点是第 $k+1$ 层节点的属性集删去一个属性产生的, 故相邻层间的节点有后继和前驱的关系。但是, 在初始格中, 每个节点相当于原决策系统的一个子系统, 由于节点属性的冗余性, 故从各节点求得的规则也具有重复性, 而且导致较大的计算量, 因此有必要对初始格进行简化。

定义 6.17　借用粗糙集中约简的概念, 在格中, 如果节点所包含的属性集相对于决策系统的决策属性是正交的, 称该节点为约简节点, 否则为非约简节点。如果格中的所有节点是约简节点, 则称格是约简格 (reduced lattice)。

定义 6.18　在约简格中, 如果第 k 层某个节点是非约简节点, 求出它的约简 (约简可能不止一个), 不失一般性, 设只有一个约简, 包含属性个数为 m, 如果在从 $m+1$ 到 k 层的非约简节点中, 凡是其条件属性集包含此约简时, 该节点便是冗余的, 删除后并不影响缺省规则的生成。

由上面可知, 第一层和第零层的节点一定为约简节点, 因此只要对 $i>1$ 层的节点进行化简即可。约简格中已删除了冗余节点, 不但可以直接推导简单不重复的缺省规则, 而且每层中每个节点的规则长度一致, 利于管理与推理匹配。

对于初始完全格, 先进行化简得到约简格, 设 N 是条件属性的个数, 则有下面算法:

数据准备: 从原始数据出发, 确定属性集合, 选择各属性的值域, 进行数据预处理 (包括连续属性的离散化以及名称属性的泛化操作等), 得出决策系统 $S = (U, C \cup D, V, f)$;

建立初始格: 初始格的建立主要是依据条件属性的个数来确定的;

Step 1: *初始化各层的节点数:* $node[i] = C_N^i (i = 0, 1, 2, \cdots, N)$, 均标为非约简节点, $i = N$;

Step 2：初始化，$j=\text{node}[i]$；

Step 3：对第 i 层的非约简节点 j，用并行计算法求出它的各个约简；

Step 4：如果它的约简是它本身，改为约简标志，$\text{node}[i]=\text{node}[i]-1$，并转入 Step 6；

Step 5：依照其约简将格中的对应节点改为约简标志，对其他非约简节点，根据约简格的性质删除冗余节点，并重新计算所修改的各层的非约简节点的个数 $\text{node}[k]$（k 为格中已修改的层）；

Step 6：$j=\text{node}[i]$，如果 $j\neq 0$，转到 Step 3；

Step 7：$i=i-1$，如果 $i=1$ 则终止运算，否则转到 Step 2。

2) 缺省规则的获取与优化

在约简格中，由于每个节点都是约简节点，因而不但可以直接从中得出比较整齐的规则集，而且每个节点生成的规则与其他节点的规则决不会重复，因此，既可以利用规则类集的方式存储挖掘结果，也可以用规则的并集的方式来存储挖掘结果，决不会丢失规则与变体的联系，而且规则之间的优先关系与变体之间的优先关系也是统一的，都可以用规则的偏序关系表示规则的优先知识，而不是使用复杂的障碍规则。

在约简格中，用 $N_i^{(q)}$ 表示第 q 层的第 i 个节点，其对应的决策子系统为 $S=(U,\ C_i^{(q)}\cup D)$，它对应着一组简化规则，设：

$$U/\text{Ind}(D)=\{Y_1,Y_2,\cdots,Y_m\}$$

$$U/\text{Ind}(C_i^{(q)})=\{X_1,X_2,\cdots,X_t\}$$

如果 $(X_k\cap Y_j)\neq 0$（$k=1,2,\cdots,t;j=1,2,\cdots,m$），则可以生成一条缺省规则：$\text{Des}(X_k)\to\text{Des}(Y_j)$，其可信度为

$$\mu(X_i,Y_j)=\frac{\text{Card}(X_i\cap Y_j)}{\text{Card}(X_i)} \tag{6-13}$$

支持度为

$$s(X_i,Y_j)=\frac{\text{Card}(X_i\cap Y_j)}{\text{Card}(U)} \tag{6-14}$$

如果 $\mu(X_i,Y_j)=\mu_{tr}$，就将该规则存入该节点的规则集中。

如果某节点产生的所有规则的可信度小于 μ，那么此节点的所有后继节点的规则的可信度也小于 μ。由此可知，如果某节点产生的所有规则的可信度都小于 μ，那么此节点的所有后继节点就不必计算了。因而可以据此进一步化简约简格，从而得到更为简单的规则格。

对约简格的每个节点，生成规则集。如果规则集为空，删除该节点，进一步

简化格。如有多个匹配节点，取匹配的每一个节点，用匹配上的属性的值匹配该节点的规则集，组成匹配规则集。若匹配规则集不为空，根据缺省规则优先级评判准则，选用具有较大优先级的规则作为输出规则。

缺省规则优先级评判准则如下：

（1）层次高的节点规则优先，它可以充分利用数据中所含有的信息；

（2）对于同一层的节点规则，确定性规则优先，即可信度为 1 的规则优先；

（3）对于同一层的节点规则，如果可信度均为 1，则支持度大的规则优先；

（4）对于同一层的节点规则，如果可信度均小于 1，选择其综合评判函数值较大的规则，评判函数如下：

设所有的规则共有 $(d_1, d_2, \cdots, d_r)$ 个结论，所得 d_i 的规则为 $(r_1, r_2, \cdots, r_r)$，则 d_i 的评判函数为

$$v(d_i) = \frac{\sum_{j=1}^{m} s_j}{\sum_{j=1}^{m} (s_j/\mu_j)} \tag{6-15}$$

式中，s_j、μ_j 分别为规则 r_j 的支持度和可信度。

3）实例分析

设有一个 IT 项目决策系统 $S = (U, C \cup D, V, f)$，如表 6-24 所示，每个对象所对应的元素样本个数用 k 表示，取规则的可信度的阈值为 $\mu_{tr} = 0.75$，主要算法如下：

步骤 1：针对表 6-23，建立初始格，$N = 4$，即共有 4 个条件属性，如图 6-1 所示，每层节点数为 $\text{node}[i] = C_4^i = \{1, 4, 6, 4, 1\}$ $(i = 0, 1, 2, 3, 4)$。

表 6-24 决策信息表

U	样本数	条件属性				决策属性
	K	a	b	c	d	D
x_1	15	1	1	2	2	1
x_2	10	2	1	2	3	1
x_3	10	2	2	1	2	1
x_4	60	1	2	1	3	2
x_5	10	1	3	2	3	2
x_6	30	2	3	1	2	2
x_7	25	3	2	1	2	3
x_8	40	3	2	3	1	3

步骤 2：在初始格中，每层的节点均标为非约简节点。令 $i=4$，并对第 $i=4$ 层节点进行简化。第四层只有 $j=\text{node}[4]=1$ 个非约简节点，即 {abcd}，通过计算可以求出第四层的两个约简集为 {b，c，d} 和 {a，b}，故将初始格中的节点 bcd 和 ab 标为约简标志，此时，$\text{node}[3]=3$，$\text{node}[2]=5$。先将包含约简 {b，c，d} 的第四层的节点 abcd 删除，则 $\text{node}[4]=0$，。同时也将把包含约简 {a，b} 的第三层节点 abc、abd 删除，此时 $\text{node}[3]=1$。因为 $j=\text{node}[4]=0$，$i=i-1=3$，转入第三层。

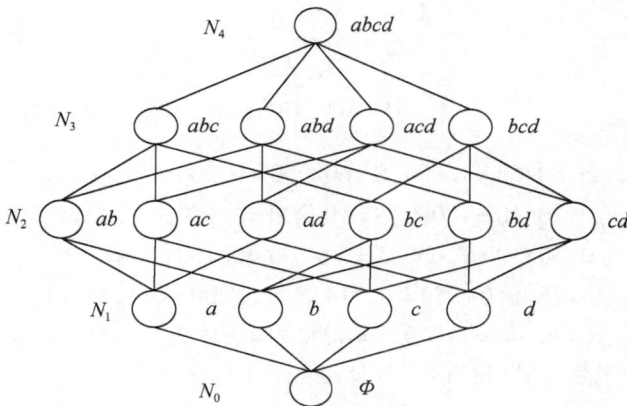

图 6-1　初始格

步骤 3：令 $i=3$，对第 $i=3$ 层节点进行简化：第三层也只有 $j=\text{node}[3]=1$ 个非约简节点 acd，同理求出的约简为 {a，d}，故将格中的节点 ad 改为约简标志，$\text{node}[2]=4$，将包含约简 {a，d} 的第三层的节点 acd 删除，则 $\text{node}[3]=0$，$i=i-1=2$，转入第二层。

步骤 4：令 $i=2$，对第 $i=2$ 层节点进行简化：第二层有 $j=\text{node}[2]=4$ 个非约简节点，但是每个节点的约简均为它本身，故将其改为约简标志，$\text{node}[2]=0$，$i=i-1=1$，因此结束运算，得到图 6-2。

步骤 5：在图 6-2 所示的约简格中，对于每个节点，将所有的规则记入该节点的规则集中。限于篇幅，本书只列出节点 bcd、cd、d 上的规则集合。

例如，根据式（6-13）和式（6-14），节点 bcd 的规则及其可信度、支持度如下：

$b_1 c_2 d_2 \rightarrow D_1$，$\mu=15/15=1.000$，$S=15/200=0.075$；

$b_1 c_2 d_3 \rightarrow D_1$，$\mu=10/10=1.000$，$S=10/200=0.050$；

$b_2 c_1 d_2 \rightarrow D_1$，$\mu=10/(10+25)=0.286$，$S=10/200=0.050$；

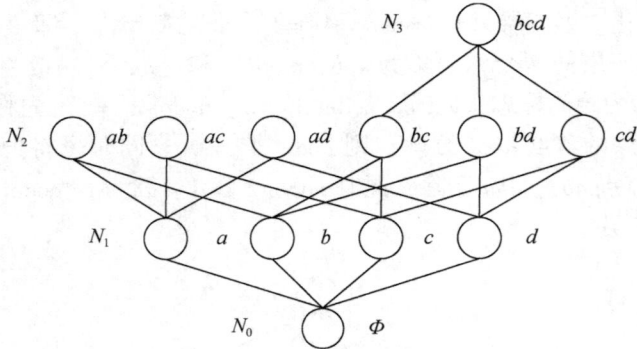

图 6-2　约简格

$b_2c_1d_3 \rightarrow D_2, \mu = 60/60 = 1.000, S = 60/200 = 0.300;$

$b_3c_2d_3 \rightarrow D_2, \mu = 10/10 = 1.000, S = 10/200 = 0.050;$

$b_3c_1d_2 \rightarrow D_3, \mu = 30/30 = 1.000, S = 30/200 = 0.150;$

$b_2c_1d_2 \rightarrow D_3, \mu = 25/(10+25) = 0.714, S = 25/200 = 0.125;$

$b_2c_3d_1 \rightarrow D_3, \mu = 40/40 = 1.000, S = 40/200 = 0.200_\circ$

节点 cd 的规则及其可信度、支持度如下：

$c_2d_2 \rightarrow D_1, \mu = 15/15 = 1.000, S = 15/200 = 0.075;$

$c_1d_3 \rightarrow D_3, \mu = 60/60 = 1.000, S = 60/200 = 0.300;$

$c_2d_3 \rightarrow D_2, \mu = 10/(10+10) = 0.500, S = 10/200 = 0.050;$

$c_2d_3 \rightarrow D_1, \mu = 10/(10+10) = 0.500, S = 10/200 = 0.050;$

$c_1d_2 \rightarrow D_1, \mu = 10/(10+30+25) = 0.154, S = 10/200 = 0.050;$

$c_1d_2 \rightarrow D_3, \mu = (30+25)/(10+30+25) = 0.846, S = 55/200 = 0.275;$

$c_3d_1 \rightarrow D_3, \mu = 40/40 = 1.000, S = 40/200 = 0.200_\circ$

节点 d 的规则及其可信度、支持度如下：

$d_2 \rightarrow D_1, \mu = (15+10)/(10+15+30+25) = 0.312, S = (15+10)/200 = 0.125;$

$d_2 \rightarrow D_3, \mu = (30+25)/(10+15+30+25) = 0.688, S = (30+25)/200 = 0.275;$

$d_3 \rightarrow D_2, \mu = (60+10)/(60+10+10) = 0.875, S = (60+10)/200 = 0.350;$

$d_3 \rightarrow D_1, \mu = 10/(60+10+10) = 0.125, S = 10/200 = 0.050;$

$d_1 \rightarrow D_3, \mu = 40/40 = 1.000, S = 40/200 = 0.200_\circ$

其他节点的规则及其可信度、支持度，均可以按照以上的方法求出，如表 6-25所示。

表 6-25 约简节点的规则集合

node	规则	可信度（μ）	支持度（S）	node	规则	可信度（μ）	支持度（S）
a	$a_1 \rightarrow D_1$	0.176	0.075	ad	$a_1 d_2 \rightarrow D_1$	1.000	0.075
	$a_1 \rightarrow D_2$	0.824	0.350		$a_1 d_3 \rightarrow D_2$	1.000	0.350
	$a_2 \rightarrow D_1$	0.400	0.100		$a_2 d_3 \rightarrow D_1$	1.000	0.050
	$a_2 \rightarrow D_3$	0.600	0.150		$a_2 d_2 \rightarrow D_1$	0.250	0.050
	$a_3 \rightarrow D_3$	1.000	0.325		$a_2 d_2 \rightarrow D_3$	0.750	0.150
b	$b_1 \rightarrow D_1$	1.000	0.125		$a_3 d_2 \rightarrow D_3$	1.000	0.125
	$b_2 \rightarrow D_1$	0.074	0.300		$a_3 d_1 \rightarrow D_1$	1.000	0.200
	$b_2 \rightarrow D_2$	0.444	0.050	bc	$b_1 c_2 \rightarrow D_1$	1.000	0.125
	$b_2 \rightarrow D_3$	0.482	0.325		$b_2 c_1 \rightarrow D_1$	0.105	0.050
	$b_3 \rightarrow D_2$	0.250	0.050		$b_2 c_1 \rightarrow D_2$	0.632	0.300
	$b_3 \rightarrow D_3$	0.750	0.150		$b_2 c_1 \rightarrow D_3$	0.263	0.125
c	$c_1 \rightarrow D_1$	0.080	0.050		$b_2 c_3 \rightarrow D_3$	1.000	0.200
	$c_1 \rightarrow D_2$	0.480	0.300		$b_3 c_1 \rightarrow D_3$	1.000	0.150
	$c_1 \rightarrow D_3$	0.440	0.275		$b_3 c_2 \rightarrow D_2$	1.000	0.050
	$c_2 \rightarrow D_1$	0.714	0.125	bd	$b_1 d_2 \rightarrow D_1$	1.000	0.075
	$c_2 \rightarrow D_2$	0.286	0.050		$b_1 d_3 \rightarrow D_1$	1.000	0.050
	$c_3 \rightarrow D_1$	1.000	0.200		$b_2 d_1 \rightarrow D_3$	1.000	0.200
d	$d_2 \rightarrow D_1$	0.312	0.125		$b_2 d_2 \rightarrow D_1$	0.286	0.050
	$d_2 \rightarrow D_3$	0.688	0.275		$b_2 d_2 \rightarrow D_3$	0.714	0.125
	$d_3 \rightarrow D_2$	0.750	0.350		$b_2 d_3 \rightarrow D_2$	1.000	0.300
	$d_3 \rightarrow D_1$	0.250	0.050		$b_3 d_2 \rightarrow D_3$	1.000	0.150
	$d_1 \rightarrow D_3$	1.000	0.200		$b_3 d_3 \rightarrow D_2$	1.000	0.050
ab	$a_1 b_1 \rightarrow D_1$	1.000	0.075	cd	$c_2 d_2 \rightarrow D_1$	1.000	0.075
	$a_1 b_2 \rightarrow D_2$	1.000	0.300		$c_1 d_3 \rightarrow D_3$	1.000	0.300
	$a_1 b_3 \rightarrow D_2$	1.000	0.050		$c_2 d_3 \rightarrow D_2$	0.500	0.050
	$a_2 b_1 \rightarrow D_1$	1.000	0.050		$c_2 d_3 \rightarrow D_1$	0.500	0.050
	$a_2 b_2 \rightarrow D_1$	1.000	0.050		$c_1 d_2 \rightarrow D_1$	0.154	0.050
	$a_2 b_3 \rightarrow D_3$	1.000	0.150		$c_1 d_2 \rightarrow D_3$	0.846	0.275
	$a_3 b_2 \rightarrow D_3$	1.000	0.325		$c_3 d_1 \rightarrow D_3$	1.000	0.200
ac	$a_1 c_2 \rightarrow D_1$	0.600	0.075	bcd	$b_1 c_2 d_2 \rightarrow D_1$	1.000	0.075
	$a_1 c_2 \rightarrow D_2$	0.400	0.050		$b_2 c_1 d_3 \rightarrow D_2$	1.000	0.300
	$a_1 c_1 \rightarrow D_2$	1.000	0.300		$b_3 c_2 d_3 \rightarrow D_2$	1.000	0.050
	$a_2 c_1 \rightarrow D_1$	0.250	0.050		$b_1 c_2 d_3 \rightarrow D_1$	1.000	0.050
	$a_2 c_1 \rightarrow D_3$	0.750	0.150		$b_2 c_1 d_2 \rightarrow D_1$	0.286	0.050
	$a_2 c_2 \rightarrow D_1$	1.000	0.050		$b_3 c_1 d_2 \rightarrow D_3$	1.000	0.150
	$a_3 c_1 \rightarrow D_2$	1.000	0.125		$b_2 c_1 d_2 \rightarrow D_3$	0.714	0.125
	$a_3 c_3 \rightarrow D_3$	1.000	0.200		$b_2 c_3 d_1 \rightarrow D_3$	1.000	0.200

可以令 $\mu_{tr} = 0.75$，提取可信度阈值大于或者等于 $\mu_{tr} = 0.75$ 的规则，得到符合条件的规则集合，如表 6-26 所示。

表 6-26　约简节点的规则集合（$\mu_{tr}=0.75$）

node	规则	可信度（μ）	支持度（S）	node	规则	可信度（μ）	支持度（S）
a	$a_1 \to D_2$	0.824	0.350		$a_1 d_2 \to D_1$	1.000	0.075
	$a_3 \to D_3$	1.000	0.325		$a_1 d_3 \to D_2$	1.000	0.350
b	$b_1 \to D_1$	1.000	0.125	ad	$a_2 d_3 \to D_1$	1.000	0.050
	$b_3 \to D_3$	0.750	0.150		$a_2 d_2 \to D_3$	0.750	0.150
c	$c_3 \to D_1$	1.000	0.200		$a_3 d_2 \to D_3$	1.000	0.125
d	$d_3 \to D_2$	0.750	0.350		$a_3 d_1 \to D_1$	1.000	0.200
	$a_1 b_1 \to D_1$	1.000	0.075		$b_1 d_2 \to D_1$	1.000	0.075
	$a_1 b_2 \to D_2$	1.000	0.300		$b_1 d_3 \to D_1$	1.000	0.050
	$a_1 b_3 \to D_2$	1.000	0.050	bd	$b_2 d_1 \to D_3$	1.000	0.200
ab	$a_2 b_1 \to D_1$	1.000	0.050		$b_2 d_3 \to D_2$	1.000	0.300
	$a_2 b_2 \to D_1$	1.000	0.050		$b_3 d_2 \to D_3$	1.000	0.150
	$a_2 b_3 \to D_3$	1.000	0.150		$b_3 d_3 \to D_2$	1.000	0.050
	$a_3 b_2 \to D_3$	1.000	0.325		$c_2 d_2 \to D_1$	1.000	0.075
	$a_1 c_1 \to D_2$	1.000	0.300	cd	$c_1 d_3 \to D_3$	1.000	0.300
	$a_2 c_1 \to D_3$	0.750	0.150		$c_1 d_2 \to D_3$	0.846	0.275
ac	$a_2 c_2 \to D_1$	1.000	0.050		$c_3 d_1 \to D_3$	1.000	0.200
	$a_3 c_1 \to D_2$	1.000	0.125		$b_1 c_2 d_2 \to D_1$	1.000	0.075
	$a_3 c_3 \to D_3$	1.000	0.200		$b_2 c_1 d_3 \to D_2$	1.000	0.300
	$b_1 c_2 \to D_1$	1.000	0.125		$b_3 c_2 d_3 \to D_2$	1.000	0.050
bc	$b_2 c_3 \to D_3$	1.000	0.200	bcd	$b_1 c_2 d_3 \to D_1$	1.000	0.050
	$b_3 c_1 \to D_3$	1.000	0.150		$b_3 c_1 d_2 \to D_3$	1.000	0.150
	$b_3 c_2 \to D_2$	1.000	0.050		$b_2 c_3 d_1 \to D_3$	1.000	0.200

　　从表 6-26 可以看出，基于约简格的缺省规则挖掘模型能够在不同的简化层次上提出相对满意的决策规则，由于其运行机制和人思考的特征很相似，因此，应用起来比较灵活。

　　该方法具有如下特点：①能够在给定数据不完备的情况下提出具有某种可信度和支持度的输出；②具有一定的容错能力，即在数据不一致的情况下也能有较满意地运行效果；③决策者可以有选择地建立格的层数和节点；④缺省规则简单齐整，且不重复，有利于对新数据进行推理和决策。

6.3　基于粗糙集和信息熵的动态规则挖掘

在对 IT 项目风险决策系统的规则挖掘过程中，由于风险因素受到外界影响非常大，这就直接导致风险信息的不断变化，因此在风险决策系统中，应该建立一个动态数据库，不断更新相关信息，并通过粗糙集方法进行动态规则挖掘。

粗糙集理论认为，属性间的关系并不依赖于它们的客观实在，而完全取决与人们对它们的了解程度，因此基于粗糙集建立的属性关系也应该是随着人们对对象的理解而不断变化的，因此这个过程是一个动态的过程。此外，相应的动态属性约简算法应该保证在知识库知识增加的同时，利用增加的知识对原有的属性关系进行修正，重新建立属性间的关系，而不是简单地像静态方法一样把每一次刷新的知识库当作一个新知识库，这样不但提高了决策的效率，减少运算量，而且增强了决策的可靠性。

因此，针对以上情况，在 IT 项目风险决策过程中，应该建立一个动态的属性数据库，从而实现动态的数据分析和规则挖掘的目的。

6.3.1　基于信息熵的属性约简

1）信息熵的基本概念

对于熵这个概念，目前主要存在两种定义，一种是热力学的熵，只能应用于分子或其他粒子的热运动这种特定的物质运动方式，它可以由试验数据得出，也可以由分子运动的统计原来推导而得到；另一种则是广义上的熵，它来自信息论和控制论，可应用于描述任何一种物质运动方式的混乱度或者无序度。

信息熵是系统状态"不确定性"的度量，也是组织结构复杂程度或有序度的表示。客观世界中，任何一个事物都是发出信息的信源，而信源产生的信息带有随机性，即不确定性。为了度量不确定性，使信息量能够被量化，1948 年，美国数学家申农（C. E. Shannon）建立了度量不确定性的函数表达式：

$$H = - C \sum_{i=1}^{n} P_i \log(P_i)$$

式中，H 表示信源的平均信息量，也叫信息熵；P_i 表示信源中的 i 个信号出现的概率；C 表示与对数底及单位选择有关的常数。

一个系统的信息熵越大，表示该系统越紊乱、越不稳定。信息熵的基本目的是找出某种符号系统的信息量和多余度之间的关系，以便能用最低的成本和消耗来实现最高效率的数据储存、管理和传递。而信息熵的意义在于数据储存、数据管理、数据传递、数据辨别。

定义 6.19 设决策系统 $S = (U, C \cup D, V, f)$，其中 $R \subseteq C$ 为条件属性子集，假设 $\mathrm{Ind}(R)$ 和 $\mathrm{Ind}(D)$ 所产生的分类分别为 $X = \{X_1, X_2, \cdots, X_n\}$，$Y = \{Y_1, Y_2, \cdots, Y_n\}$，$D$ 相当于 R 的信息熵定义为

$$H(D/R) = -\sum_{i=1}^{n} P(X_i) \sum_{j=1}^{k} P(Y_j/X_i) \log(P(Y_j/X_i)) \qquad (6\text{-}16)$$

其中，$P(Y_j/X_i) = \mathrm{card}(Y_j/X_i) / \mathrm{card}(U)$。

$H(D/R)$ 也称为条件信息熵，并具有以下性质：

(1) $0 \leqslant H(D/R) \leqslant 1$；

(2) 当 $H(D/R) = 0$，D 的划分对 P 的划分具有完全信息依赖性；

(3) 当 $H(D/R) = 1$，D 的划分对 P 的划分具有完全信息独立性。

2) 基于信息熵的属性约简

对于属性约简而言，信息熵表示形式与代数表示形式是等价的，因此可以从信息熵的角度来研究属性约简问题。该方法虽然仍然是将属性的重要性作为启发规则，但是对于重要性的评价，不再是简单按照前面章节中提到的方法，而是通过信息熵来确定属性的重要性，并以此来对属性进行约简。

如果决策表是一致的，则决策表约简计算的代数观点和信息论观点是等价的。但是，对于不一致决策表而言，一个决策表在代数观点下的约简，不一定能够保证约简之后的信息熵不发生变化。反过来，如果一个属性不能为另一个属性集合的分类增加任何信息，可以将它进行约简，也就是说，约简的信息论观点包含了代数观点。

前面已经分析过，一个系统的信息熵越大，则表示该系统越混乱，用熵这个特性，将去掉该属性后系统的熵不增大的属性作为可以忽略的属性。

设 U 是一个论域，P 是 U 的一个条件属性集合，d 为决策属性，且论域 U 是在 P 上相对于 $\{d\}$ 一致的，则 P 中的一个属性 r 是 P 相对于决策属性 d 不必要的（多余的），其充分必要条件为 $H(d/P) = H(d/(P-r))$。

定义 6.20 设决策系统 $S = (U, C \cup D, V, f)$，$R \subseteq C$，任意条件属性 $a \in R$，则属性 a 基于信息熵的重要性定义为

$$\mathrm{Sig}_{(R-a)}(D) = H(R-a) - H(R) \qquad (6\text{-}17)$$

其中，

$$H(R) = -\sum_{i=1}^{n} P(X_i) \log(P(X_i))$$

a 相对于 D 对于 R 的依赖的重要性为

$$Sig_{R-a}(D/a) = H(D/(R-a)) - H(D/R) \tag{6-18}$$

系统的信息熵越大，则系统越混乱，因此用熵的这个特性，去掉该属性后，系统的熵不增大的属性作为可以忽略的属性。如果 $H(R-a)>H(R)$，则表示除去了属性 a 以后，系统更混乱，即会有更多的同样的条件属性所对应的决策属性不一致；因此如果 $Sig_{(R-a)}(D)>0$，则 a 在 R 中是重要的，否则 a 是不重要的，即 a 是可以省略的。这样不断按照属性的重要程度从大到小逐个加入属性，直至该集合成为一个约简为止。基于信息熵的属性约简的流程如图 6-3 所示。

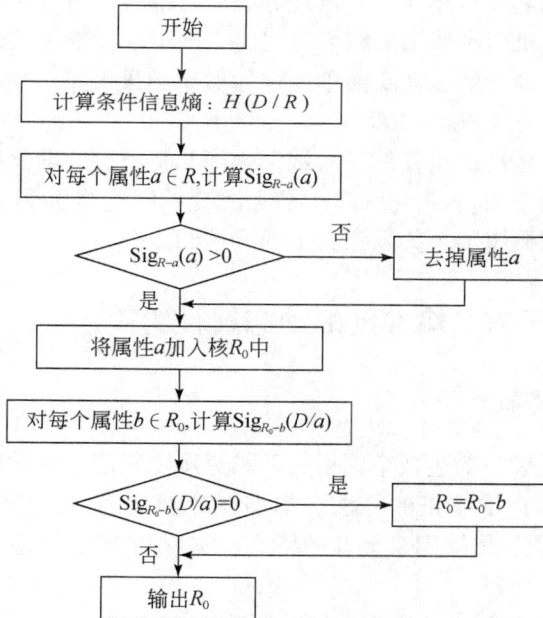

图 6-3　基于信息熵的属性约简流程图

以上约简过程是一种基于贪婪算法的过程，首先不断往候选集中加入最重要的属性，然后有一个反向消除过程，以确保属性集的最小性。

信息熵的方法在处理大规模的数据库知识时不需要任何先验知识，对大规模数据的处理能力较强，利用信息熵最小的原则来区分属性核，其大量的计算是基于数据库可操作语言的，利用信息熵的方法来决定属性核是具有现实可行性的。

从图 6-3 中可以看出，基于信息熵的属性约简方法仍然是建立在对象的等价分类基础之上的，如下定义：

定义 6.21　设决策系统 $S=(U, C \cup D, V, f)$ 中，P 和 Q 为 U 中的等价关

系，粗糙集中的知识 U/P 对 U/Q 划分质量的衡量标准是 $\gamma(P \to Q) = \gamma_p(Q) = \dfrac{\text{Card}(\text{Pos}_P(Q))}{\text{Card}(U)}$，称为 P 的 Q 近似质量，也称为 γ 标准。

使用 γ 标准的前提是认为正域内的对象是等可能发生的，而对正域外的元素则是没有任何了解，即当 $X_i \subset \bar{Q}Y, X_j \subset \bar{Q}Y, |X_i \cap Y| \neq |X_j \cap Y|$，则有 $\gamma(Q_i \to d) = \gamma(Q_j \to d) = 0$。而实际上 $\alpha_i \to \beta_j$ 和 $\alpha_j \to \beta_j$ 在统计上是有区别的，这两个规则发生的概率也是不同的，因此当一个未知对象出现，要对其归属作判断时，合理的选择是选用发生错误概率较小的规则，而基于粗集的 γ 标准并不能提供这样的选择。但是，实际上正域之外对象并不一定是等概率出现的，而且即使是落入正域之中的元素也可能是随机因素作用的结果，因此，基于 γ 标准和信息熵的属性约简忽略了正域之外对象隐含的属性间的不确定性概率因果关系，由此可见，γ 标准并不十分可靠（Ngai and Wat, 2005）。

此外，基于 γ 标准的属性约简对数据噪声非常敏感，即使信息表中仅有一个数据被干扰，整个不可分辨关系都会发生改变，因此也会影响整个属性约简集合，从而不能找到概率因果关系意义下的属性约简。

6.3.2 基于信息熵准则的动态属性约简

1) 信息熵准则

为了利用信息熵来描述概率因果关系和克服随机因素对约简的影响，韩斌等在文献中提出对 γ 标准修正的方法。本书在此基础之上，将粗糙集与信息熵结合，充分考虑 IT 项目风险因素多变的特点，实现 IT 项目风险决策过程中动态规则的挖掘。

如果等价关系 Q 和 d 的等价类族分别为 $U/Q = \{X_1, X_2, \cdots, X_i\}$ 和 $U/d = \{Y_1, Y_2, \cdots, Y_i\}$，则 $|U| = n, |X_1| = r_i, i = 1, 2, \cdots, n$；如果 $X_i \subset QY, i = 1, 2, \cdots, c, c \leq t$，则 $V = X_1 \cup X_2, \cdots, \cup X_c$，即 V 表示可以划分到 Q 中的 d 正域对象的集合。

令 $\alpha_i \to \beta_j$ 称为 (Q, d) 规则集合中的一条规则，其中 $\alpha_i = \prod_{q \in Q} q(x), \beta_j = d(x), x \in (X_i \cap Y_j), X_i \subset [x]_Q, Y_j \subset [x]_d, \alpha_i \in V_Q, \beta_i \in V_d, i = 1, 2, \cdots, t, j = 1, 2, \cdots, s, q(x)$ 是对象 $x \in U$ 对应属性 $q \in Q$ 的取值，$d(x)$ 是对象 $x \in U$ 对应决策属性的取值。等价关系 Q 的信息熵定义为

$$H(Q) = -\sum_{i=1}^{t} p_i \log \frac{1}{p_i} = -\sum_{i=1}^{t} \frac{\gamma_i}{n} \log \left| \frac{n}{\gamma_i} \right|$$

而规则 $Q \to d$ 的信息熵记为

$$H^M(Q{\to}d) = H(Q)+H^M(Q{\to}d/Q) \tag{6-19}$$

式中，$H^M(Q{\to}d/Q)$ 表示当利用等价关系 U/Q 把论域中的对象划分到等价关系 U/d 表达的类型时，不确定性的度量，而 $H(Q)$ 是等价关系 Q 划分论域复杂程度的度量，M 则是根据计算 $Q{\to}d$ 的信息熵时所依据的概率假设来确定。

如果只是关系 $Q{\to}d$ 规则的不确定度量，而不计较等价关系 Q 的复杂程度，则式（6-19）也可以表示为

$$H^M(d/Q) = H^M(Q{\to}d) - H(Q) \tag{6-20}$$

下面分两种情况来讨论信息熵。

A. 信息熵 $H^{\det}(d/Q)$

粗糙集理论认为落入 $\mathrm{Pos}_Q(d)$ 的对象集合 $V = X_1 \cup X_2, \cdots, \cup X_c$ 是确切了解的部分，Q 的等价类的概率分布可用对象落入某一类的频率表示，而对正域外的部分是未知的，因此属于这一部分的对象服从 $\frac{1}{n}$ 的均匀分布。因此概率分布可表示为：

$$\psi_i = \begin{cases} \dfrac{r_i}{n}, & i \leqslant c \\[3mm] \dfrac{1}{n}, & \text{其他} \end{cases} \tag{6-21}$$

式中，$i \leqslant t$，r_i 和 n 分别是类 X_i 和论域 U 的基。

因此，在小样本当中，如果类 $X_i(V \subset X_i,\ i \leqslant c)$ 中的所有对象都可以划分入等价关系 d 表达的类族 U/d，即 $X_i \subseteq \underline{Q}Y$，则认为 X_i 中的所有对象都具有属性集合 Q 的性质，因而把它们归为类 X_i 是合理的，其分布也可用 π_i 来描述；当对象 $x \in \underline{Q}Y$ 时，如果把这样的对象归为各个类 $X_i(V \subset (U{-}V),\ i>c)$，则很可能是对这些对象没有足够的了解造成的，因此根据拉普拉斯原则假设其分布为 $\frac{1}{n}$，因此有基于概率分布的公式如下：

$$H^{\det}(Q{\to}d) = \sum_{i=1}^{t} \psi_i \log \left| \frac{1}{\psi_i} \right| \tag{6-22}$$

式（6-20）则可以变换为

$$H^{\det}(d/Q) = H^M(Q \to d) - H(Q) = (1-\alpha)\log n - \sum_{i>c} \pi_i \log \left| \frac{1}{\psi_i} \right| \tag{6-23}$$

其中，$\alpha = \dfrac{|U{-}V|}{n}$。

B. 信息熵 $H^{\mathrm{loc}}(d/Q)$

当信息表中数据较多时，根据大数定律，属性间的近似关系已能表达属性间

的概率因果关系，落在 Q 的 d 正域之外的对象虽然不是 Q 和 d 间确定性关系的反映，至少表达了 Q 和 d 间的概率关系，因此利用这部分（Q，d）间的概率因果信息是有意义的。当 $\alpha_i \rightarrow \beta_j \in (Q, d)$ 规则，则 $\alpha_i \rightarrow \beta_j$ 的概率可表示为

$$P(\alpha_i \rightarrow \beta_j) = v_{ij} = \frac{|X_i \cap Y_i|}{n} \tag{6-24}$$

$$H^{\mathrm{loc}}(Q \rightarrow d) = \sum_{i=1}^{t} \sum_{j=1}^{s} v_{ij} \log \left| \frac{1}{v_{ij}} \right| \tag{6-25}$$

令 $\eta_{ij} = \dfrac{|X_i \cap Y_i|}{r_i}$，则

$$\pi_i \eta_{ij} = \frac{|X_i \cap Y_i|}{n} = v_{ij} \tag{6-26}$$

将式（6-27）代入式（6-28）得

$$H^{\mathrm{loc}}(Q \rightarrow d) = H(Q) + \sum_{i=1}^{t} \pi_i \sum_{j=1}^{s} \eta_{ij} \log_2 \left| \frac{1}{\eta_{ij}} \right| = H(Q) + \sum_{i=c+1}^{t} \pi_i \sum_{j=1}^{s} \eta_{ij} \log_2 \left| \frac{1}{\eta_{ij}} \right| \tag{6-27}$$

$$H^{\mathrm{loc}}(Q/d) = \sum_{i=c+1}^{t} \pi_i \sum_{j=1}^{s} \eta_{ij} \log_2 \left| \frac{1}{\eta_{ij}} \right| \tag{6-28}$$

2）基于信息熵的动态属性约简算法

根据上面提出的两个信息熵准则，对基于信息熵准则的动态属性约简提出以下算法（Ngai and Wat，2005）：

Step 1：初始化变量 l，m，γ_l，γ_m，γ_k，并且令：

$$\gamma = \begin{cases} \gamma_l, & n<1 \\ \gamma_m, & 1 \leqslant n < m \\ \gamma_k, & m \leqslant n \end{cases} \qquad M = \begin{cases} \det, & n \leqslant m \\ \\ \mathrm{loc}, & n > m \end{cases}$$

Step 2：给定初始知识库 $S = (U, C \cup D, V, f)$，其中，$n = \mathrm{Card}(U)$，$P = \{ Q \mid \gamma_Q \geqslant \gamma, Q \subseteq R \}$；

Step 3：如果 $P = \phi$，则修正 γ，并返回到 Step 2；

Step 4：令 $Q_i \in P$，且 $H^M(d/Q_1) \leqslant H^M(d/Q_2) \leqslant \cdots \leqslant H^M(d/Q_e)$，$i = 1, 2, \cdots, e$；

Step 5：输入非空 U'，并令 $j = 1$，$P' = \phi$；

Step 6：计算：$U/Q_j = \{ X_1, X_2, \cdots, X_t \}$，$V = X_1 \cup X_2 \cup \cdots, \cup X_c$，$V' = X_{c+1} \cup X_{c+2}, \cdots, \cup X_t$，$U'/Q_j = \{ X'_1, X'_2, \cdots, X'_t \}$，$U/d = \{ Y_1, Y_2, \cdots, Y_t \}$，$U'/d = \{ Y'_1, Y'_2, \cdots, Y'_t \}$；

Step 7：令：$U = U \cup U'$，$n = \mathrm{Card}(U)$，且有

$$M = \begin{cases} \det, & n \leq m \\ \\ \text{loc}, & n > m \end{cases} \qquad \gamma = \begin{cases} \gamma_l, & n < 1 \\ \gamma_m, & 1 \leq n < m \\ \gamma_k, & m \leq n \end{cases}$$

Step 8：重新计算 $U/Q_j = \{X_1 \cup X'_1, X_2 \cup X'_2, \cdots, X_t \cup X'_t\}$，$Y = \{Y_1 \cup Y'_1, Y_2 \cup Y'_2, \cdots, Y_t \cup Y'_t\}$；

Step 9：如果 $X_i \cup X'_i \subseteq \bar{Q}_i Y$，则令 $V = X_1 \cup X_2, \cdots, \cup X_{i-1} \cup X_{i+1} \cup \cdots \cup X_c, V' = V' \cup X_i \cup X'_t$，否则 $V = X_1 \cup \cdots \cup X_i \cup X'_t \cup X_c$；

Step 10：计算 $\gamma_{Q_J}, H^M(d/Q_j)$，如果 $\gamma_{Q_J} \geq \gamma$，$P' = P' \cup Q_j$，则令 $j = j+1$，直到 $j \leq e$，返回 Step 6；

Step 11：如果 $P' = \phi$，则重新修正 γ 并返回到 Step 5，如果 $P' = p$，$|P| = e$，则 $H^M(d/Q_1) \leq H^M(d/Q_2) \leq \cdots \leq H^M(d/Q_e)$，$i = 1, 2, \cdots, e$；并返回到 Step 6；

Step 12：输出 $p, H^M(d/Q_j)$，$i = 1, 2, \cdots, e$；

在以上算法中，①当 $\text{Card}(U) < l$ 时，表示信息表中数据较少，这时，属性间的关系并没有由对象完全体现出来，应保留尽可能多的备选属性集，选取较小的 γ 准则 γ_l，因此假设正域外的对象服从均匀分布，所以对选出的属性集按照 $H^{\det}(d/Q)$ 排序；②当 $l < \text{Card}(U) < m$ 时，适当提高 γ 准则，取作 γ_m，但正域之外的等价类族分布仍然可能是随机因素造成的，因此信息熵标准仍然选做 $H^{\det}(d/Q)$；③当 $\text{Card}(U) > m$ 时，信息表中的数据比较多，适当提高 γ 准则为 γ_k，这时正域中和正域外的对象分布是属性间确定性关系或是概率因果关系的反映，由于 γ 准则只是属性间确定性关系的反映，而且易受数据噪声的干扰，因此，引入 $H^{\text{loc}}(d/Q)$ 准则一方面反映属性间的概率因果关系，另一方面克服数据噪声对 γ 准则的影响。

当信息表中对象增加时，动态属性约简算法每次保留满足一定 γ 准则的约简集合，按照不确定性的大小排序，并按照排序顺序逐一挑选约简，然后检查这些约简在正域中的等价类族中的对象与这些新对象的相容性，并根据检查结果修正等价类，计算相应的粗集约简 γ 准则和信息熵。该方法最大的优点在于：①动态数据库属性约简时可以避免重复计算，提高计算效率；②克服粗集约简 γ 准则对数据噪声的敏感性和不能表达属性间概率因果关系的缺点。

6.3.3　规则变化与近似动态规则挖掘

在 IT 项目风险规则的挖掘过程中，大前提信息库中的数据应该是实时变化的。例如，项目组对客户需求的掌握和理解程度并不是一成不变的，而是随着时间和外部环境而不断变的。因此如何实现规则数量动态变化，从而克服静态决策的不足，是当前近似推理过程中的一个重要问题。

规则推理的一般模式如下，设有大前提：

$$f_{11} \wedge f_{12} \wedge \cdots \wedge f_{1m} \rightarrow D = d_1$$
$$f_{21} \wedge f_{22} \wedge \cdots \wedge f_{2m} \rightarrow D = d_2$$
$$f_{i1} \wedge f_{i2} \wedge \cdots \wedge f_{im} \rightarrow D = d_i$$
$$f_{n1} \wedge f_{n2} \wedge \cdots \wedge f_{nm} \rightarrow D = d_h$$

而所要求解的问题是如何在小前提 $c_1 \wedge c_2 \wedge \cdots \wedge c_m$ 下得到决策规则 d^*。

将以上规则推理的一般模式与粗糙集的知识表达联系起来，设 $S = (U, C \cup D, V, f)$，并且设条件属性 a_1 的值域为 $\{f_{11}, f_{21}, \cdots, f_{n1}\}$，条件属性 a_m 的值域为 $\{f_{1m}, f_{2m}, \cdots, f_{nm}\}$，而决策属性 D 的值域为 $\{d_1, d_2, \cdots, d_n\}$，且 $d_i \neq d_j, i \neq j, 1 \leq i, j \leq h$，令 $C = \{a_1, a_2, \cdots, a_m\}$。令：

$$A = C \cup D, U = \{x_1, x_2, \cdots, x_n\}; \qquad f: U \times A \rightarrow V$$
$$f(k, a_l) = f_{kl}(1 \leq k \leq n, 1 \leq l \leq m); \qquad f(n+1, k) = c_k$$

式中，$1 \leq k \leq m, f(1, d) = d_1, \cdots, f(i, d) = d_i, \cdots, \quad f(n, d) = d_h$，则 $S = (U, C \cup D, V, f)$ 为一个不完全信息系统。因此规则推理转化为按 d 将 U 分为 h 个类，求不完全信息系统 S 所对应的决策表中第 $n+1$ 个对象所对应的决策属性值。

定义 6.22 如果小前提 "$c_1 \wedge c_2 \wedge \cdots \wedge c_m$" 与大前提中的某条规则 "$f_{i1} \wedge f_{i2} \wedge \cdots \wedge f_{im} \rightarrow d_i$," 一致，即 "$c_1 = f_{i1}$, $c_1 = f_{i2}$, $\cdots$, $c_m = f_{im}$" 时，则称小前提 "$c_1 \wedge c_2 \wedge \cdots \wedge c_m$" 激活了大前提中的一条规则，$d^*$ 可以直接通过 d_i 推导出；当不能激活时，d^* 则由条件属性 $\{a_1, a_2, \cdots, a_m\}$。

例如，各条件属性对 d_k 的投票情况为

$$\frac{\text{Card}(i \in [d_k]/f(i, a_1) = c_1)}{\text{Card}(d_k)}, \frac{\text{Card}(i \in [d_k]/f(i, a_2) = c_2)}{\text{Card}(d_k)}, \cdots,$$
$$\frac{\text{Card}(i \in [d_k]/f(i, a_m) = c_m)}{\text{Card}(d_k)}$$

分别表示各条件属性 a_1, a_2, $\cdots$, a_m 对于小前提 $c_1 \wedge c_2 \wedge \cdots \wedge c_m \rightarrow d^* = d_k$ 的支持率。同时，在进行规则推理时，各条件属性的重要性也必须考虑进去。因此，提出以下近似规则推理：

定义 6.23 在决策信息系统 $S = (U, C \cup D, V, f)$ 中，$c_1 \wedge c_2 \wedge \cdots \wedge c_m$ 的判别矩阵为 $h \times m$ 阶矩阵 B：

$$B = \begin{vmatrix} \dfrac{\text{Card}(i \in [d_1]/f(i,a_1)=c_1)}{\text{Card}(d_1)} & \cdots & \dfrac{\text{Card}(i \in [d_1]/f(i,a_m)=c_m)}{\text{Card}(d_1)} \\ \vdots & & \vdots \\ \dfrac{\text{Card}(i \in [d_h]/f(i,a_1)=c_1)}{\text{Card}(d_h)} & \cdots & \dfrac{\text{Card}(i \in [d_h]/f(i,a_m)=c_m)}{\text{Card}(d_h)} \end{vmatrix}$$

(6-29)

定义 6.24 在决策信息系统 $S=(U,C\cup D,V,f)$ 中，$c_1 \wedge c_2 \wedge \cdots \wedge c_m$ 的判别向量为 $E=AE_0$，$E_0=(I_{a1},I_{a2},\cdots,I_{am})^{\text{T}}$，其中 A 为矩阵 B 的归一化矩阵，而向量 E_0 则为各个属性的重要性归一化后所组成的向量。

显然，判别向量 $E=(e_1,e_2,\cdots,e_h)^{\text{T}}$ 中的任一元素 $e_i(1 \leqslant i \leqslant h)$ 表示：c_1 在 $\{f(j,a_1)/f(j,a_1) \in V_{a1},j \in [d_i]\}$ 中出现的概率，c_2 在 $\{f(j,a_2)/f(j,a_2) \in V_{a2},j \in [d_i]\}$ 中出现的概率，$\cdots$，c_m 在 $\{f(j,a_m)/f(j,a_m) \in V_{am},j \in [d_i]\}$ 中出现的概率的权重综合常量，它反映条件属性 a_1、a_2、$\cdots$、a_m 的属性值分别为 c_1、c_2、$\cdots$、c_m 时，决策属性 D 的属性值为 d_i 的可能性的大小。由于 D 将 U 划分为 h 个类 $[d_1]$、$[d_2]$、$\cdots$、$[d_h]$，因此，$c_1 \wedge c_2 \wedge \cdots c_m$ 的输出结果为 d_l，其中，$l=\text{Max}(e_1,e_2,\cdots,e_h)$。

例如，设有一决策信息表，其中 $f(x_8, D)$ 未知，如表 6-27 所示。

表 6-27 决策信息表

U	条件属性			决策属性
	a	b	c	D
x_1	2	1	2	1
x_2	2	1	1	1
x_3	1	1	1	2
x_4	1	1	2	2
x_5	2	1	3	3
x_6	3	1	3	3
x_7	3	1	3	4
x_8	3	2	2	*

由于

$U/(C-a)=\{(x_1,x_4),(x_2,x_3),(x_5,x_6),(x_7)\}$

$U/(C-b)=\{(x_1),(x_2),(x_3),(x_4),(x_5),(x_6,x_7)\}$

$U/(C-c)=\{(x_1,x_2,x_5),(x_3,x_4)(x_6),(x_7)\}$

$U/(C-D)=\{(x_1,x_2),(x_3,x_4)(x_5,x_6),(x_7)\}$

因此 $I_a = \text{Card}(\text{pos}_{(C-a)}(D))/(\text{Card}(U)-1)$，同理可以得到：

$$I_a = \frac{\text{Card}(\text{pos}_{C-a}(D))}{\text{Card}(U)-1} = \frac{4}{7}$$

$$I_b = \frac{\text{Card}(\text{pos}_{C-b}(D))}{\text{Card}(U)-1} = \frac{2}{7}$$

$$I_c = \frac{\text{Card}(\text{pos}_{C-c}(D))}{\text{Card}(U)-1} = \frac{3}{7}$$

归一化处理后，得到：$E_0 = (0.44, 0.22, 0.33)^{\text{T}}$。

$$B = \begin{bmatrix} 0 & 0 & 0.5 \\ 0 & 0 & 0.5 \\ 0.5 & 0 & 0 \\ 1 & 1 & 0 \end{bmatrix}$$

归一化后得到矩阵：

$$B = \begin{bmatrix} 0 & 0 & 0.5 \\ 0 & 0 & 0.5 \\ 0.33 & 0 & 0 \\ 0.67 & 1 & 0 \end{bmatrix}$$

因此，

$$E = A \times E_0 = \begin{bmatrix} 0 & 0 & 0.5 \\ 0 & 0 & 0.5 \\ 0.33 & 0 & 0 \\ 0.67 & 1 & 0 \end{bmatrix} \times \begin{bmatrix} 0.44 \\ 0.22 \\ 0.33 \end{bmatrix} = \begin{bmatrix} 0.17 \\ 0.17 \\ 0.15 \\ 0.51 \end{bmatrix}$$

由于 $e_4 = \text{Max}(0.17, 0.17, 0.15, 0.51) = 0.51$，因此选择第四个决策属性值作为 $f(x_8, D)$ 的决策结果，即 $f(x_8, D) = 4$。

需要补充说明的是，文献中提出了一种"激活一个，否则离开"的模糊推理原则，如果将这一原则用于 IT 项目风险规则推理时，其优点是推理速度快，但由于大前提中的规则是事先确定的、不变的，因此这一原则也有其弱点。一方面，若小前提 $c_1 \wedge c_2 \wedge \cdots \wedge c_m$ 是经常出现的，而大前提中又没有规则：$c_1 \wedge c_2 \wedge \cdots \wedge c_m \rightarrow f(i, d)$，此时不能激活该规则，不能有效地进行控制，反映了大前提中规则的不足。因此，应将这种规则加入大前提中。另一方面，大前提中的某些规则可能长时间不能被激活，甚至根本就不起作用，此时，这些规则的存在减慢了推理速度，应将其从大前提中去掉。因此，大前提中的规则应当是可变的，这种动态变化，具有一定的自适应性，但同时具有遗忘性，为了防止正确的规则因多次未激活而被删除，规定保留大前提中含有核值的规则。

6.4　基于粗糙集和贝叶斯理论的风险规则挖掘

传统的基于概率统计的数据分析方法（如贝叶斯理论）的主要特点是：用概率测度的权重来描述数据间的相关性，从而解决了数据间的不一致性，甚至是相互独立的问题，能够灵活地处理信息不完备问题。而贝叶斯网络分类器是以贝叶斯理论为基础的分类模型，它通过现有证据计算样本属于某一类的后验概率，具有最大后验概率的类便是该对象所属的类。因此，贝叶斯网络分类器也可直接处理不完备信息。但是这些基于贝叶斯理论的方法由于需要获取先验概率或者后验概率，从而增加了规则提取的难度，而且正确判断率会随着属性的增加而下降。

与贝叶斯理论相比较，粗糙集理论作为处理不完全信息的数据工具，其最大的特点是不需要除问题所需处理数据集合之外的任何信息，不需要已知先验概率和后验概率，而是直接从已知数据出发，在不损失信息的前提下提取有用特征，分析数据之间潜在的关系，作决策规则分析，它大大简化了计算的复杂性，不失为一种有效的数据分析工具。但是基于粗糙集的数据处理方法仍然存在一些缺陷，主要表现为在数据的收集过程中，由于缺乏一些关键数据和信息支持，也没有考虑一些历史数据，决策效率相对较低，甚至作出一些错误的判断。

由此可见，粗糙集和贝叶斯网络都具有处理不完全数据的能力，但是单独使用这两种方法在缺失关键属性时由于正确判断率较低而无法满足实际需要。因此，本节将贝叶斯理论与粗糙集理论有机地结合应用到 IT 项目风险分析和决策中，综合风险调查的数据结果，提出风险决策和分类的基本方法。实践证明，该方法明显优于单独使用贝叶斯网络分类器或粗糙集的方法，既克服了粗糙集刚性推理的弱点，也避免了单纯贝叶斯理论的计算繁琐的弊病。

6.4.1　基于粗糙集的贝叶斯分类器

由于人们对 IT 项目风险的认识有限，风险评估过程中所取得的有些属性值是多余的，而有些关键属性值是缺省的，尽管粗糙集可以处理不完全信息，但是当关键信息缺省的个数比较多的时候，粗糙集不能精确地进行属性约简和分类，而贝叶斯分类器具有柔性、容错性的优点，既可以一次处理完整个数据集，也可以一次只处理一个数据，有助于先验知识和概率的结合，容易与优化决策方法相结合。因此，如果将粗糙集方法和贝叶斯分类器相结合，利用粗糙集对数据进行约简，利用贝叶斯分类器训练约简后的数据，这样得到的粗糙-贝叶斯分类器不仅简化了数据和模型的规模，也提高了对不完全数据的分类能力和决策能力。

1) 贝叶斯网络分类器

贝叶斯网络分类器是一种典型的基于统计方法的分类模型，它以贝叶斯定理为理论基础和分类模型，巧妙地将事件的先验概率与后验概率联系起来，通过现有证据计算样本属于某一类的后验概率，利用先验信息和样本数据确定事件的后验概率。因此，贝叶斯网络分类器可直接处理不完备信息。

令 $= \{A_1, A_2, \cdots, A_n, D\}$ 是离散随机变量的有限集，其中 $A_1, A_2, \cdots, A_n$ 是属性变量，类变量 D 的取值范围为 $D = (\psi_1, \psi_2, \cdots, \psi_m)$，$\varphi_i$ 是属性 A_i 的取值。实例 $I_i = (\varphi_1, \varphi_2, \cdots, \varphi_n)$ 中属于类 ψ_j 的概率由贝叶斯定理表示为

$$P(\psi_j/\phi_1, \phi_2, \cdots, \phi_n) = \frac{P(\phi_1, \phi_2, \cdots, \phi_n/\psi_j)}{P(\phi_1, \phi_2, \cdots, \phi_n)}$$
$$= \alpha P(\psi_j) P(\phi_1, \phi_2, \cdots, \phi_n/\psi_j) \qquad (6\text{-}30)$$

式中，α 为正化因子，而 $P(\psi_j)$ 为先验概率，即根据以往数据分析得到的 ψ_j 发生的概率，后验概率反应了样本数据对 ψ_j 的影响。式（6-30）还可以表示为

$$P(\psi_j/\phi_1, \phi_2, \cdots, \phi_n) = \alpha P(\psi_j) \prod_{i=1}^{n} P(\phi_i/\phi_1, \phi_2, \cdots, \phi_{i-1}, \psi_j)$$

$$(6\text{-}31)$$

根据贝叶斯最大后验准则，对于给定的某一实例 $I_i = (\varphi_1, \varphi_2, \cdots, \varphi_n)$，贝叶斯网络分类器选择使后验概率 $P(\psi_j/\phi_1, \phi_2, \cdots, \phi_n)$ 最大的类 ψ_j 为该实例的类标签。因此，贝叶斯网络分类器的关键是如何计算 $P(\phi_i/\phi_1, \phi_2, \cdots, \phi_{i-1}, \psi_j)$，各类贝叶斯网络分类器的区别就在于它们以不同的方式求取 $P(\phi_i/\phi_1, \phi_2, \cdots, \phi_{i-1}, \psi_j)$ 的值。

朴素贝叶斯（naive Bayesian，NB）分类器、TAN（tree augmented naive Bayesian）分类器、BAN（Bayesian network augmented naive Bayesian）分类器是三种典型的贝叶斯网络分类器。

（1）NB 粗糙集分类模型。朴素贝叶斯分类器又称为 NB（naive Bayesian）分类器，假定属性变量间相互类条件独立，每个属性节点 A_i 只与类节点 D 相关联，这一假设以指数级降低了贝叶斯网络构建的复杂性。因此式（6-31）又可表示为

$$P(\psi_j/\phi_1, \phi_2, \cdots, \phi_n) = \alpha P(\psi_j) \prod_{i=1}^{n} P(\phi_i/\psi_j) \qquad (6\text{-}32)$$

（2）TAN 粗糙集分类模型。TAN 分类器是朴素贝叶斯网络基础上的一种改进模型，它假定属性变量间的关系符合限定性树状结构，放松了 NB 中属性变量

间条件独立的假定，允许每个属性节点最多可以依赖 1 个属性节点，具有较好的综合性能，体现了学习效率与分类精度之间的适当折中。

因此式（6-31）在 TAN 分类器中可以表示为

$$P(\psi_j/\phi_1, \phi_2, \cdots, \phi_n) = \alpha P(\psi_j) \prod_{i=1}^{n} P(\phi_i/pa_i) \qquad (6-33)$$

式中，pa_j 是 ϕ_i 的父结点集合，即 ψ_j。

（3）BAN 粗糙集分类模型。BAN 分类器改进了朴素贝叶斯分类器的条件独立性假设，并取消了 TAN 分类器有关属性变量之间必须符合限定性树状结构的要求，它假定属性变量间存在贝叶斯网络关系，从而能够表达属性变量间的各种依赖关系。BAN 分类器是以类节点为根节点的贝叶斯网络，建立 BAN 分类器算法与建立 TAN 分类器算法的区别在于向分类器中添加的每条边都需要通过测度检验。

2）基于粗糙集的 NB 分类器属性分类

在这一部分，主要利用 NB 贝叶斯分类器来对风险属性进行分类处理。

NB 贝叶斯分类器分为两层，仅含一个父节点，父节点表示任意对象的类变量，也称为决策变量，其余为子节点，子结点则表示条件属性，如图 6-4 所示。

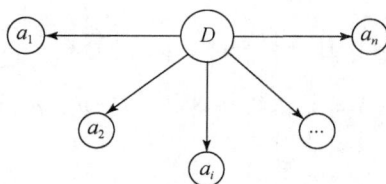

图 6-4　具有 n 个条件属性和 1 个决策属性的 NB 贝叶斯分类器

从贝叶斯公式可以得出，后验概率既与先验分布有关，又与样本对参数的条件分布有关，因此后验概率既反映了过去的经验，又反映了样本提供的信息。假设分类器是由变量 $C = (\psi_1, \psi_1, \cdots, \psi_m)$ 构成的，并且，在给定的类下，各条件属性 a_i 是相互独立的，独立性的假设保证了这些分布可以从训练集 C 中独立地估计得到。

基于 NB 贝叶斯分类器的训练集 D 定义如下：

定义 6.25　设 $n(\phi_{ik}, \psi_j)$ 是训练集 D 中的 $A_i = \phi_{ik}$，$C = \psi_j$ 的样本频率，$n(\psi_j)$ 是训练集中 ψ_j 的样本频率，如果训练集 D 是完整的，则 $P(\phi_{ik}/\psi_j)$ 和 $P(\psi_j)$ 的贝叶斯估计分别为

$$P(\phi_{ik}/\psi_j) = \frac{\mathrm{Card}(\parallel (C_k = \psi_k) \wedge (A_i = \phi_i) \parallel_s)}{\mathrm{Card}(\parallel (C_k = \psi_k) \parallel_s)} = \frac{\alpha_{ijk} + n(\phi_{ik}, \psi_j)}{\sum_h [\alpha_{ijh} + n(\phi_{ih}, \psi_j)]}$$

$$(6\text{-}34)$$

$$P(\psi_j) = \frac{\mathrm{Card}(\parallel (C_k = \psi_k) \parallel_s)}{\mathrm{Card}(\parallel U \parallel_s)} = \frac{\alpha_j + n(\psi_j)}{\sum_l [\alpha_l + n(\psi_l)]} \qquad (6\text{-}35)$$

式中，α_{ijk} 是 $A_i = \phi_{ik}$，$C = \psi_j$ 的先验概率，α_j 是 ψ_j 的先验概率。一旦数据经过 NB 贝叶斯网络分类器进行训练后，可以用它对新样本进行分类。

基于粗糙集和贝叶斯分类器的属性约简和数据分类方法步骤如下：

Input：给定 $S = (U, C \cup D, V, f)$，其中 $C = (a_1, a_2, \cdots, a_n)$ 决策属性为 D，其中决策属性的取值范围为 d_i $(j = 1, 2, \cdots, q)$；

Ouput：输出分类结果；

Step 1：通过粗糙集中的可分辨矩阵对风险因素属性进行搜索式约简；

Step 2：依次重排约简后所剩下的条件属性 a_i $(i = 1, 2, \cdots, m, m \leq n)$；

Step 3：For $(j = 1; j \leq q; j++)$；

Step 4：根据式 (6-6) 估算 $P(d_j)$；

Step 5：While $(1 \leq i \leq m)$；

Step 6：For $(k = 1; k \leq i; k++)$；

Step 7：根据式 (6-34) 计算，即 $P(a_{ik}/d_j) \leftarrow \frac{n_{ijk} + wp}{n_j + w}$；其中，$n_j$ 是类 c_j 的训练样本数；n_{ijk} 是 $C = c_j$，$A_i = a_{ik}$，的样本数，$P = n_{ijk}/n_j$ 是先验估计，$P = n_j/w$，w 是实际样本数，也是 P 的权重。

Step 8：计算 $V_{\mathrm{NB-RS}} = \mathrm{Max}\{P(d_j) \prod_{i=1}^m P(a_{ik}/d_j)\}$，并作为输出结果。

粗糙集与 NB 贝叶斯分类器相结合的分类结构图如图 6-5 所示。

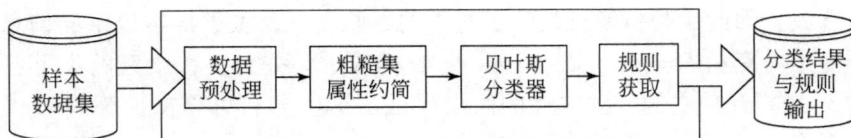

图 6-5　基于粗集理论和贝叶斯分类器的属性分类模型

下面讨论以上模型的应用。给定 14 个 IT 项目风险因素，如表 6-28 所示。

根据前面的调查结果，对应表 6-28 的数据记录为 272 个，由于部分风险因素对风险评估与决策不是起关键作用，因此要删除部分冗余信息，而有些属性的信息是空缺的，因此根据粗糙集的原理，对表 6-28 进行属性约简。

表 6-28　IT 项目风险因素

类别	风险因素	类别	风险因素
a_1	用户需求是否明确	a_8	是否采用相关风险控制方法
a_2	项目的复杂度是否很高	a_9	项目经理是否有相关经验
a_3	有无科学项目计划与控制	a_{10}	实现工具是否先进
a_4	项目开发经费是否到位	a_{11}	高层领导是否支持
a_5	项目团队的是否稳定	a_{12}	项目评估模型是否科学合理
a_6	用户是否积极参与	a_{13}	所采用的技术是否成熟
a_7	各个开发阶段的是否一致性	a_{14}	需求的变动管理是否合理

根据粗糙集中的原理，对表 6-28 进行属性约简，得到属性核为

$$\text{Core} = (a_1,\ a_3,\ a_6,\ a_9,\ a_{13})$$

针对核值，可以得到几种不同形式的约简，根据以上算法步骤，可以对每个约简形式进行评价核选择，最终得到表 6-29。

表 6-29　基于粗集理论和贝叶斯分类器的属性分类结果

项目	分类结果
核值	$(a_1,\ a_3,\ a_6,\ a_9,\ a_{13})$
属性约简形式集合	$A_1 = (a_1,\ a_3,\ a_5,\ a_6,\ a_9,\ a_{10},\ a_{12},\ a_{13})$ $A_2 = (a_1,\ a_2,\ a_3,\ a_6,\ a_8,\ a_9,\ a_{10},\ a_{13})$ $A_3 = (a_1,\ a_3,\ a_4,\ a_6,\ a_7,\ a_9,\ a_{11},\ a_{13})$ $A_4 = (a_1,\ a_3,\ a_4,\ a_6,\ a_8,\ a_9,\ a_{11},\ a_{13})$ $A_5 = (a_1,\ a_3,\ a_4,\ a_5,\ a_6,\ a_9,\ a_{10},\ a_{13})$ $A_6 = (a_1,\ a_3,\ a_5,\ a_7,\ a_9,\ a_{12},\ a_{13})$
最优约简	$A_4 = (a_1,\ a_3,\ a_4,\ a_6,\ a_8,\ a_9,\ a_{11},\ a_{13})$

所得最优属性子集是 $A_4 = (a_1,\ a_3,\ a_4,\ a_6,\ a_8,\ a_9,\ a_{11},\ a_{13})$，共包含 8 个属性。由此可见"用户需求是否明确、有无科学项目计划与控制、项目开发经费是否到位、用户是否积极参与、是否采用相关风险控制方法、项目经理是否有相关经验、高层领导是否支持、所采用的技术是否成熟"等 8 个属性是 IT 项目评估风险等级和风险规则挖掘必不可少的指标。

其计算过程如下：先求出相应的核值，然后逐一根据根据以上算法中的 Step

4~8，加入相应的属性，并计算其分类的先验概率和属性权重，算法过程的相关参数如表6-30所示。

表 6-30　基于粗糙集的 NB 贝叶斯分类参数

项目	核属性集合	核属性重要性	加入 a_4 后属性重要性	加入 a_8 后属性重要性	加入 a_{11} 后属性重要性	分类质量
属性核	a_1	0.197	0.102	0.091	0.078	0.657
	a_3	0.188	0.126	0.107	0.097	
	a_6	0.248	0.197	0.145	0.103	
	a_9	0.391	0.212	0.119	0.085	
	a_{13}	0.286	0.239	0.150	0.124	
加入属性	a_4		0.090	0.023	0.018	0.852
	a_8			0.079	0.063	0.927
	a_{11}				0.052	0.985

由表6-30可以看出，单纯利用粗糙集对属性进行分类，其分类质量远远低于粗糙集与NB贝叶斯理论相结合的方法。实验表明，属性个数越多，这种优势越明显，因此利用基于粗糙集的NB分类器对IT项目风险属性进行分类，可以提高分类质量，改善属性间相互独立的限制，从而为风险决策提高效率。

6.4.2　基于粗糙集的贝叶斯规则获取

1）决策规则基本公式

在 $S=(U,\ C \cup D,\ V,\ f)$，对于每一个 $B \subseteq A$，有一系列与之与相关的公式 $\mathrm{For}(B)$，这些公式由属性值对 $(a,\ v)$ 及其逻辑运算符连接而成，其中 $a \in B$，$v \in V_a$。

对于任意 $\varphi \in \mathrm{For}\ (B)$，定义 $\|\phi\|_s$，其含义是，在 S 中，所有满足 φ 并且属于 U 的对象 x。决策规则具有以下性质：

（1）$\|\phi \vee \psi\|_s = \|\phi\|_s \cup \|\psi\|_s$；

（2）$\|\phi \wedge \psi\|_s = \|\phi\|_s \cap \|\psi\|_s$；

（3）$\|\sim \phi\|_s = U - \|\phi\|_s$。

因此有以下定义：$\|(a,v)\|_s = \{x \in U : a(v) = x\}$，$\forall a \in B, v \in V_a$。在 $S=(U,\ C \cup D, V, f)$ 中，$\varphi \in \mathrm{For}\ (C)$，$\psi \in \mathrm{For}\ (D)$，则决策规则可以表示为 $\phi \rightarrow \varphi$，即

"ifφthenψ"，其中 φ 和 ψ 分别称为规则中的条件属性和决策属性，并且 φ 称为 ψ 的条件，ψ 称为 φ 的决策。

A. 规则支持度

在决策规则 $\phi \rightarrow \varphi$ 中，设 $\sigma_S(\phi,\psi) = \mathrm{Card} \parallel \phi \wedge \psi \parallel_s$，则决策规则 $\phi \rightarrow \varphi$ 在 S 中的支持度（the support of the decision）：

$$\mathrm{Supp}_s(\phi,\psi) = \frac{\sigma_S(\phi,\psi)}{\mathrm{Card}(U)} = \frac{\mathrm{Card}(\parallel \phi \wedge \psi \parallel_s)}{\mathrm{Card}(U)} \tag{6-36}$$

决策规则的支持度说明能被该 S 决策规则分类的对象在决策表中所占的比例。

B. 规则置信因子

假设 $X \subseteq U$，存在概率分布 $P_U(X) = \dfrac{\mathrm{Card}(X)}{\mathrm{Card}(U)}$，则对于任意公式 φ，它在 S 中的概率定义如下：

$$\pi_S(\phi) = P_U(\parallel \phi \parallel_s) \tag{6-37}$$

根据式（6-36）、式（6-37），对任意决策规则 $\phi \rightarrow \varphi$，存在一个条件概率：

$$\pi_S(\psi/\phi) = P_U(\parallel \psi \parallel_s / \parallel \phi \parallel_s) = \frac{\mathrm{Card}(\parallel \phi \wedge \psi \parallel_s)}{\mathrm{Card}(\parallel \phi \parallel_s)} \tag{6-38}$$

式（6-38）称其为规则 $\phi \rightarrow \varphi$ 的置信因子（certainly factor），也记作 $\mathrm{Cer}_S(\varphi,\psi)$，即

$$\mathrm{Cer}_S(\phi,\psi) = \pi_S(\psi/\phi) = \frac{\mathrm{Card}(\parallel \phi \wedge \psi \parallel_s)}{\mathrm{Card}(\parallel \phi \parallel_s)} \tag{6-39}$$

显然，如果 $\pi_S(\psi/\phi) = 1$，则规则 $\phi \rightarrow \varphi$ 是一个确定的决策规；如果 $0 < \pi_S(\psi/\phi) < 1$，则规则 $\phi \rightarrow \varphi$ 是一个不确定的决策规则。

在这里，置信因子类似于概率中的先验概率。置信因子具有以下性质：

（1）$\displaystyle\sum_{\phi' \in C(\psi)} \mathrm{Cer}(\phi',\psi) = 1$；

（2）$\pi_S(\psi) = \displaystyle\sum_{\phi' \in C(\psi)} \mathrm{Cer}_S(\phi',\psi) P_S(\phi')$。

C. 规则覆盖因子

根据前面的分析结果，可以很容易地定义全概率公式，如下：

$$\pi_S(\psi) = \Sigma_{\phi' \in C(\psi)} \pi_S(\psi/\phi') \pi_S(\phi') = \Sigma_{\phi' \in C(\psi)} \sigma_S(\phi',\psi) \tag{6-40}$$

因此，关于决策规则 $\phi \rightarrow \varphi$ 的一个非常重要的概念，即覆盖因子（coverage factor），可以定义如下：

$$\pi_S(\phi/\psi) = \frac{\pi_S(\psi/\phi)\pi_S(\phi)}{\sum_{\phi' \in C(\psi)} \pi_S(\psi/\phi')\pi_S(\varphi')} = \frac{\pi_S(\psi/\phi)\pi_S(\varphi)}{\pi_S(\psi)}$$
$$(6\text{-}41)$$

$$= P_U(\parallel \phi \parallel_S / \parallel \psi \parallel_S) = \frac{\text{Card}(\parallel \phi \wedge \psi \parallel_S)}{\text{Card}(\parallel \psi \parallel_S)}$$

覆盖因子可以用 $\text{Cov}_S(\varphi, \psi)$ 来表示：

$$\text{Cov}_S(\phi, \psi) = \pi_S(\phi/\psi) = \frac{\text{Card}(\parallel \phi \wedge \psi \parallel_S)}{\text{Card}(\parallel \psi \parallel_S)} \qquad (6\text{-}42)$$

覆盖因子具有以下性质：

$$\sum_{\psi' \in D(\phi)} \text{Cov}_S(\phi, \psi') = 1$$

式（6-42）即是基于粗糙集分类的贝叶斯定理，它与基于概率统计的贝叶斯定理存在一定的区别：虽然这里也需要提出先验概率，但是先验概率的获取不是简单利用传统的概率论的方法获取的，而是利用粗糙集的分类原理对已有数据获取的。通过基于粗糙集的贝叶斯公式，只需要计算决策规则的支持度，然后再计算每条决策规则的置信因子和覆盖因子即可，大大简化了计算的过程。

D. 置信因子和覆盖因子的关系

置信因子和覆盖因子说明决策规则表达知识真实性的程度。置信因子说明在满足决策规则的决策的对象中同时又满足条件的频度，反之就是覆盖因子的解释。两者之间的关系如下：

$$\text{Cer}_S(\phi, \psi) = \frac{\text{Cov}_S(\phi, \psi)P_S(\psi)}{\sum_{\psi' \in D(\phi)} \text{Cov}_S(\phi, \psi')P_S(\psi')} = \frac{\text{Supp}_S(\psi, \phi)}{P_S(\phi)} \qquad (6\text{-}43)$$

置信因子在 IT 项目风险管理中的实际意义是：在某一组风险因素的影响下，其导致项目成功或者失败的概率分别有多大；而覆盖因子的实际意义则是当已知某一 IT 项目成功或者失败的条件下，导致这一结果的原因及其概率是多大。因此通过以上基于粗糙集分类的贝叶斯原理能够很好地分析风险因素及其发生的概率，以及项目成功与失败的概率。

E. 规则获取算法

设 $\text{Dec}(S) = \{\phi_i \rightarrow \psi_i\}_{i=1}^{m}$ $(m \geqslant 2)$ 是 $S = (U, C \cup D, V, f)$ 的规则集合，则有以下规则获取算法过程：

Step 1：若对每一个 $\varphi \rightarrow \psi$，$\phi' \rightarrow \psi' \in \text{Dec}(S)$，则有 $\phi = \phi'$ 或 $\parallel \phi \wedge \phi' \parallel_S = \Phi$，并且 $\psi = \psi'$ 或 $\parallel \psi \wedge \psi' \parallel_S = \Phi$，则称 $\text{Dec}(S)$ 是独立的决策规则；

Step 2：$\parallel \bigvee_{i=1}^{m} \phi_i \parallel_S = U$ 并且 $\parallel \bigvee_{i=1}^{m} \psi_i \parallel_S = U$，则称决策规则集 $\text{Dec}(S)$ 覆盖 U；

Step 3：若 $\phi \rightarrow \psi \in \text{Dec}(S)$ 并且 $\text{Supp}_S(\phi, \psi) \neq 0$，则称 $\varphi \rightarrow \psi$ 是 S 中可

采纳的;

Step 4: 如果 $\bigcup_{x \in (U/D)} C_*(X) = \| \phi \to \psi \in \mathrm{Dec}^+(s)\ \phi \|_S$, 则称 $\mathrm{Dec}(S)$ 保持了决策表 S 的一致性, 其中 $\bigcup_{x \in (U/D)} C_*(X)$ 是 D 关于 C 的正域, $\mathrm{Dec}^+(s)$ 是 $\mathrm{Dec}(S)$ 中所有确定的决策规则;

显然, 如果 $\varphi \to \psi$ 是一条决策规则, 那么 $\psi \to \varphi$ 是 $\varphi \to \psi$ 的一条逆规则 (inverse decision rules), 并用 $\mathrm{Dec}^+(s)$ 表示, 以上 Step 1 ~ 4 组成基于贝叶斯理论的决策规则算法。

2) 实例分析与评价

在第 1 章中已经分析过, 通过调查发现, 超过 60% 的项目是不成功或者是不完全成功的, 只有不到 30% 的项目是成功的, 而导致项目不成功的因素很多, 这里仍然选择三个主要的风险因素作为本部分的研究对象, 如表 6-31 所示。

表 6-31　IT 项目风险评估与统计表

规则编号	对象	评估因素			项目评估结果	案例数目
		功能需求是否明确	项目计划与安排是否合理	项目质量管理体系是否完善		
	U	a	b	c	D	N
1	x_1	Not clear	General	Very good	Failed	26
2	x_2	Not clear	Not reasonable	badly	Failed	69
3	x_3	Very clear	reasonalbe	Very good	Successful	52
4	x_4	Very clear	Not reseanable	General	Successful	26
5	x_5	General	Not reasonable	General	Failed	44
6	x_6	General	General	badly	Successful	32
7	x_7	General	General	badly	Failed	23

在表 6-31 中, 令 $C = \{a, b, c\}$ 为条件属性集合, D 是决策属性。对象 x_6 和 x_7 的条件属性中相同, 但是决策结果不同, 因此表 6-31 是一个不一致决策表。根据粗糙集对表 6-31 进行分类。

$$X_C = U/C = \{(x_1), (x_2), (x_3), (x_4), (x_5), (x_6, x_7)\}$$
$$X_D = U/D = \{(x_1, x_2, x_5, x_7), (x_3, x_4, x_6)\}$$
$$R^*(X) = \{x_1, x_2, x_3, x_4, x_5, x_6, x_7\}, R_*(X) = \{x_1, x_2, x_3, x_4, x_5\}$$
$$\mathrm{BN}_B(X) = R_*(x) - R^*(x) = \{x_6, x_7\}$$

通过对表 6-31 进行属性和属性值的约简，得到新的决策表 6-32。

表 6-32 IT 项目风险评估属性约简表

规则编号	所包含的对象	评估因素			项目评估结果	案例数目
		功能需求是否明确	项目计划与安排是否合理	项目质量管理体系是否完善		
	U	a	b	c	D	N
1	x_1, x_2	Not	*	*	Failed	9
2	x_3, x_4	Very	*	*	Successful	7
3	x_5	General	Not	*	Failed	4
4	x_6	General	General	badly	Successful	3
5	x_7	General	General	badly	Failed	2

表 6-32 的各条决策规可以描述如下：

（1）（a = Not clear）→（D = failed）；

（2）（a = Very clear）→（D = successful）；

（3）（a = General）∧（b = Not reasonabel）→（D = failed）；

（4）（a = General）∧（b = General）→（D = failed）；

（5）（a = General）∧（b = General）→（D = successful）；

显然，IT 项目的最终评价结论示如下：

$$（x_1, x_2, x_5, x_7） = \text{"Failed"}；$$
$$（x_3, x_4, x_6） = \text{"successful"}；$$

A. 计算规则支持度

根据式（6-36），可以计算出每条决策规则的支持度：

根据算法步骤，可以得到：

$$\sigma_S(\phi_1, \psi_1) = \text{Card}(\parallel \phi_1 \wedge \psi_1 \parallel_S) = 26 + 69 = 95$$

$$\sigma_S(\phi_2, \psi_2) = 78；\quad \sigma_S(\phi_3, \psi_3) = 44；\quad \sigma_S(\phi_4, \psi_4) = 32；\quad \sigma_S(\phi_5, \psi_5) = 23$$

$$\text{Supp}_S(\phi_1, \psi_1) = \frac{\sigma_S(\phi_1, \psi_1)}{\text{Card}(U)} = 0.35$$

$$\text{Supp}_S(\phi_2, \psi_2) = 0.29,\quad \text{Supp}_S(\phi_3, \psi_3) = 0.16$$

$$\text{Supp}_S(\phi_4, \psi_4) = 0.12,\quad \text{Supp}_S(\phi_5, \psi_5) = 0.08$$

这里 φ 和 ψ 分别称为规则中的条件属性和决策属性，即 φ 是风险因素，而 ψ 则是 IT 项目的评估结果，以下相同。

B. 计算置信因子

根据式（6-37），可以计算出每条决策规则的置信因子：

以第一条规则（x_1，x_2）为例，因为 $\parallel \phi_1 \wedge \phi'_1 \parallel_s$，这就意味着 Dec_1（S）是一条独立的决策规则，因此 $\pi_S(\psi_1/\phi_1) = P_U(\parallel \psi_1 \parallel_s / \parallel \phi_1 \parallel_s) = 1$；

同样道理：$\pi_S(\psi_2/\phi_2) = 1$；$\pi_S(\psi_3/\phi_3) = 1$；

但是，对于规则（4）和规则（5）而言，因为 $\parallel \psi_4 \wedge \psi'_4 \parallel_s \neq \Phi$，且 $\parallel \psi_5 \wedge \psi'_5 \parallel_s \neq \Phi$；

因此

$$\pi_S(\psi_4/\phi_4) = P_U(\parallel \psi_4 \parallel_s / \parallel \phi_4 \parallel_s) = \frac{32}{32+23} = 0.58$$

$$\pi_S(\psi_5/\phi_5) = P_U(\parallel \psi_5 \parallel_s / \parallel \phi_5 \parallel_s) = \frac{23}{32+23} = 0.42$$

这样，每条决策规则的置信因子和支持度都可以计算出来，如表 6-33 所示。

表 6-33　IT 项目风险决策规则

规则编号	所包含的对象	评估因素		项目评估结果	置信因子	支持度	案例数目
		功能需求是否明确	项目计划与安排是否合理				
	U	a	b	D	Cer_S（ ）	Supp_s（）	N
1	x_1	Not clear	*	Failed	1.00	0.35	95
2	x_3	Very	*	Successful	1.00	0.29	78
3	x_5	General	Not	Failed	1.00	0.16	44
4	x_6	General	General	Successful	0.58	0.12	32
5	x_7	General	General	Failed	0.42	0.08	23

从表 6-33 中的每条决策规则的置信因子，可以得出以下结论：

（1）如果功能需求非常明确，IT 项目的实施将会成功，如果很不明确，将会导致 IT 项目的失败，其置信度为 1；

（2）如果功能需求不是特别明确，而且计划与安排很不合理，那么将会导致项目的失败，其置信度为 1；

（3）如果功能需求不是特别明确，项目计划与安排也很一般，那么将会有 52% 的项目成功，48% 的项目失败。

C. 计算覆盖因子

根据式（6-41），可以计算出每条决策规则的覆盖因子：

$$\pi_S(\phi_1/\psi_1) = \frac{\mathrm{Card}(\parallel \phi_1 \wedge \psi_1 \parallel_s)}{\mathrm{Card}(\parallel \psi_1 \parallel_s)} = \frac{95}{95+44+23} = 0.59$$

$$\pi_S(\phi_3/\psi_3) = \frac{\text{Card}(\parallel \phi_1 \wedge \psi_3 \parallel_s)}{\text{Card}(\parallel \psi_3 \parallel_s)} = \frac{44}{95+44+23} = 0.27$$

$$\pi_S(\phi_5/\psi_5) = \frac{\text{Card}(\parallel \phi_5 \wedge \psi_5 \parallel_s)}{\text{Card}(\parallel \psi_5 \parallel_s)} = \frac{23}{95+44+23} = 0.14$$

$$\pi_S(\phi_2/\psi_2) = \frac{\text{Card}(\parallel \phi_2 \wedge \psi_2 \parallel_s)}{\text{Card}(\parallel \psi_2 \parallel_s)} = \frac{78}{78+32} = 0.71$$

$$\pi_S(\phi_4/\psi_4) = \frac{\text{Card}(\parallel \phi_4 \wedge \psi_4 \parallel_s)}{\text{Card}(\parallel \psi_4 \parallel_s)} = \frac{32}{78+32} = 0.29$$

因此,每条规则的覆盖因子如表 6-34 所示。

表 6-34　IT 项目风险决策逆规则

评估结果	所包含的规则	所包含的对象	评估因素		覆盖因子	支持度	案例数目
			功能需求是否明确	项目计划与安排是否合理			
		U	a	b	$\text{Cer}_S(\ )$	$\text{Supp}_s(\ )$	N
Successful	2	x_3	Very	*	0.71	0.29	7
	4	x_6	General	General	0.29	0.12	3
Failed	1	x_1	Not clear	*	0.59	0.35	9
	3	x_5	General	Not	0.27	0.16	4
	5	x_7	General	General	0.14	0.08	2

D. 基本结论

从表 6-34 中的决策逆规则(inverse decision rules),可以提出项目成功与失败的原因(可以解释项目成功与失败的原因):

(1)71% 的 IT 项目是成功的,是因为"功能需求非常明确";

(2)29% 的 IT 项目是成功的,是因为"功能需求比较明确,而且项目的整体计划与安排也比较合理";

(3)59% 的 IT 项目失败,是因为"功能需求很不明确";

(4)29% 的 IT 项目失败,是因为"尽管功能需求比较明确,但是项目的整体计划与安排很不合理";

(5)14% 的 IT 项目失败,是因为"功能需求比较明确,而且项目的整体计划与安排也比较合理"。

3)基于粗糙集和贝叶斯理论的 IT 项目多因素风险分析

从以上的分析可以知道,基于粗糙集的贝叶斯分析方法就是在已知某项目成功或者失败的前提下,来分析和寻找引起该事件发生的主要因素,以及每个因素在引起该事情发生过程中所起作用的大小。例如,已知某个 IT 项目是不成功的,要分析引起该项目不成功的主要原因,可以通过粗糙集与贝叶斯理论相结合的方法。

但是以上过程仅仅是对 IT 项目的三个风险因素进行分析,而在实际中,导致项目成功与失败的因素远远不止这几个方面。同时,由第 2 章中的分析结果可以看出,IT 项目的不成功表现在多个方面,而不同的表现又是由不同的因素共同作用的结果,如果仅仅笼统地分析 IT 项目的不成功,那是很不够的。

因此,为了能比较客观地反映实际情况,本部分利用(2)中通过粗糙集和 NB 贝叶斯分类器分析的结果,将八个影响 IT 项目的关键风险因素作为研究对象,并且将 IT 项目不成功的表现分为以下四个方面:

(1)ψ_1 表示"项目已经完成开发,但是没有达到预期效果";

(2)ψ_2 表示"项目开发不能按时完成";

(3)ψ_3 表示"项目开发经费严重超支";

(4)ψ_4 表示"项目开发中途放弃"。

并且用"1、2、3"分别表示企业对各风险因素的控制分别为"好、中、差",然后对 IT 项目的实施效果进行调查、反馈并整理,得到表 6-35。

表 6-35　IT 项目风险因素统计与分析

| 项目 | | 风险因素评价 | | | | | | | | 案例数目 | 所占比例/% |
		用户需求是否明确	用户是否积极参与	是否采用相关风险控制方法	项目经理是否有相关经验	有无科学项目计划与控制	所采用的技术是否成熟	项目开发经费是否到位	高层领导是否支持		
项目不成功表现	没有达到预期效果	3	3	2	1	1	2	2	1	102	53.4
		3	2	2	3	3	2	1	1	58	30.4
		2	3	3	2	2	3	1	1	31	16.2
	项目不能按时完成	1	2	3	3	3	2	1	1	65	45.5
		2	2	2	1	3	3	1	1	42	29.4
		2	20	3	3	2	2	1	2	36	25.1
	项目经费超支	1	1	3	1	2	2	3	3	42	40.8
		2	1	3	2	3	2	2	2	35	34.0
		1	2	3	3	3	1	1	1	26	25.2
	中途放弃	1	2	2	2	3	2	2	3	24	43.6
		2	2	2	2	3	2	2	2	18	32.8
		2	1	1	1	2	2	1	2	13	23.6

根据基于粗糙集的贝叶斯公式,即式(6-34):

$$\pi_S(\phi_{ij}/\psi_j) = \frac{\pi_S(\phi_{ij})}{\Sigma(\pi_S(\psi_j/\phi_{ij}))} = \frac{\pi_S(\phi_{ij})}{\pi_S(\psi_j)} = \frac{\text{Card}(\parallel \phi_{ij} \wedge \psi \parallel_s)}{\text{Card}(\parallel \psi_j \parallel_s)}$$

ϕ_{ij} 则表示在 ψ_j 发生的前提下 ϕ 所起的作用,即引起 IT 项目不成功的风险因素的组合,因此根据该公式可以求出导致项目不成功的各种风险因素所占的比例。

例如,对于"没有达到预期效果"这一项目不成功的表现,有主要有三种组合情况,如表6-32 所示,其中,每一种情况所占的比例为

$$\pi_S(\phi_{11}/\psi_1) = \frac{102}{102+31+58} = 53.4\%$$

$$\pi_S(\phi_{21}/\psi_1) = \frac{31}{102+31+58} = 16.2\%$$

$$\pi_S(\phi_{31}/\psi_1) = \frac{58}{102+31+58} = 30.4\%$$

从以上统计与计算的结果来看,对于 IT 项目"没有到达预期效果"这样的现象,尽管引起的原因有很多,但是其中 53.4% 是因为"用户需求不明确以及用户没有积极参与"引起的;30.4% 是因为"项目经理缺乏相关经验、项目缺乏科学的计划与控制"引起的;16.2% 是因为"所采用的技术不太成熟、缺乏有效的风险管理方法"引起的。

根据同样方法,可以找出导致 IT 项目其他不成功表现的原因,总结如下:

(1)导致"项目没有到达预期效果"的主要原因(54.3%)是"用户需求不明确、用户没有积极参与"等原因;

(2)导致"项目不能按时完成"的主要原因(44.4%)是"没有采用相关风险控制方法、项目经理缺乏相关经验"等;

(3)导致"项目经费超支"的主要原因(40.8%)是"项目过程风险控制不当、没有科学合理的项目计划与安排"等;

(4)而导致"项目中途放弃"的主要原因(43.6%)则是"缺乏领导层的继续支持、项目经费不能及时到位"等。

6.5 本 章 小 结

本章主要是利用粗糙集的特点,分别从分类一致性、相似关系、属性约简等不同的角度,将粗糙集引入 IT 项目风险分析中来,着眼于 IT 项目风险分析与粗糙集方法的结合,并综合运用信息熵、贝叶斯理论等多种方法,用定量的方法对 IT 项目风险进行全面的分析,重点研究了风险评估与决策过程中的规则挖掘与推理问题。

第 7 章 IT 项目风险规避

随着信息时代的到来，信息技术在社会发展和进步中所扮演的角色越来越重要，不难发现社会正在经历着的各种变革，这些变革与 IT 项目息息相关。IT 项目面临着比一般项目更多的风险，这些风险会对 IT 项目产生许多消极的影响，严重的会使得 IT 项目、中断、失败。同时因为 IT 项目所处的环境条件的不确定性，导致项目和预期的最终结果相背离，并损害相关人的利益。然而这些风险并不是完全不可控的，而是可以通过一些特定的方法进行分析和控制。因此，如何有效地管理项目的实施风险，风险规避和控制，已成为一个项目成功实施的必要条件。

7.1 风 险 控 制

7.1.1 IT 项目风险控制相关概念

1）风险控制的概念

风险控制是指风险管理者采取各种措施和方法，消灭或减少风险事件发生的各种可能性，或者减少风险事件发生时造成的损失。四种基本方法是风险回避、损失控制、风险转移和风险保留。项目风险控制全过程可以理解为人们通过自己的主观能动性来改造的过程，而与此同时，在这个过程中所产生的一些信息又会进一步对人们关于项目风险的认识和把握程度进行改变。因此，项目风险管理过程是一个人不断纠正自己的理解，以及对决策和行为不断修正的过程。

2）IT 风险控制的概念

IT 项目风险控制是预测该项目的潜在风险，实行有效的控制，并使该项目的总体目标得以可靠实现的一种管理。IT 项目风险的控制不仅贯穿于整个项目过程，而且在项目事件发生之前的风险分析中就已经开始。在 IT 项目风险控制的过程中，不断纠正对风险的理解，以及对决策和行为的不断修正，使决策者更深入地了解风险，对项目风险的控制保持与客观规律一致。

3) 风险控制重要的作用

首先，真正有效的风险控制在项目实施开发之前，要根据项目风险分析与度量结果制定出相关项目风险管理所必须贯彻执行的方针政策、项目风险控制必须遵循的程序，以及项目风险控制所必须落实的管理体制。这样可以使项目按预期的进度顺利进行，即使中途遇到风险，也可以迅速响应、处理，不仅可以避免返工造成成本上升，而且可以提高项目的成功率。有必要在项目开始之前就进行风险分析、风险评估，并通过规避风险来降低 IT 项目失败的概率，减少忧虑心理。

其次，风险控制可以增加团队的凝聚力和健壮性。与团队成员一起做风险分析不仅可以让团队所有成员对风险属性有更清楚的认识，而且对困难有充分估计，参与度高，能从整体上对风险进行把握，对各种类型的风险有心理准备，而且项目经理如果对肯能面临的风险做到心中有数，就能够在发生意外时从容应对，大大提高组员的信心。

最后，有效的风险控制能够使项目经理抓住项目的重点，将主要精力集中于重大风险，力争将风险扼杀在萌芽里，将被动抢救转变为主动防范，从而避免损失。

7.1.2　IT 项目风险控制体系

根据项目事件发生时期，可以将风险控制划分为三个步骤：事前控制、事中控制、事后控制。

1) 事前控制

事前控制实际上对应于风险管理的规划阶段，是在项目的开始阶段或之前正式推出对项目风险的总体考虑、分析、规划，也是最关键的项目风险控制的内容，主要包括以下三个部分。

(1) 风险形势评估。风险形势评估是在项目规划、项目预算、项目进度等基本信息的基础上，重点明确项目的目标、战略、战术和实现项目目标的手段和资源，从而做到从风险角度来审查项目计划，确定项目形势，并揭示隐蔽的项目的前提和假设，使项目经理可以在项目的开始阶段即发现风险。

(2) 风险识别。风险识别是在对项目的风险形势评估基础之上，在风险事故发生之前，运用各种方法，系统、连续认识所面临的各种风险，以及分析风险事故发生的潜在原因。实际上也就是指用感知、判断或归类的方式对显现的和潜在的风险性质进行鉴别的过程。需要对各种显露的和潜在的风险进行识别。只有在全面了解各种风险的基础上，才能够预测危险可能造成的危害，从而选择处理风险的有效手段。风险识别实际上是对将来可能发生的风险事件的一种设想和清测。因此，一般的风险识别结果应包括风险的分类、来源、表现及其后果以及引发的相关项目管理要求。

风险识别方法很多，常见的方法有：①头脑风暴。项目成员、外聘专家、客户等各方人员组成小组，根据经验列出所有可能的风险；②专家访谈。向该领域专家或有经验的人员了解项目中会遇到哪些困难。③历史资料。通过查阅类似项目的历史资料了解可能出现的问题。④检查表。将可能出现的问题列出清单，对照检查潜在的风险。⑤评估表。根据历史经验进行总结，通过调查问卷方式判别项目的整体风险和风险的类型。

（3）风险分析和评价。风险分析有狭义和广义两种，狭义的风险分析是指通过定量分析的方法提出完成任务所需的费用、进度、性能三个随机变量的可实现值的概率分布。而广义的风险分析则是一种识别和测算风险，开发、选择和管理方案来解决这些风险的有组织的手段。它包括风险识别、风险评估和风险管理三方面的内容。

风险分析的目的是确定有关因素的变化对决策的影响程度，有助于确定投资方案或生产经营方案对某一特定因素变动的敏感性。了解在给定条件下的风险对这些因素的敏感程度，有助于决策者正确地作出决策。风险发生概率可以用数学模型、统计方法和人工估计进行分析。风险的影响力是指风险发生后对项目的工作范围、时间、成本、质量的影响。风险管理的重点目标是那些发生概率大并且影响力大的事件。工作中比较常用的两种方法是：①定性评估。将发生概率和影响力分成 3~5 级，如 VL、L、M、H、VH，通过相互比较确定每个事件的等级，然后通过分布图识别风险。②评分矩阵。将发生概率和影响力用 0~1 中的一个数描述，然后找出那些"概率×影响力"乘积大的事件。

在进行风险识别并整理之后，必须就各项风险对整个项目的影响程度作一些分析和评价，通常这些评价建立在以特性为依据的判断和以数据统计为依据的研究上。风险评价之后，项目面临两种选择，即面临着不可承受风险和能够承受的风险。对于前者，或者终止项目，或者采取补救措施，降低风险或改变项目；对于后者，则需要在项目之中进行风险控制。

2）事中控制

在整个项目生命周期中，风险管理是一个持续的、反复的过程。因为消除某些风险源后，又有可能出现其他的风险，为了减少各种风险带来的损失的风险管理本身也会带来新的风险。因此，在项目实施过程中，项目经理有必要制定标准，并根据阶段性条件衡量项目的进度，不断地监测项目的实际进展情况，并根据风险状况及时调整项目。

A. 风险监控

风险监控是指在决策主体的运行过程中，对风险的发展与变化情况进行全程监控，并根据需要调整应对策略。因为风险是随着内部、外部环境的变化而变化的，它们在决策主体经营活动的推进过程中可能会增大或者衰退乃至消失，也可能由于环境的变化又生成新的风险。项目风险监控就是通过对风险规划、识别、估计、评价、应对全过程的监控，而时间对项目的影响是很难预计的，要保证风险管理能达到预期的目标。监控风险实际是监控项目产品以及项目过程的进展和项目环境的变化，通过核查项目进展的效果与计划的差异来改善项目的实施，其目的是核对风险管理策略和措施的实际效果是否与预见的相同；寻找机会改善和细化风险规避计划；获取反馈信息，以使将来的决策更符合实际。在风险监控过程中，及时发现那些新出现的以及随着时间推延而发生变化的风险，然后及时反馈，并根据对项目的影响程度，重新进行风险规划、识别、估计、评价和应对。

归结起来，风险监控的目的有四个：一是监控风险的状况，如努力及早识别风险是存在还是已经消失；二是检查风险的对策是否有效，避免风险事件的发生或消除风险事件的消极后果；三是不断识别新的风险并制定对策；四是充分吸取风险管理中的经验与教训。

风险监控常用的方法有：

（1）风险审计：专人检查监控机制是否得到执行，并定期作风险审核。例如，在大的阶段点重新识别风险并进行分析，对没有预计到的风险制订新的应对计划。

（2）偏差分析：与基准计划相比，分析成本和时间上的偏差。例如，未能按期完工、超出预算等都是潜在的问题。

（3）技术指标：比较原定技术指标和实际技术指标差异。例如，测试未能达到性能要求，缺陷数大大超过预期等。

B. 风险规避

在风险管理规划基础上进行风险控制，一旦监控到风险，就应立即采取合理措施进行风险规避，可以从改变风险发生的概率和风险带来损失大小方面着手。

3）事后控制

无论项目进展的情况如何，都要求将风险管理的计划、行动、结果进行整理、汇总、分析，形成风险管理报告。风险管理具有持续性，所以风险管理报告不是指在项目结束之后才进行制作，而是应该根据项目状态、项目计划进度、报告对象等情况采取不定期或周期性的方式，为项目的实施、控制、管理和决策提供信息基础。

　　总而言之，风险和利益永远是并存的，如果在事前没有很好地进行分析，制订应急计划，等风险发生了就会手忙脚乱不知所措；只有正确地识别风险，并且进行有效地风险分析，及时采取风险规避的措施，确保每个项目顺利实施并成功完成，才可以给企业带来更大的效益。

7.2　风险规避

7.2.1　IT 项目风险规避相关概念

1）风险规避的概念

　　风险规避是风险应对的一种方法，是指通过计划的变更来消除风险或风险发生的条件，保护目标免受风险的影响。风险规避并不意味着完全消除风险：一是要降低损失发生的概率，这主要是采取事先控制措施；二是要降低损失程度，这主要包括事先控制、事后补救两个方面。

　　风险规避是处理风险的一种方法，是通过更改计划来消除风险或风险发生的先决条件，保护目标不受风险因素的影响。风险规避并不是指能完全消除风险，而是要避免项目风险可能带来的损失。这主要涉及两个方面——事前控制、事后补救。采取事前控制措施可以降低损失发生的概率；而事后补救措施可以降低风险造成损失的程度。

2）风险规避的类别

　　（1）风险损失的控制，即通过控制损失发生的概率，减少损失的程度。损失控制不是放弃风险，而是制订计划和采取措施降低损失的可能性或者是减少实际损失。控制的阶段包括事前、事中和事后三个阶段。事前控制的目的主要是为了降低损失的概率，事中和事后的控制主要是为了减少实际发生的损失。

　　（2）风险转移，即将本身可能会发生的潜在损失通过契约，将让渡人的风险转移给受让人承担的行为。通过风险转移过程有时可大大降低经济主体的风险程度。风险转移的主要形式是合同转移和保险转移。①合同转移。通过签订合同，可以将部分或全部风险转移给一个或多个其他参与者。②保险转移。保险转移是使用最为广泛的风险转移方式。

　　（3）完全规避风险，即投资主体有意识地放弃或拒绝合作，停止业务活动，以避免特定的损失风险源。这样简单的风险回避是一种最消极的风险处理办法。因为投资者虽然可以避免潜在的或不确定的风险可能带来的损失，但往往潜在的目标收益的机会也会随之失去，所以一般只有在以下情况下才会采用这种方法：①投资主体对风险极端厌恶。②存在可实现同样目标的其他方案，其风险更低。③投资主体无能力消除或转移风险。④投资主体无能力承担该风险，或承担风险得不到足够的补偿。

（4）风险保留，可以是被动的，也可以是主动的；可以是无意识的，也可以是有意识的。也就是说，如果损失发生，经济主体将以当时可利用的任何资金进行支付。由于不可能完全规避风险或回避风险之后明显对自己不利，因此把计算出的风险自留。风险保留包括无计划自留、有计划自我保险。①无计划自留，指风险损失发生后从收入中支付，即不是在损失前作出资金安排。当经济主体没有意识到风险并认为损失不会发生时，或将意识到的与风险有关的最大可能损失显著低估时，就会采用无计划自留的方式承担风险。一般来说，无计划自留应当谨慎使用，因为如果实际总损失远远大于预计损失，将引起资金周转困难。②有计划自我保险，指可能的损失发生前，通过作出各种资金安排以确保损失出现后能及时获得资金以补偿损失。有计划自我保险主要通过建立风险预留基金的方式来实现。

7.2.2　IT 项目管理中的风险类型分析

具有高复杂性特征的企业 IT 项目风险，如果被合理分类，将有助于更进一步把握 IT 项目风险本质属性，有助于对各类风险影响因素更好地分析，并且将极大地提高风险预测、识别、评估以及规避的效率。不仅风险指标体系对 IT 项目的风险识别具有非常重要的作用，项目风险分类结构也是不可忽略的，如果不做全面的指标分类结构，决策者可能遗漏一些重要风险，而过于庞大和详细的体系架构将使管理人员厌烦、麻木，从而无法得出准确的结果。

1）传统七维分类

在目前我国的科技发展水平下，无论理论研究还是应用 IT 项目管理水平与西方发达国家相比都有很大差距，仍然处于引进、消化和吸收的阶段。国外的研究机构和学者，在 IT 项目风险的识别方面做了很充分的研究。在目前，有许多 IT 项目风险的分类方法，本章对现有 IT 项目风险管理的文献做了总结，发现 IT 项目开发和实施过程主要存在的风险分为以下几类：

（1）组织风险。项目缺乏企业高层的支持或积极参与、项目进行过程中企业经历重组或者管理层的变动、该项目与当前的企业文化存在较大的冲突、企业战略的变化、项目所需要的资源被转移、实施该项目需要大幅度改变组织结构等。

（2）需求风险。需求定义不合理，甚至是错误的、系统需求频繁变更、系统需求定义不清晰、相关人员对系统需求定义存在歧义、系统需求分析不充分，有遗漏等。

（3）用户风险。用户提出不合实际的期望、用户对变化比较抵触、用户对项目持否定态度、缺乏用户参与、用户和开发人员之间存在分歧和冲突、系统应用涉及多个用户部门、部门之间存在很大分歧等。

（4）技术风险。项目采用以前从未使用过的新技术、项目需要与已有的其他信息系统进行较多的集成、技术相当复杂、使用不成熟的技术等。

（5）团队风险。项目团队之间意见不一、项目团队成员变动频繁或流失严重、开发人员不熟悉自己的任务、开发人员缺乏所需的专业技能、开发人员没有经过专门的培训等。

（6）计划和控制风险。没有设立里程碑、对项目技术重视不够、制订的计划存在较大问题、项目经理能力缺乏、对项目所需要的时间和进度估计不足、对项目进展状况监控不够、没有实行有效的变化管理、导致项目延期或超期等。

（7）市场与竞争风险。市场需求发生变化，对该项目的商业带来了不利影响、竞争者着手开发类似系统或采取其他防御措施、供应商、合作伙伴等相关团体没有为系统应用提供有效的配合、市场上新的替代产品、服务或者技术出现使系统变得过时等。

2）五维分类

从前人研究总结的七大 IT 项目风险类型中，可进一步通过风险评估分析策略抽取出最重要也是最常出现的风险外部风险、技术风险、成本风险、进度风险、管理风险，如表 7-1 所示。

表 7-1　企业 IT 项目风险分类结构与指标体系

风险类型	二级分类	备注
外部风险	市场和政策的变化	超出 IT 项目经理乃至整个项目组织控制范围的影响项目成功的干扰因素
	自然灾害的出现	
	威胁 IT 项目的安全因素	
	相关法律问题	

续表

风险类型	二级分类	备注
技术风险	技术成熟度不够	干扰项目达到预期功能、性能目标或期望的不可靠因子，包括项目的技术结构、项目的规模以及项目实施的技术能力和经验不足
	开发与管理工具选择不当	
	项目测试不严谨	
	软硬件的集成矛盾	
成本风险	项目运营成本溢出	因项目或项目组织的变化或失误从而影响项目成本控制的隐患
	项目范围的改变导致成本上升	
	出现未估算的项目成本	
进度风险	项目进度估计不准确	由于错失或延误 IT 项目产品或服务的市场机会而导致项目失败的可能性
	过多的技术、运营和外部问题牵扯项目进程	
	资源短缺或变更导致项目进度拖延	
管理风险	计划和任务定义不够充分	来自于项目人员的组织有效性，项目时间、资源的计划确定性和可控性差，以及项目质量监控的力度不足和立场有误
	实际项目状态	
	项目所有者和决策者区分不清	
	不切实际的承诺	
	员工之间的冲突	

从经验角度看，IT 项目的外部接口（如采购方、分包商、客户）等方面情况的变化是项目的重大风险；另外，项目的一些前提条件（如尚未发行的软件、尚未下线的设备、目前仍被占用的资源）如果不能得到满足也会成为项目的风险。

7.2.3 IT 项目中不同风险的规避策略

IT 项目开发是 IT 业务流程的重要组成部分，它的成败决定了 IT 项目实施成功率的高低，所以保证 IT 项目成功实施是 IT 项目的核心目标。风险贯穿于企业 IT 项目全生命周期。对于 IT 项目来讲，所有项目管理活动都属于风险控制行为，如遵从开发方法，因为它能降低过程风险；选用某一特征的编程语言，以降低技术风险；选用某一应用模型分析和设计系统，以降低业务风险；考虑到方案的柔性是为了降低市场风险，等等。只要是预先的、针对降低风险发生的可能性，或者削弱风险发生时损失后果的一切活动都可以称为风险控制行动，但是这里的风险控制指明确、显著、针对可能出现的问题所采取的应对措施。根据七维分类，可以对其进行采取不同的规避策略，如表 7-2 所示。

表 7-2　企业 IT 项目规避和减轻策略

风险规避和减轻策略	风险指标						
	组织	需求	用户	技术	团队	计划	市场
使用原型法				I		C	
使用增量式方法			I	I		C	
使用组件方法			I	I		I	
简化系统			I	I	C	C	
隐藏复杂性			C				
避免变化		I	C		C	I	C
获得用户支持	I	I	I				I
获得用户承诺	I	I	I		I		I
获得管理支持	I		C		I	C	
出售系统	I		I				C
提供培训				I	I		
持续提供帮助			C		C		
强制使用							C
允许自愿使用	C	C	C			C	I
普及与推广	C		C			C	I
将系统分解为可以接受的部分	C	C					

注：I=防范策略；C=弥补策略

　　针对五维分类方法，可以将项目风险转化为可控风险和非可控风险。例如，外部风险，就是不可控风险，而成本、进度、管理则可以归为可控风险。因此，可以根据风险预测和评估的方法得出的结论，以确定各种风险因素的指标，从而利用有针对性的规避方法进行风险控制。

　　如果采取定量的方法对 IT 项目风险进行评估分析，那么就可以根据风险指标值的大小来确定哪些风险适合规避、哪些风险适合承担。当然这一般是通过对不同的风险指标设定不同的阈值来确定的，然而阈值在企业 IT 项目全生命周期的每一个阶段并不是一成不变的，风险指标阈值以及风险规避策略都可能需要修正与调整。它会根据企业所处的环境和采取的竞争型战略类型而改变，如果所有风险指标的评估结果均在阈值范围之内风险才可以控制和接受，那么就可以作出下一阶段的风险计划，按照计划和既定战略执行 IT 项目。整个风险评估与风险规避过程是动态的，所以 IT 项目全生命周期风险的变化及风险测度以及评估的结果都会不断变化。可以根据各类别的风险采取相应的风险规避策略。风险规避策略应该从过程以及结果上对 IT 项目的风险进行规避，从而保证企业 IT 项目竞争战略的执行，如图 7-1 所示。

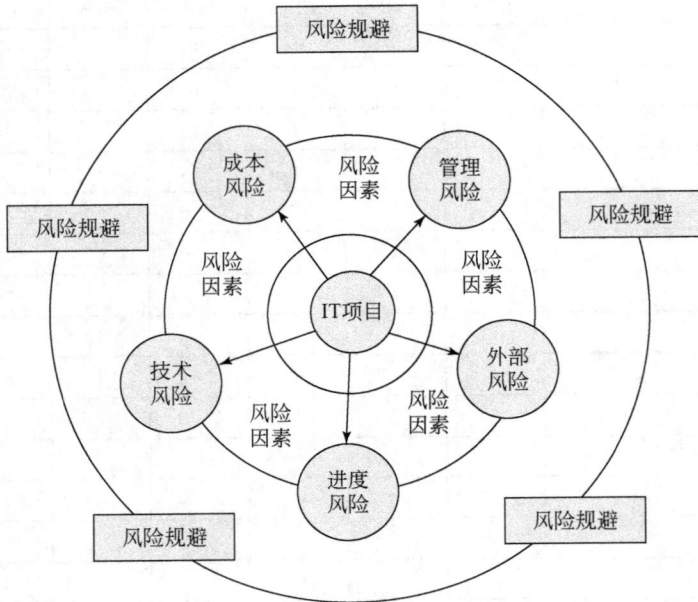

图 7-1　IT 项目风险规避模型

风险控制同样是有成本的，风险控制成本指公司为降低损失频率和损失程度，采取一定手段来提高预防损失的能力、减少风险行为所发生的成本，所以对一个企业来讲，采取风险规避需要首先进行成本效益分析。随着风险规避投入成本的加大，可能的风险损失后果就会降低，两者是负相关的关系。如果两者达成一种均衡的状态就构成了风险控制的对象选择条件和风险控制时机的最佳选择。应对方法和风险类型之间绝不是一一对应的关系，对同一风险不同的应对方法的区别主要体现在策略上。

7.3　基于激励机制的风险规避

在上一章中，得出 IT 项目风险五维分类模型，从中可以知道外部风险、技术风险、成本风险、进度风险和管理风险都是可以从组织的管理角度入手。根据行为科学理论的员工绩效函数：$P = F [M, AB, E]$。式中各变量的含义是：P（performance）——工作绩效；M（motivation）——激励机制；AB（ability）——

工作能力；E（evironment）——工作环境。

　　IT 项目管理者深知企业取得高竞争优势的关键因素在于面对项目的成本风险、进度风险和技术风险，因为这些风险因素都是可以从某些方面进行一定的规避控制的，而外部风险大多不是仅仅凭借企业的力量就可以避免。然而这些因素可以由绩效函数推出，员工对于企业的贡献大小很大程度上决定了员工面临 IT 项目风险的应对能力，这取决于员工的实际能力、工作环境这样的硬性指标以及企业的激励机制。然而这三大变量并不是独立的，而是相互影响的。例如，通过采用一定的激励机制可以使员工提高工作热情、为更好地完成 IT 项目努力学习新的知识，可以提高员工的工作能力，进而以相对较低的成本保证项目的进度、质量。

7.3.1　激励机制的概念与特点

　　激励本身是属于心理学范畴一个属性，指激发人的行为的心理过程。激励这个概念用于管理，是指激励员工的工作动机，也就是说用各种有效的方法去调动员工的积极性，使员工努力去完成组织的任务，实现组织的目标。激励机制一般具有合理性、动态性、获益性等特点，这种机制对企业进行高效运行起到重要作用，在 IT 项目中，企业激励机制的完善，可以调动 IT 项目组努力付出劳动。IT 项目管理中激励机制的作用：①能提高员工对待工作热情和产出率。②促进项目成员努力学习知识，积极开展知识的交流。③提高项目合作部门以及客户的协作意愿。④接收和创造知识的能力增强，使项目组的行为朝预定的方向发展。

　　IT 项目相关人员一般具有相应的专业特长和较高的个人素质，大多受过系统的专业教育，掌握一定的专业知识和技能。许多项目成果的形成通常需要团队的协同合作，并且关键客户关系的员工的稳定性和积极性，直接关系到企业的生存和发展。这决定了 IT 项目实施的过程中要有效规避风险因素，则要从员工内部采取激励机制，正确引导员工的工作动机，使他们在实现组织目标的同时实现自身的目标，从而使他们的积极性和创造性继续保持和发扬下去。

7.3.2　IT 企业项目人员的激励策略

　　设置合理的薪酬体系，实施全面薪酬战略。所谓"全面薪酬战略"，即公司将支付给雇员的薪酬分为"外在"的和"内在"的两大类，两者的组合即为"全面薪酬"。"外在的薪酬"主要指为员工提供的可量化的货币性价值。"内在的薪酬"则是指那些给员工提供的不能以量化的货币形式表现的各种奖励价值。

　　充分授权，委以重任，提高他们的参与感。充分授权要求建立相应的授权式组织结构。这种组织结构：一是上级管理者要有一定的超脱性，将经营管理权充分授予下级，让其充分自治；二是将下级转变为领导者，赋予他们领导职责；三是扩大非上级干预的业务流程，增大知识含量，让下级知识型员工按照任务要求，自行制订解决方案，处理实施中出现的问题。

　　开展教育培训，加强人才培养和选拔，使知识型员工随企业的发展不断成长。管理大师彼得·德鲁克曾认为，员工的培训与教育是使员工不断成长的动力与源泉。结合员工自身的特点，适当给予其出国进修深造、职务晋升、专业技术研究等方面的机会，以调动他们把握知识和技术能力的积极性和主动性。通过教育培训，使员工能够在工作中不断更新知识结构，保持与企业同步发展，成为企业最稳定可靠的人才资源。

　　采取宽容式管理，实行弹性工作制度，为他们创造宽松的工作环境。彼得·德鲁克在剖析管理行为的实质时深刻指出，人们从内心深处是反对被"管理"的。这一观点尤其适用于 IT 企业的知识型员工，他们对于自己所从事工作的了解要比他们的老板深刻得多。企业要为知识型员工创造更为宽松、开放的工作环境，具体包括自主工作的权力、弹性工作制、自由发表意见的氛围，容忍员工犯错误，创造充满乐趣和关爱的工作环境等。对知识型员工的激励，应以其发展、成就和成长为主，强调个人、团队、组织激励的有机结合，注重长期激励和短期激励的结合。

7.3.3　IT 项目开发过程风险问题的影响因素

　　在 IT 企业，管理者往往从利用公司的技术力量、降低项目成本的角度出发，在 IT 项目提出到实施过程中，由于存在的一些不确定性因素、软件产品的无形的特性，IT 项目开发的整个生命周期都可能充斥着各种风险，通常可能存在以下问题：最终 IT 产品存在瑕疵、影响客户企业今后的使用效率等。由图 7-2 可知，开发项目管理中经常存在以下问题：

　　（1）客户的需求定义准确性、全面性、充分性不够。软件开发的需要都是应一些具体业务引起的，因此一般都是由具体业务部门的人员根据本部门的需求提出，经常发生的情况是项目相关部门有多个，但是这些部门之间的人员由于不在同一部门而没有沟通，造成的结果就是需求的准确性、全面性和充分性远远不够。IT 项目前期就确定的需求在开发接近尾声，甚至到试运行的阶段，业务部门还在提出变更的需求，最终的结果就是由于系统在开发时频繁地修改，造成程序结构混乱，系统也不能完全满足需求，业务部门也不愿意使用，使用效率低下，

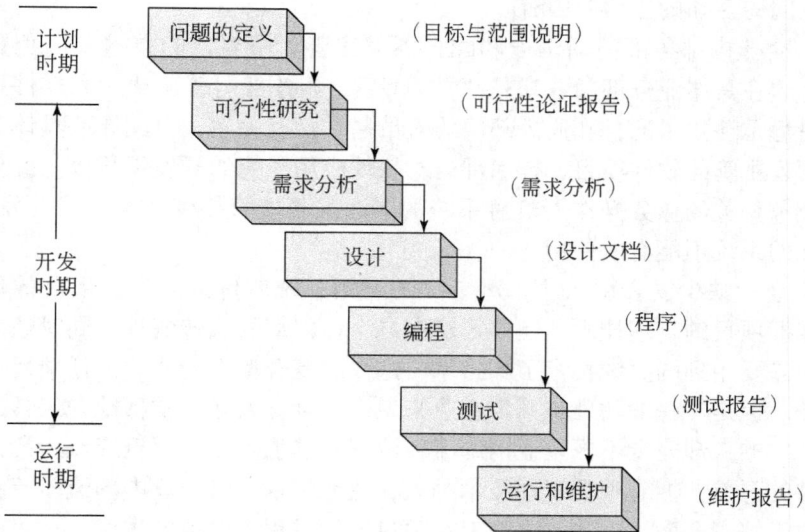

图 7-2　软件开发生命周期

既浪费了开发成本，也影响了企业信息化的进程。

（2）系统归口管理机制的缺失。客户的 IT 系统和软件在开发过程中经常会出现这样那样的问题，但是由于企业内部的业务和技术人员不熟悉系统，甚至会故意把问题藏起来。这时候，如果客户企业内部没有熟悉项目、业务和技术的人员，对项目没有反馈和跟踪制度，就可能造成开发系统的设计隐患和潜在问题。

（3）测试的不完整。在 IT 系统开发的过程中，客户企业没有详细的测试计划，测试工作都交给 IT 企业，对 IT 企业开发的软件系统的测试往往在具体使用时才进行，有时只有对部分主要功能有具体、详细的测试，对次要或不那么重要的功能则不进行测试或测试很少。而实际使用的业务部门则由于 IT 知识的缺乏，可能都不懂得如何进行测试，测试也就不完全了。在这种情况下，系统一旦上线，刚开始阶段系统问题可能层出不穷，造成大量的返工，对系统的实际实施进度和质量会造成很大的影响。

（4）项目文档、项目知识交接不全面。在系统开发阶段、测试修改阶段和完工系统移交业主的过程中，有些没有经验的项目人员对撰写必备的文档资料不够重视。文档资料中只有合同中明确写出的内容，而且撰写的文档资料可能又不够详细，使得最终开发出的系统的使用、维护知识只由那些参与系统开发的企业或开发商的人员所掌握，本该显性的知识变成了隐性的知识。另外，人员的变动可能会影响所开发的系统的后续维护和使用。

以上问题存在的主要原因有：

（1）企业内部各部门的沟通和配合不够完善。由客户的技术部门负责主管的项目，这在具体业务部门看来是"技术活"，业务部门普遍认为和软件系统相关的事情都是纯技术的，和业务部门的人员基本没有关系，由此导致具体业务部门需要而且主管的软件项目，技术部门对软件应用系统的开发不积极。此外，最直接和业务相关的业务操作人员对系统的看法又不能直接传达给项目开发团队，造成最终的系统不能有效使用。

（2）企业缺少复合型人才。对专门的应用系统软件的开发，项目的负责人不但要掌握项目的管理技术，还要了解客户企业内部的流转流程，同时还要对系统开发中需要用到的关键技术了如指掌，这样的复合型人才才能胜任项目的负责人的职务。但是对一般的外包开发企业来说，复合型人才非常稀缺，经常是懂软件系统开发的人却完全不懂企业内部流转流程；熟悉企业内部流转流程的人却不熟悉软件的开发；拥有项目管理技术的人，只懂技术，对企业内部流转流程又不了解。由于缺少全面性人才，再加上在项目开发过程中要抓紧进度，项目的质量往往会达不到客户的要求。

（3）不够重视知识的转移。很多人认为，开发一个软件信息系统，只不过就是找些程序员写写程序而已，其实这种思想是不正确的。除了程序的编制以外，项目开发的同时必须编写一套完整的文档资料，用于系统正式使用之后的日常应用和维护工作。这套完整的文档资料应该与软件信息系统的开发是完全同步的，同时里面的内容也应该与程序的编码一一对应。项目的开发人员在开发完成后可能不会再负责系统的维护，那么对于系统今后的维护人员，这样的技术文档就是非常珍贵的。如果文档资料没有同步编制或者编制得不完整、质量不高，则对系统使用过程中的维护工作带来重大的影响。在实际工作中，有些不负责任的IT开发商不太重视技术文档的编写，而且如果客户企业内部的相关业务和技术人员也对此也认识不足的话，可能发生的后果就是在系统正式上线后，能够使用系统的人员非常少，而且只能通过师傅带徒弟的方式手把手地传递使用方法，不利于信息化的推广。

（4）科学、有效的管控机制的缺失。一般的客户企业，由于其对信息技术领域的经验不足，很可能没有制定软件项目开发管理的标准，如果由开发商协助开发信息系统，其可能会对开发商不能进行有效的控制。而对于开发商的软件开发人员来说，如果责任心不强，可能为赶进度或者节约成本，采取权宜之计，设计时只考虑当时的状况，对未来不作通盘考虑，开发出来的软件系统虽然能够满足当下的业务的需要，但是稳定性、扩展性和兼容性都相对较差。

在有关的文献中，学者普遍认为解决这类风险最有效的方法之一是建立激励机制。Demougin 和 Fluet（2001）也认为监督–激励机制，能有效解决 IT 企业内部人员间以及与客户之间的沟通和知识转移的风险问题，促进了项目组内部成员之间和与客户之间及时信息共享和反馈，有利于项目分阶段调整，保证进度和质量。

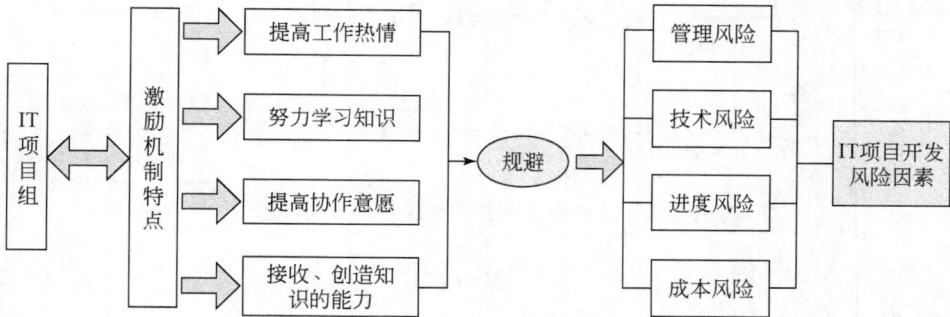

图 7-3　激励机制的风险规避可行性图

7.3.4　以项目利润最大化为目标的风险规避

在企业内部 IT 项目开发过程中的激励主要是通过激励机制对项目组的工作热情、努力学习知识的意愿、与人协作能力的提高和吸收创造知识的意愿等给予不同程度的奖励，这样可以调动项目组的积极性，使项目转移运作更加顺畅，从而减少 IT 项目开发过程中的技术和进度风险。企业在 IT 项目开发过程中采取激励机制，是为了规避各种风险，使自己的利润达到最大化。根据以上分析，本书设计了一个基于 IT 企业内部项目开发过程中组员间协作、沟通、学习的激励机制模型，并以企业的知识传递共享与项目组员知识产出、项目成果作为研究的主线，具体的激励机制构建如图 7-4 所示。

用 x_i 来表示 IT 项目组学习知识的努力程度，不考虑其他因素，x_i 的值越大，IT 项目组的成本就越大，因此反馈给企业的 IT 项目产出就越多，令 IT 项目组学习技术、进行交流所付出的成本系数为 l，设 IT 企业项目总收益为 y_1，则假设形式为

$$y_1 = \frac{1}{2} l x_i^2 \tag{7-1}$$

令 k 为 IT 企业的激励强度系数，y_2 为企业的激励成本，激励成本随着 IT 项目组努力程度的提高而提高，则有

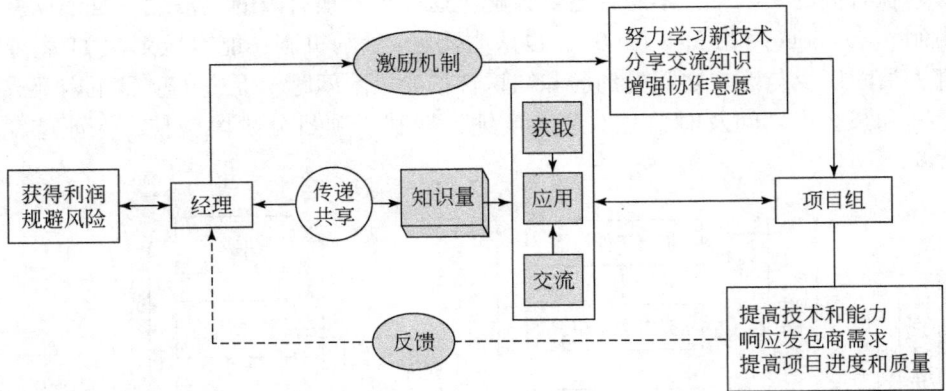

图 7-4　IT 企业内部知识传递共享激励机制图

$$y_2 = kx_i \tag{7-2}$$

IT 企业项目的利润为 y，则有

$$y = y_1 - y_2 \tag{7-3}$$

设 IT 企业知识传递共享量为 q，项目利润 y 是发送量 q 的函数，则利润函数为：

$$y = y_1(q) - y_2(q) \tag{7-4}$$

使项目利润最大化的第一个条件是利润的一阶导数等于 0，即边际利润等于 0，则有

$$\frac{\mathrm{d}y}{\mathrm{d}q} = \frac{\mathrm{d}y_1}{\mathrm{d}q} - \frac{\mathrm{d}y_2}{\mathrm{d}q} = 0 \tag{7-5}$$

$$\frac{\mathrm{d}y_1}{\mathrm{d}q} = \frac{\mathrm{d}y_2}{\mathrm{d}q} = 0 \tag{7-6}$$

但是式（7-6）只说明在 IT 企业知识传递共享量为 q 时，只存在利润极值，可能是极大值，也可能是极小值。因而保证企业 IT 项目利润最大化的条件是其二阶导数小于 0，即

$$\frac{\mathrm{d}^2 y}{\mathrm{d}q^2} < 0 \tag{7-7}$$

由式（7-5）与式（7-7）可得

$$\mathrm{d}\left(\frac{\mathrm{d}y_1}{\mathrm{d}q}\right) < \mathrm{d}\left(\frac{\mathrm{d}y_2}{\mathrm{d}q}\right) \tag{7-8}$$

这说明利润最大化的第二个条件是 $\frac{\mathrm{d}y_1}{\mathrm{d}q}$ 的变化率小于 $\frac{\mathrm{d}y_2}{\mathrm{d}q}$ 的变化率。

把式（7-1）与式（7-2）代入式（7-6）与式（7-8）可得

$$\frac{\mathrm{d}\left(\frac{1}{2}lx_i^2\right)}{\mathrm{d}q}=\frac{\mathrm{d}\ (kx_i)}{\mathrm{d}q} \tag{7-9}$$

$$\mathrm{d}\left(\frac{\mathrm{d}\left(\frac{1}{2}lx_i^2\right)}{\mathrm{d}q}\right)<\mathrm{d}\left(\frac{\mathrm{d}\ (kx_i)}{\mathrm{d}q}\right) \tag{7-10}$$

对于 IT 项目组来说，由于企业的激励体制的存在，只有提高学习新技术的努力程度，及时交流沟通，然后应用到实际项目中，才会使项目能在既定的时期内保质保量完成。对于企业而言，要得到最大化的利润，首先必须最大限度地降低风险。那么企业就要严格控制激励强度、成本系数与传递共享知识量的关系。只有在这种关系同时符合式（7-9）、式（7-10）的条件下，才能使企业项目得到最大的利润，从而规避 IT 项目风险。

7.3.5　针对企业内部奖惩强度的风险规避

企业和 IT 项目组都希望 IT 项目能够成功，但这并不表明它们之间就能够很好地进行协作与知识交流。在知识转移过程中，企业如何保证 IT 项目组努力学习知识，同时保证员工付出时间和精力去理解知识，这就需要企业的激励措施及激励强度。本书设计了一个基于 IT 企业内部的知识转移激励机制模型，并以管理者和被管理者双方转移过程、知识协作与 IT 项目组知识反馈作为研究的主线。

如图 7-5 所示，当企业项目组在相关技术知识获取、交流、应用的过程中，给予一定的激励措施、激励强度，可以使 IT 项目组努力学习知识、对知识的交流付出时间和精力、增强吸收新技术的意愿。间接使 IT 项目组在反馈时能够及时响应客户需求，主动应用新技术、新知识为企业提供产品和服务，从而规避了项目开发过程中产生的某些风险。企业和 IT 项目组之间的激励机制、组员之间协作程度对软件开发效果会产生显著影响，从而也使企业传递共享技术、业务知识的动机增强，知识接收方的吸收意愿、反馈的意愿也会提高。

根据以上的分析，建立以下模型。假设用 a 来表示项目组学习努力程度、协作的意愿，y 表示企业项目的收益，k 为收益系数，q 为 IT 项目组付出时间和精力努力学习新知识（技术和业务等）、学习知识成本系数，$c\ (a)$ 为成本，那么有如下关系：

$$y=ka \tag{7-11}$$

$$c\ (a)\ =\frac{1}{2}qa^2 \tag{7-12}$$

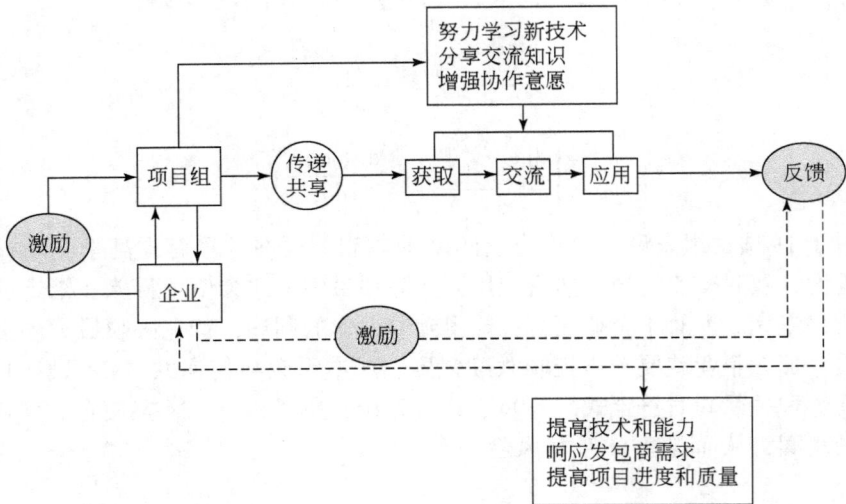

图 7-5　企业内部知识传递共享激励–反馈示意图

　　假设企业规定 IT 项目组学习知识努力程度程度、交流协作的意愿、知识反馈的效果的水平为 d, 如果 IT 项目组超过这一水平就给予其奖励, 如果低于这个水平就给予其惩罚, 假设企业监督到水平变量为 D, $D=a+x$, x 为 IT 项目组学习知识努力程度程度、交流协作的意愿、应用到项目中的效果的误差, 假设 $x=0$ 有 $D=a$。企业监督成本设为 h, p 为奖惩量, l 为奖惩系数由此可知发包方的奖惩函数为:

$$p=l\,(a-d) \tag{7-13}$$

　　令 m 为企业给 IT 项目组的固定报酬, 这与收益无关, θ 为企业的激励强度系数, 取值为 $(0 \leqslant \theta \leqslant 1)$, 即 IT 项目组得到的收益比例, $\theta=0$ 意味着 IT 项目组不承担任何项目风险损失, $\theta=1$ 为 IT 项目组承担所有项目风险损失, n 为风险的损失量。

　　S_i 为企业所得的利益, S_j 为 IT 项目组所得的利益则有

$$S_i=(1-\theta)\,y-h-p+\theta n \tag{7-14}$$

$$S_j=m+\theta y+p-c\,(a)\,-\theta n \tag{7-15}$$

把式 (7-1)、式 (7-2)、式 (7-3) 代入式 (7-5) 得

$$S_j=m+(\theta k+l)\,a-\frac{1}{2}qa^2-ld-\theta n \tag{7-16}$$

关于 a 求导可知, 当

$$a=\frac{\theta k+l}{q} \tag{7-17}$$

时，S_j 等价化收益最大。由此知 $\dfrac{\partial a}{\partial \theta} = \dfrac{k}{q} > 0$ 时表明当随着激励强度系数增大，IT 项目组学习知识努力程度、交流协作的意愿就会增加，从而得到更好的项目产出反馈；$\dfrac{\partial a}{\partial l} = \dfrac{1}{q} > 0$ 时说明随着奖惩系数的提高，也会影响 IT 项目组学习知识程度、交流协作的意愿、新技术应用到项目的效果。

把式（7-11）、式（7-13）代入式（7-4）得

$$S^i = (k - k\theta - l)\, a + ld + \theta n \tag{7-18}$$

由式（7-18）可得，当

$$\theta \geqslant 1 - \frac{l}{k} \tag{7-19}$$

时，S_i 才可能取到最大值。企业的收益与奖惩系数、激励强度系数存在一定的关系，当这种关系表现为一定函数关系时，可以使企业得到最大的利润，从而把项目风险降到最低。

7.4 基于知识联盟的风险规避

企业内部在 IT 项目开发过工程中激励机制的建立最主要是规避项目技术风险、管理风险、进度风险、成本风险。更多的是从企业内部现有项目环境出发，如技术、业务知识、复合型人才，从既定的环境中尽最大的努力规避 IT 项目的风险。然而 IT 企业在项目开发的过程中仍有可能受到本身文化环境、技术环境的局限，再加上现代新技术的快速发展，IT 企业也面临着技术创新的风险和自身能力不足的风险，所以 IT 企业仅仅在内部采取激励机制规避 IT 项目风险是不够的。因此，本节提出构建基于知识联盟的风险规避模型，为解决 IT 内部规避风险提供了良好的保障。

7.4.1 知识联盟概念

知识联盟表示不同的知识型企业之间的关系，企业是一条知识链，一个企业可以参与多条知识链，因而不同知识链之间存在交叉，当一个企业和其他的企业建立一种知识创新联合体时，一个知识联盟就形成了。知识链存在于企业内部，也存在于社会各个群体之中，因而不同的知识链形成相互交错的知识网——知识联盟。

知识联盟是一个开放性的系统，同时也具有动态特性。它能根据具体的市场

变化而不断创建新的知识结构，知识联盟更注重联盟间的接触与交流，注重工作的协调性，从而创造了良好的沟通环境、运作环境，从而使知识联盟中成员在知识运作时能高效进行共享。

知识联盟形成的知识创新系统、知识传播系统、知识应用系统就是国家创新系统的重要组成部分。建立知识联盟，打破传统的教学、科研、生产的条块分割和封闭的管理模式，建立基于知识共享的管理模式。

7.4.2 IT 企业中知识联盟的特点

IT 企业中的知识在进行联盟时一般都以低成本输入，而高效地应用、输出知识。它的运作形式是一种高效的知识输出、共享过程，不仅重视知识学习，也强调知识共享和知识转移，更强调知识创造。企业为了能够快速响应市场的变化，使 IT 项目风险降到最低，提高企业的市场竞争力，取得较强的接收项目的能力，结成知识联盟。由于联盟之间的相互协调、相互合作、相互学习，从而建立知识库，知识联盟中的成员根据共同建立的知识库达到知识的共享，使 IT 合作企业之间优势互补，通过知识共享也可以使联盟成员避免重复工作。不同的 IT 企业为了能达到共同的目标，建立了一种学习型组织，更好地转移知识、创新知识，从而创建了新的核心能力。归结起来 IT 企业中的知识联盟有如下的特点：知识创新性、知识共享性、知识互补性、知识运作机制的高效性。

7.4.3 IT 企业中知识联盟的策略

目前，我国知识联盟的发展存在以下问题：①企业缺乏学习动力，没有把学习知识当做企业的首要目标。②企业学习能力还不够，组织交互学习不当，使知识流的绩效不佳。③企业内部管理机制不能很好地与知识联盟相适应，从而使知识不能很好地吸收。④合作各方缺乏相互信任，对核心技术和能力可能有所保留，不愿共享。⑤对知识联盟形成过分依赖，忽略对自己核心能力的培育。为此，应采取以下对策。

（1）把企业演变为学习型组织。要使企业成为学习型组织，才能够促进知识联盟不同主体之间的知识的扩散和共享，合理高效运用知识，有利于知识的成功转移。组织学习是企业在持续进行的内外部信息交流中通过不断的努力改变或重新设计自身以适应不断变化的环境、保持企业的竞争优势和创新能力的过程。如果一个企业不能随着环境的变化而及时调整自己的行为和目标，很可能陷入一种危险境地。组织学习不是组织内每个个体学习的简单相加，而是全体成员在相同的目标下，集体共同学习，不断提高团体学习能力，通过实践创造知识、运用知识，达到组织目标。学习型组织在企业内部是没有界限的，能够使不同知识面交叉，根据环境的变化迅速调整自身的知识结构，很快地将思想、信息、人才、制度及行动配置到最需要的地方，从而满足知识创新对组织灵活性、可塑性的要求。组织之间的交互学习是一个包括各种组织层面和行为者的复杂过程。交互学习是指能够把一定的知识传播到组织的各个层面，个人、小组之间各种正式和非正式的关系使从个人知识上升到小组知识，然后上升到企业知识，最终形成企业的结构资本。

（2）要形成企业自身核心能力。企业核心能力是一种难以模仿替代、稀缺的积累性学识，尤其是有关如何组织协调不同生产技能和有效结合各种流派的学识，经过长期培育而形成的知识体系。企业自身的核心能力的作用是不可估量的，在企业特定的经营环境中提供其独创性的竞争优势，如能够综合多方面的人力、物力、财力，以及技术、技能、组织的制度、价值观念等资源，它是识别和提供竞争优势的关键知识体系。而企业核心能力大小的决定因素是那些隐形的、非格式化、动态的知识。只有很好地把技术、知识和制度协同起来创新，才能形成核心能力。它是企业组织经过长期学习积累形成系统的动态发展的知识体系，能使可利用资源最大化，成本最小化，风险尽可能降低。为了更好地维护和保持核心能力，企业首先就要培育和维护自身的独特的知识体系，在企业环境不断改变的情况下，不断采取措施对自身核心能力进行相应的调整，以知识、技能的有效利用为中心，提高企业资源的利用效率，谋求竞争优势，实现企业的价值增长。显然，知识联盟对补充和完善企业现有知识起着关键的作用，但是对于企业的重要的研究开发还是依赖于自身的核心能力。

（3）在联盟成员间建立长久的忠诚互信关系。知识联盟成员之间是彼此相互学习、共享、传递知识和技能的长久动态过程，这期间联盟成员之间只有建立了相互信任的关系，才会毫无顾虑、更密切地进行交流，创造出更好的信息自由转移的轻松环境，从一定程度上节约了交易成本，减少保护意识，增进彼此之间知识的共享。合作双方保持一种信任关系，才能坚持频繁、双向的合作，创造新的知识。一旦知识共享会给双方带来明显的效益，又能反过来增强联盟成员之间的信任，从而出现联盟成员间知识符合 "1+1>2" 的知识放大效应，而非联盟成员的知识简单相加。

（4）创造共享知识的舒适环境。由于自我保护意识的存在，个人或组织为确保其自身利益不受影响而抵制知识共享，害怕自己的宝贵知识传到其他企业，从而造成对自己的威胁，但是这样做的同时也阻碍了新知识流入自身的知识系统，不利于自身知识的创新和进步。所以，联盟成员企业必须创造一种新的、有利于共同进步的舒适环境，确保知识能够不断创造、收集和应用，让所有联盟成员企业能够共享知识，从而创造出更多、更新的商业价值。然而，企业文化和经营理念的差异，往往会阻碍知识在联盟成员间的共享与传播，要创造有利于知识共享的文化环境，首先要通过加强成员间的相互交流，培育在经营理念上一致的联盟文化，使各成员充分认识到合作与竞争、实现"多赢"的重要性，然后建立为远距离的交流提供技术支持的信息网络环境。通过网络将联盟成员企业紧密联系到一起，从而更快捷、迅速地交流知识。这样的知识共享环境让知识经验分享的宽度替代多层次的等级交互的知识深度，避免在知识交流过程中知识的丢失和变形，做到最大限度地利用外部知识，从而使自己现有的知识得以更新。

7.4.4　IT 企业中知识联盟的构建

IT 企业构建良好的知识联盟对减少 IT 项目风险有不可估量的作用。知识联盟能帮助企业进行知识共享，不仅仅降低风险、提高竞争力，而且创造知识、整合知识，最终提高企业绩效。具体的知识联盟构建过程如图 7-6 所示。

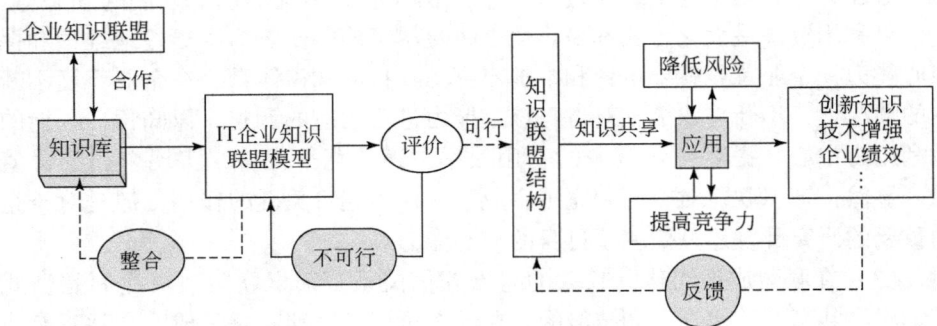

图 7-6　IT 企业知识联盟构建步骤示意图

由图 7-6 可知：不是所有知识联盟模型都可行，所以一旦建立起知识联盟，就要对其进行可行性研究，以免中途发现知识联盟存在问题，从而半途而废，不仅造成经济损失，还使企业之间失去原有的信任合作关系。本书采用如下方法对知识联盟的模型进行评估。

一方面，令 $C(x_1)$ 是 IT 企业独立积累、整合、创造 x_1 数量的知识的平均成本，$C(x_2)$ 是 IT 合作企业独立积累、整合、创造 x_2 数量的知识的平均成本。$C(x_1, x_2)$ 是建立知识联盟后联合积累、整合、创造 x_1，x_2 数量的知识的平均成本。D 为知识联盟经济程度，则有

$$D = \frac{C\ (x_1)\ +C\ (x_2)\ -C\ (x_1,\ x_2)}{C\ (x_1,\ x_2)} \tag{7-20}$$

由式（7-20）可知：当 $D>0$ 时，表明独立积累、整合、创造知识的成本之和大于知识联盟后的成本，D 越大，知识联盟规模经济就越高。当 $D<0$ 时，表明知识联盟后的成本大于独立积累、整合、创造知识的成本，这种知识联盟不具有知识联盟规模经济效应。

另一方面，假设 IT 企业知识联盟由 m 个企业构成，可以记知识联盟的全体为 $M = \{1,\ 2,\ 3,\ \cdots,\ m\}$。如 IT 企业知识转移获得成功，令第 j 个知识联盟成员获得知识获取量为 f_j 其知识投入量为 α_j，β_j 为知识风险的承担量，令知识联盟的风险总量为 B，令第 j 个知识联盟成员风险承担系数为 $\overline{w_j}$，则有

$$\overline{w_j} = \frac{\beta_j}{B} \tag{7-21}$$

令第 j 个知识联盟成员获得知识共享获益比例为 γ_j，令 IT 知识转移规避风险的成效系数为 Z_j，知识联盟创造的知识总量为 F。根据 IT 企业的知识联盟符合风险共同承担、知识获取量按照投入量产出比的原则，建立知识联盟中知识共享获益比率目标函数：

$$\gamma_j = F_{\gamma_j}(\overline{w_j},\ \alpha_j,\ Z_j) \tag{7-22}$$

$$\frac{\mathrm{d}\gamma_j}{\mathrm{d}Z_j}>0,\ \frac{\mathrm{d}\gamma_j}{\mathrm{d}\overline{\omega}_j}>0,\ \frac{\mathrm{d}\gamma_j}{\mathrm{d}\alpha_j}>0,\ (j=1,\ 2,\ 3,\ \cdots,\ m) \tag{7-23}$$

当 $\gamma_j>0$ 时，知识联盟成员间的收益大于 0，则可得到知识共享获益比率模型为：

$$\gamma_j = \frac{\overline{\omega}_j \times \alpha_j \times z_j}{\sum\limits_{i=1}^{m}(\overline{\omega}_j \times \alpha_j \times z_j)} \tag{7-24}$$

从式（7-24）可知第 j 个知识联盟成员获得知识获取量为

$$f_j = F \times \frac{\overline{\omega}_j \times \alpha_j \times z_j}{\sum\limits_{i=1}^{m}(\overline{\omega}_j \times \alpha_j \times z_j)} \tag{7-25}$$

由上述模型可知：①企业建立知识联盟后，由于各知识要素的有机结合及各种要素的优化，从而产生了"1+1>2"的效应，平均成本呈现下降的趋势，即在一定知识联盟范围内，随着知识联盟规模的扩大，成本明显降低，最终知识转移的风险也降低了。②IT 企业的知识联盟要符合风险共同承担、知识获取量按照每个企业的知识投入量进行一定比例的获得。当知识联盟成员之间，大家协作度、信任度越高，沟通交流越多，知识传递的总量就越多，共享的知识就越多，创造

出的知识产品就越好，IT 项目风险规避成效就越好。

7.5 本 章 小 结

    本章首先阐明关于 IT 项目风险规避与控制的概念，分析 IT 项目中风险的类型以及不同的规避策略，并且针对最常见的 IT 项目风险，着重分析 IT 项目开发过程中企业内部激励机制与外部知识联盟的特点，然后阐述激励机制和知识联盟对规避 IT 项目风险的必要性、可行性，然后建立基于激励机制的和基于知识联盟风险规避模型。该规避模型能有效降低 IT 项目风险，保证 IT 项目可开发过程更快更好运行。

第 8 章　IT 项目风险防范策略

风险防范是风险管理中一项重要的工作，尤其是在 IT 项目特殊的风险背景之下，风险防范工作显得更为重要。项目风险防范是风险管理的重点，它很好地体现了风险管理的积极性和可预防性。

8.1　项目风险防范

8.1.1　风险防范概念

风险防范是有目的、有意识地通过计划、组织、控制和检查等活动来阻止风险损失的发生，削弱损失发生的影响程度，以获取最大利益的行为。

风险指遇到破坏或损失的机会或危险。风险防范机制则是为消除或减少风险，化险为夷甚至转害为利，而制定的策略、计划、方案、组织制度等。

IT 项目风险管理的特殊性在于 IT 项目目标、实施环境、交付的对象都不同于一般的工程项目，所以将传统的项目管理和风险管理理论应用到 IT 项目时需要根据实际情况作出适当的调整。IT 项目风险防范也应当根据 IT 项目风险特性来具体制定。

风险防范也可遵循以下预防事故的一般原则：

（1）加强员工培训。人往往是导致事故发生的主要原因，加强员工培训、提高人员素质，主要目的是降低项目风险和风险因素。员工的培训包括风险文化、技术、职业道德、工作态度、工作责任等。

（2）编写相关规则和条例，安排安全监督检查和适当的安全管理人员，防止事故的发生。

（3）采取相应的技术措施。技术措施指的是从物理技术上保证所有机器及设备处于正常的状态。

8.1.2　风险防范计划

风险防范计划记录了管理整个项目中出现风险的程序，概括了风险识别和量化过程的结果，并描述了项目管理团队进行风险管理的一般方法。风险管理计划应该明确的问题有：①为什么承担或不承担这一风险对于项目目标很重要？②什么是具体风险，什么是风险减轻的可交付成果？③风险如何被减轻（风险减轻的方法是什么）？④谁是负责实施风险管理计划的个人？⑤与减轻方法相关的里程碑事件何时会发生？⑥为减轻风险，需要多少资源？

此外，还需要注意这样几点：评估项目中与风险相关的具体可交付的成果、派专员开发那些可交付成果、鉴定与减少风险有关的关键性事件。风险管理计划中细节的详细程度会因项目需求变化而出现不同。应急计划是在确定的风险事件发生时，项目团队将以预定措施应对的过程。应急储备是项目发起人为了应对项目在质量或范围上可能发生变动而持有的预备资金，它可用来转移成倍风险或和进度风险。

8.2　IT 项目风险监控

项目风险监控有利于识别和度量风险，充分吸取项目风险管理经验与教训，避免项目风险事件的发生。本小节将会介绍风险监控的概念、内容、步骤和方法。

8.2.1　风险监控概念

项目风险监控是指管理者采取各种措施和方法，消灭或减少风险事件发生的各种可能性，或者减少风险事件发生时造成的损失。它是以项目风险的阶段性、渐进性和可控性为基础的，这是因为在相关人员了解风险的发展规律后，才可以控制风险。

项目风险是发展和变化的，这种发展与变化也会随着人们的控制行为而发生变化。人们对项目风险的控制过程就是一种发挥主观能动性去改造客观世界（事物）的过程，此时产生的各种信息会进一步完善人们对项目风险的认识和把握程度，使人们对项目风险的控制行为更加符合客观规律。实际上人们对项目风险的监控过程就是一个不断认识项目风险和不断修订项目风险监控决策与行为的过程。这一过程是一个通过人们的行为使项目风险逐步从不可控向可控转化的过程。

8.2.2　风险监控内容

项目风险监控的内容主要包括如下几个方面。

1)　监控风险的发展

监控项目风险的发展，一方面可以通过感性认识和历史经验来判断，另一方面也可通过对各种客观的资料和风险事故的记录来分析，归纳和整理，以及必要的专家访问，从而找出各种明显和潜在的风险及其损失规律。因为风险具有可变性，因而风险识别是一项持续性和系统性的工作，要求风险管理者密切注意原有风险的变化，并随时发现新的风险。

2）辨别风险发生的征兆

要注意风险发生的征兆，如果在潜伏期的风险征兆没有被及时发现或合理处置，则会导致风险的进一步加剧。

3）采取各种风险防范措施

风险管理中有一个不是非常精确的管理矩阵，可以提供参考。风险按照发生的可能性和影响目标的程度（也就是发生的后果严重程度）来分成四个区间，四个区间对应着一般的四种应对策略和措施。它们分别是：

（1）发生可能性低、影响程度低。应对措施：保持现有控制措施，不增加任何管理资源，保留风险即可。

（2）发生可能性低，影响程度大。应对措施：一般是转移或者分担，这类风险一般都有保险产品做转移。

（3）发生可能性高，影响程度低。应对措施：一般采取内部控制措施，降低发生的频率。

（4）发生可能性高，影响程度大。应对措施：这类属于双高风险，应该立即采取应对和控制措施，或者采取风险规避措施。

4）合理应对已发生的风险事件，消除或缩小项目风险事件的后果

项目风险并不是都可以避免其发生的，有许多项目风险会由于各种原因最终还是发生了，对于这种情况，项目风险控制的目标是要积极采取行动，努力消减这些风险事件的消极后果。

5）制定并实施风险管理计划，进一步辨别与度量风险。

这一步由负责具体项目风险控制的人员，根据风险的特性和时间计划，去制订出具体项目风险的管理计划。在这一步要找出能够控制项目风险的各种管理计划，然后要对计划作必要的可行性分析，以验证各个风险控制备选计划的效果，最终选定要采用的风险控制计划或备用计划。这一步还要针对风险事件的不同阶段，制订出在不同阶段使用的风险事件控制计划。

8. 2. 3　风险监控步骤

1）建立项目风险事件控制体制

这是制定整个项目风险监控的方针、程序和管理体制的工作，这包括项目风险责任制、项目风险报告制、项目风险监控决策制、项目风险监控的沟通程序等。

2）确定要控制的具体项目风险

这是按照项目风险后果严重程度、概率大小、组织风险监控资源等情况确定出对哪些项目风险进行控制、对哪些项目风险容忍并放弃对它们的控制。

3）确定项目风险的控制责任

所有需要监控的项目风险都必须落实具体负责控制的人员并要规定他们所负的具体责任。每项项目风险监控工作都要由专人负责而不能分担，而且要由合适人员去负责。

4）确定项目风险监控的行动时间

这是项目风险监控时间的计划和安排，它规定出解决项目风险问题的时间限制等。项目风险的损失多数是因为错过监控时机造成的，所以项目风险监控时间计划很重要。

5）制订各个具体项目风险的监控计划

这首先要找出能够监控项目风险的各种备选计划，然后对计划作必要的可行性分析和分析，最终选定要采用的风险监控计划并编制项目风险监控计划文件。

6）实施各个具体项目风险监控计划

此时人们必须根据项目风险的实际发展与变化，不断地修订项目风险监控计划与办法。对于某些具体的项目风险而言，项目风险监控计划的修订与实施几乎是同时进行的。

7）跟踪各个具体项目风险的控制结果

其目的是要搜集项目风险监控工作的结果信息并给予反馈，以指导项目风险监控工作。通过跟踪给出项目风险监控信息，根据信息改进项目风险监控工作，直到风险监控完结为止。

8）判断项目风险是否已经消除

如果认定某项目风险已经解除，则该项目风险监控作业完成，若判定某项目风险仍未解除就需要重新识别和度量项目风险，并按照相关步骤去开展下一步的项目风险监控作业。

8.2.4 风险监控方法

风险监控还没有一套公认的、单独的技术可供使用，其基本的目的是以某种方式驾驭风险，保证项目可靠、高效地完成项目目标。由于项目风险具有复杂性、变动性、突发性、超前性等特点，风险监控应该围绕项目风险的基本问题，制定科学的风险监控标准，采用系统的管理方法，建立有效的风险预警系统，做好应急计划，实施高效的项目风险监控。

风险监控技术方法可分为两大类：一类用于监控与项目、产品有关的风险；另一类用于监控与过程有关的风险。风险监控技术有很多，如核对表法、挣值分析法等。挣值分析法将计划的工作与实际已完成的工作进行比较，确定是否符合计划的费用和进度要求。如果偏差较大，则需要进一步进行项目的风险识别、评估和量化。

常见的有关风险监控的方法如下：

1）风险预警系统

风险监控的意义就在于实现项目风险的有效管理，消除或控制项目风险的发生或避免造成不利后果。因此，建立有效的风险预警系统，对于风险的有效监控具有重要作用和意义。风险预警管理是指对于项目管理过程中有可能出现的风险，采取超前或预先防范的管理方式，一旦在监控过程中发现有发生风险的征兆，及时采取校正行动并发出预警信号，以最大限度地控制不利后果的发生。因此，项目风险管理的良好开端是建立一个有效的监控或预警系统，及时觉察计划的偏离，以高效地实施项目风险管理过程。

2）风险审计

专人检查风险监控机制是否得到执行，并定期进行风险审核，在重大的阶段节点重新识别风险并进行分析，对没有预计到的风险制定新的应对计划。

通过开展持续的项目风险识别和度量，及早地发现项目所存在的各种风险的特性，积极采取各种风险应对措施，努力避免项目风险事件的发生，从而确保不给项目造成不必要的损失。然而项目风险并不是都可以避免的，这种情况下就要积极采取行动，努力消减这些风险事件的消极后果，并从中吸取经验和教训，从而避免发生类似的项目风险事件。

3) 技术指标分析

对 IT 项目进行技术分析，应对项目每个阶段的关键可交付成果和项目实施情况进行阶段分析；在项目结束后，进行项目的综合分析。技术分析是一个"重结果，轻流程"的工程，分析流程尽量简单、高效。一般来说，IT 项目技术分析分 6 个步骤：①建立分析组织，制订分析制度和规范。②确定项目技术分析的目标。③根据目标制订分析指标体系及分析标准。④获取项目度量数据。对可量化指标采用度量工具自动采集数据，对非量化指标通过专家评分、综合统计的方法得出数据。⑤以度量数据为基础，组织开展项目技术分析活动。⑥提出项目技术分析结果，并反馈分析对象。比较原定技术指标与实际技术指标之间的差异。例如，测试未能达到性能要求，缺陷数大大超过预期等。

在很多情况下，项目中发生的风险问题可以追溯到不止一个风险，风险驾驭与监控的另一个任务就是试图在整个项目中确定"风险的起源"。风险监控的关键在于培养敏锐的风险意识，建立科学的风险预警系统，从"救火式"风险监控向"消防式"风险监控发展，从注重风险防范向风险事前控制发展。

8.3   IT 项目全面风险控制体系

全面风险管理方法是风险管理流程实施中的具体手段，建立起一套完整的风险管理方法体系有助于各个流程的具体实施与执行。随着项目风险管理的多年发展，项目风险管理的方法更加多样，更加成熟，为 IT 项目全面风险管理中的全面风险分析提供了可能。在全面风险管理框架中，目标体系是其核心，所有的方法、流程以及人员都必须围绕着风险管理的目标执行；组织体系是风险管理框架的基础，它可以在组织制度上对风险管理的各项工作进行保证，进而培养全员风险管理的氛围；流程体系是风险管理框架的关键，任何 IT 项目全过程的风险都要按照风险管理流程进行风险识别、分析、处理与监控；方法体系是风险管理框架的手段，可以促进全面风险管理。这四大体系之间相辅相成，共同构建了一套相对完整的 IT 项目全面风险管理体系。

8.3.1　IT 项目全面风险控制体系构建基础

将全面风险控制理论应用到 IT 项目中，需要首先从思想上理清对风险控制的认识、设计机理上把好方向，据此提出设计准则，最后形成 IT 项目全面动态的风险控制体系框架。

1)　强化对 IT 项目的全面风险控制的认识

项目都是在风险中寻找机会、走向成功，所以开展风险控制的目的不在于消除风险，而是要提供更多的风险决策信息和方案，以使部分风险的可能性降低，或减轻风险发生后的危害、或利用我们的知识回避风险，最大限度地降低风险带给 IT 项目建设的不确定性。

风险控制是以项目如何不失败为出发点，项目控制是以项目如何成功为出发点，两者的目的是相同的，所以在进行项目控制的同时，也要建立起正确健康的企业文化来面对项目风险，使每个人都对风险识别、风险估计、风险跟踪以及风险控制提起足够的重视。风险控制活动是一个不断发生变化的、连续的、动态的活动，随着客观的事物的变化、IT 技术的变化，风险控制也在不断发生着改变，因此，风险控制体系不光要有其应有的适应性，更要具有开放性与包容性。由于全面风险控制要求我们要以系统思想解决复杂的系统问题，所以要以整合的、系统的眼光看待 IT 项目风险，不能片面地看问题。

风险控制既是一门科学更是一门艺术，不仅要用合理的数学知识建模求解，还要借助社会学、心理学等各方面知识来诱导风险根源。IT 项目的成本包含在多个方面，其中潜在成本占很大的比重，但是也与企业的其他因素密切相关，所以不能单纯的只从 IT 项目的效益值对其进行定量分析，应该用长远的眼光来看待它，对 IT 项目全面风险控制带给企业的利益进行宏观分析，从而引起高层领导对 IT 项目风险控制的重视。对项目进行全面风险管理并不可能彻底消除风险，需要根据成本收益这一基本原则来进行风险控制的实施，使得企业可以选择出正确的应对风险的策略。例如，由于在项目实施的过程中，环境与技术不断变化，需要预先设定备选方案，从而规避在项目实施过程中碰到的，企业不可接受的风险。IT 项目是劳动密集型项目，客户需求的不确定性是在一切密集型项目中存在的最大的风险，一般来说，企业通常会在项目的实施过程中通过对实际情况的分析，从而改变需求，而项目的承包方在此时就会根据其具体的需求对项目实施过程进行调整，从而使得项目顺利进行。这也是一种风险控制的方法。

2) IT 项目全面风险控制框架体系构建原则

对 IT 项目风险控制系统的总体框架，须遵循以下几点原则：

（1）有效性：有效的风险控制，必须在项目的实施过程中发挥作用，从而保证项目目标的顺利实现。风险控制框架必须是有效的，它必须符合企业和 IT 项目的具体特点，必须能够迅速的发现与处理项目即将遇到的风险。企业制定出的各项风险控制制度必须要切合项目实际。

（2）全面性：全面性原则是构建 IT 项目的全面风险研究模型的重要原则。全面性原则具体体现在以下几个方面；全过程性，风险控制要贯穿于整个项目的实施过程；全方位性，风险控制者应该针对对应的项目，构建一套相对全面的风险控制体系框架，使其体现在项目的各个环节中，并且涵盖所有的部门与岗位；全员性，这涉及企业的所有部门与全体员工。

（3）系统性：在对风险控制模型进行设计时，必须要按照系统论的观点，将参与项目的各个部门、各个岗位系统的统一起来，形成一个整体，这样才能保证各个部门、岗位既可以按照各自的预定目标而进行工作，还可以相互协作，最大化工作效率。这样才能体现出风险控制框架的总体功能，最终实现风险控制的总体目标。

（4）成本效益：风险控制有助于提高企业的抗风险能力，帮助企业抵御风险，保证项目目标得以实现，但是建立与维护风险控制框架需要一定的成本。例如，风险管理的构建成本、风险控制中人力、物力成本、风险控制框架的维护成本等，所以，在建立风险控制框架时必须贯彻成本效益原则，运用科学的手段与方法降低其成本，提高项目的收益，使项目组获得最大的经济效益。

3) IT 项目全面风险控制的基本要求

（1）系统监控设计体系。科技计划项目监控体系必须用系统的观点考虑，因为在项目管理中，环境、计划、技术方案、研究人员、财务状况、组织管理和其他因素是紧密联系，相互作用，相互制约的，因此，只有使用系统的监测过程才能良好实现监控效果。

（2）必须把计划和项目的实际目标进行比较，以确定是否负偏离目标，并分析产生差距的原因，并提出一些调整建议。

（3）项目监控主要是对项目实施中相关作用因素影响程度的评价，从而对项目的实施效果进行预测。

4) IT 项目全面风险控制的优势

可以通过参与率、全面性和持续性这三个方面对 IT 项目全面风险控制体系和一般 IT 项目风险控制体系进行比较，如表 8-1 所示。

表 8-1　一般项目与 IT 项目风险控制体系对比

	一般 IT 项目风险控制体系	IT 项目全面风险控制体系
参与率	参与率低。一般来说，IT 项目风险控制只在项目组织内部进行，企业的高层与其他职能部门很少参与	参与率高。一般会建立专门的风险控制部门，部门领导由企业的高层担任，这就使组织中的每个人都把风险控制作为自身工作的一部分
全面性	比较狭隘。一般 IT 项目风险控制体系对项目内部环境中的风险要素考虑的较为全面，但是几乎不考虑其外部环境的风险要素，从而使得项目负责人只能使用较为有限的资源，这种风险控制是有缺陷的	比较广泛。IT 项目全面风险控制体系可以对 IT 项目的内部和外部环境的风险影响因素进行综合分析，项目负责人可以调动更多的企业资源
持续性	持续周期短，仅仅贯穿于项目的生命周期内	持续周期长，贯穿于企业的整个生命周期

5) IT 项目全面风险控制的内涵

可以从以下三个方面具体的理解 IT 项目全面风险控制的内涵：

IT 项目的全面风险控制是一个过程。风险控制不是一个独立的或新增加的管理活动，它存在于项目的所有控制活动之中，其产生在项目控制的流程中，具有规范的控制流程。

IT 项目全面风险控制必须依靠全体员工。全面风险控制不仅意味着大量的风险控制政策，风险控制流程还必须依靠全体员工才能运行，全员参与风险控制至关重要。

IT 项目全面风险控制包含了所有环节的各类风险。投资风险、技术风险、需求风险等，存在于 IT 项目的各环节中，全面风险控制就是要对这些风险进行系统的识别、报告、评估以及处理，它必须考虑到 IT 项目各个环节的活动，从战略规划、资源分配、产品控制等各方面，对风险进行有效的控制。

8.3.2　IT 项目全面风险控制体系内容

1)　控制体系的流程框架

本节综合 IT 项目风险控制的思想，SEI 连续风险控制以及项目控制中的风险规划、识别、评估、应对计划、监控以及控制流程，并且针对 IT 项目所独有的特点，应用适当的工具以及方法，为实现 IT 项目全面风险控制这一目标，设计了一类 IT 项目的全面风险控制体系。全面风险控制在逻辑思维上要求把风险控制各个要素有机结合起来，以下是全面风险控制流程：

（1）建立信息安全保障体系，科学合理地制定工作体系：决策层、管理层、执行层，这三层组织分别制定各种管理系统，并采取相应的安全技术措施；

（2）结合完善的规章制度，实现工作的系统化。加强检查系统中的项目是否已建立健全、科学、有效的规章制度；

（3）结合规范化管理，实现操作程序化。深入技术业务的监督，认真执行操作程序，从细节入手，找出不足，堵塞漏洞，促进操作流程制度化，规范化；

（4）根据风险平衡与控制成本的原理，通过风险规避各保障措施将风险控制在可接受的范围；

（5）方案的动态调整，风险分析应根据风险的变化，从两个方面实行动态调整，一是信息系统的漏洞和威胁，二是新的安全风险的出现。

衡量风险，实施动态监控，发现新的风险，风险应对措施，及时调整，措施的执行，动态监测。如此反复循环，减少风险，减少目标的威胁。

IT 项目全面风险控制要求将 IT 项目风险控制的整个过程集成化，并以系统论和全面风险控制理论作为理论基础，将时间维度、组织维度、逻辑维度以及知识维度系统的集成起来，从而形成较为完整的 IT 项目全面风险控制运作的过程框架，如表 8-2 所示。

表 8-2　全面风险控制过程框架

时间维度	它指的是项目生命周期的所有阶段，是从时间的维度对项目发展过程的描述。IT 项目一般分为计划阶段，软件开发阶段，运行和维护阶段，以及项目最终结束阶段
逻辑维度	它指的是项目风险控制的逻辑过程，包括风险规划，风险识别，风险评估，风险应对，控制活动，后评价和持续改进活动。在项目生命周期的每个阶段，风险控制活动都是通过这 6 个步骤，循环往复

知识维度	它指的是为了项目风险控制各项工作的完成，所需要的知识和技术的总和，包括风险识别工具和技术，风险估计、风险评价、风险应对、风险监控等
组织维度	它是指所有参与项目风险控制的机构以及人员，这其中既包括高级决策层、操作层，又包括企业内部以及外部的人员

2）控制体系的构建要素

IT 项目风险控制体系的构建，首先，必须充分考虑 IT 项目的全部风险，实现全面的风险控制就必须要与 IT 项目控制的无缝融合；IT 项目风险控制体系应尽早识别风险，并保证在整个项目生命周期中风险控制的连续性，还要保证风险控制各组成部分之间的连续性以及结构性。各类风险控制活动应该是一个有机的整体，各部门之间相互依托，相互补充。

IT 项目想要实施全面风险控制必须依靠以下九种要素，各要素之间必须相互联系，这九种要素分别是项目环境、风险控制计划、设定风险控制目标、风险识别、风险评估、风险应对、风险控制活动、风险信息控制、后评价以及不断改进，以下是这九种要素的具体内容：

（1）项目环境：是推动项目发展的引擎，是对项目风险控制的基础，其中包括 IT 项目价值取向、IT 项目控制概念、IT 项目风险控制组织结构、IT 项目风险管理控制文化。

（2）风险控制计划：一个项目的风险控制是从项目的风险控制计划开始的，要想制定一套完整的风险控制政策计划必须从风险控制政策、定义 IT 项目风险控制的行动方案与方式、选择合理的风险控制方法、确定风险判断的依据等多个方面入手。这个过程所得出的结果将是整个 IT 项目风险控制的战略指导纲领。

（3）设定风险控制目标：这个过程主要是提炼或定义出项目的期望以及目标，从而确定风险控制的目标。针对不同的目标风险分析，从而建立关键利益相关方的目标优先级排序列表控制层，并建立起一套可以把项目目标与企业目标紧密相连，使其与项目各利益相关方的风险容限相一致的科学的体系。

（4）风险识别：风险识别包括通过项目初始的控制来监测和识别影响项目实施或目标实现的潜在事项，对项目的实施会产生负面影响的是项目风险，对风险的识别是准确度量风险的前提，IT 项目必须通过监测系统保持对内外部事件的敏锐性，首先判断事件"是否是风险，是什么类型的风险"，再对风险程度和大小进行分析，并在此基础上进行风险预警和处置。风险识别具体有客户信用风险、政策风险、市场风险和操作风险等。

（5）风险评估：风险评估是对风险进行鉴定，并对风险产生的可能性以及影响进行分析与统计的过程，它是控制风险的基础，风险评估可以从定性和定量两个方面对风险进行分析，并尽可能地对受险程度进行数据量化，从而建立起一套科学的风险控制体系，使得风险分析的结果尽可能的有利于项目决策，实现成本最低的情况下利益最大化这一目的。

（6）风险应对：风险应对的方案包括风险防范、减轻、转移、回避、接受、储备。控制者应该在成本效益以及风险容限的前提下，考虑到每一个方案将会对项目产生的影响以及所存在的各种可能，进而选择并且执行风险应对的方案。有效的风险控制需要控制者选择风险发生与风险影响都在企业风险容忍度内的应对方案。

（7）风险控制活动：项目的控制方需要制定以及实施一套制度、程序、方法来检测风险应对措施的实施效果，并确保风险应对得以实施。控制活动贯穿于整个项目生命周期，遍及各个职能机构。控制活动包括多种不同的活动在内，因此，在选择使用何种控制活动时，要充分考虑到其与风险应对的相关性，也要考虑到其与相关对象的适用性。

（8）风险信息控制：由建立相关业务信息，建立市场信息，风险信息数据库，保持数据库的信息处理系统更新，内部和外部的风险信息及时响应等内容所组成。想要建立科学的灵敏的风险报告制度，对项目的风险现状进行分析，汇总，对各风险控制政策试试的结果进行分析，形成定期与不定期的综合专题报告，就要针对各种风险来区分不同的报告渠道，并且对风险报告的职责进行明确的分工，这才可以保证沟通打的及时与有效。

（9）后评价以及不断改进：项目风险控制部门应该对所有的制度、流程以及流程执行情况进行后评价，并且要建立起相应的授权、调整、问责制度，从而确保风险控制体系的运行。与此同时，项目风险控制部门也要根据不同的外部环境、监管者的不同要求、后评价时发现的问题，及时对风险控制体系中的相关内容进行调整与完善，并由项目决策层来对全面风险控制体系进行持续改进。

3）控制体系的基本模块

该系统包括风险预警、信息系统、预防和处理系统。监控模式是由信息管理模块和风险控制模块组成的：

（1）信息管理模块。搜集、统计、分析、处理信息，以及信息的组织和合适的构建，提高信息的价值，并尽可能满足共同需要不同的方案和项目是信息管理模块的主要功能。在具体的设计上需要注意下面几点，避免信息缺乏、信息状态明确、具有相关性、信息标准化、信息价值的保证、信息的有效性。

（2）风险控制模块。它是分析、识别并对项目风险作出充分反应的系统。

系统能主动地对项目风险进行全过程识别、评估及监控，以降低风险出现的可能性、减少相关的风险损失。在现有管理条件保持不变时，预测将来会发生什么。通过收集、处理和分析控制的相关信息，确保项目计划的顺利执行。

4）风险控制指标体系

以应用项目为例，建立风险控制指标体系，如表 8-3 所示：

表 8-3　风险控制指标

一级指标	二级指标	三级指标
环境条件	政策变化	国家或行业政策是否限制发展
		本地区政策是否限制发展
	市场变化	市场需求发生重大不利变化
		领域投资人态度是否发生改变
	资源变化	竞争优势是否持续
		技术积累出现短缺
		物质资源出现缺乏
		配套设施出现不足
计划进度	计划进度	计划进度实施存在差异
		项目需求时间变更
技术方案	技术方案	阶段性指标存在差异
		出现重大缺陷或困境
		技术路线的不合理性
		技术成果产品化的出现困难
研究人员	人员	主持人员的更变
		主要成员变动或流失
	团队	队伍科研实力欠缺
		队伍投入强度不够
开发经费	经费	项目经费是否到位
		经费的使用是否合理
		下阶段经费紧缺程度
组织管理	课题组管理	内部管理体制是否健全
		内部管理的不正常程度
	行政管理	管理职能的履行是否正常
		事件处理能力及决策缺陷

8.3.3 IT 项目全面风险管理体系思路

（1）项目风险管理活动是连续的、协调的活动，因此必须建立统一的组织以及相应的风险管理团队。在项目开始前，必须成立相应的风险管理小组，聘请资深的风险管理专家进行项目风险的识别。

（2）项目风险识别是风险管理的基础，项目风险识别事故树分析主要用来鉴定风险来源和进行风险分类。由于风险来源于信息的不对等，项目的风险管理专员一方面要建立内部风险收集制度，把项目自身产生的风险信息和风险管理政策相关的信息风险进行有效的搜集，另一方面，还要合理高效地收集外部信息。同时，因为在不同阶段的风险因素、风险分类和分组的依据都有不同，要分别对IT 项目的不同阶段进行风险识别。

（3）项目风险评估是通过对风险进行定性和定量的分析，推算 IT 项目风险发生的概率和可能造成的具体危害，在此基础上将风险按照很高、高、一般、低、极低五个风险等级对风险进行排序，最后依据风险的评估结果进行专项风险研究。构建良好、完善的风险评估体系能够成为风险管理活动的关键。

（4）IT 项目风险监控是对风险处理计划执行的修正和提高的过程，是 IT 项目风险管理有效实行的保障。风险监控不仅仅只通过风险处理计划来制定风险处理措施，而是要依据前期的项目的风险评估，设置具体的项目的风险处理方法，并在此基础上进行项目的风险再评估，从而达到减少项目风险发生的目的。同时在项目开展的整个过程中，在每个时间节点都要进行一次评估，然后提出应对的策略。总的来说，随着项目的深入，应该对风险识别及评估的结果进行反复修订，相应的对风险处理计划进行反复修改。

8.4 IT 项目风险应对

风险并不能被百分之百地防范或控制，不单单是 IT 项目，所有的项目都会出现规避不了的风险，这时，风险应对就显得尤为重要，本节将讲述风险应对的原则、措施、应急计划和 IT 项目风险相关措施。

8.4.1 风险应对措施

在风险被识别和量化完成后，组织必须制定相应风险应对计划。制定风险应对计划包括：确定处理扩大机会的步骤，威胁到一个项目的成功或者风险计划。

3 个基本的风险应对措施是：避免和减少，接受。风险应对规划过程包括输出：风险管理计划、应急计划和应急储备。

（1）风险规避：涉及一个特定的威胁或危险的根除，根除的原因通常是采用。当然，并非所有的冒险都消灭了，但具体的风险事件。例如，一个团队决定，继续在一个项目中使用一个特定的硬件或软件，因为他们知道它将工作。还有其他类似产品可用于该项目，但如果他们不熟悉这些产品，他们可能面临巨大的风险。熟悉硬件或软件来消除风险。

（2）风险接受：如果风险发生，承担后果。例如，一个项目团队规划一个大型项目评审会议，如果不批准的特别会议的收入，那么他们将使用紧急或备份计划，积极应对风险。另一方面，他们也会采取消极的态度，接受任何会议，他们的措施。

（3）风险降低：涉及通过减少风险发生的概率降低风险的影响。例如：使用成熟的技术，合格的项目经理招聘，利用各种分析和验证技术，以及从分包商购买维修或服务。

表 8-4 为降低项目技术、成本和进度风险的一般策略。值得注意的是，经常项目监理，使用 WBS（工作分解结构，工作分解结构）和 PERT/CMP（计划评审技术 PERT/CPM）的策略，是所有三个领域共同。提高项目经理的能力是技术和成本风险的战略转移，选择最有经验的项目经理被认为是减少进度风险，提高通信是降低风险的有效策略。

表 8-4　减轻项目技术、成本和进度风险的一般策略

技术风险	成本风险	进度风险
强调团队支持，避免独立的项目结构	经常进行项目监督	经常进行项目监督
提高项目经理的权限	使用 WBS 和 PERT/CPM	使用 WBS 和 PERT/CPM
改善问题处理和沟通	改善沟通、对项目目标的理解和团队支持	选择最具经验的项目经理
经常进行项目监督，使用 WBS 和 PERT/CPM	提高项目经理的权限	

8.4.2　IT 项目风险应对措施

前面已经探讨过，IT 项目风险的特点有诱发因素多、发生的偶然性、目标不明确、专业性强、知识资源型、任务界限模糊、项目周期长、客户需求更变频

繁、依赖于原管理系统等。传统上说，成功的项目指项目完全达到了项目目标铁三角约束的预想，即工期、质量和成本。根据上述特点，我们可以制定以下的 IT 项目风险防范策略方案：

（1）进度延期的风险防范策略。提升业务经验的项目经理。可以听的高级技术人员队伍，开发商的意见，多参考类似项目的历史数据。外部专家来制定项目进度。提高队员的水平，同时要求上级派更熟悉关键技术人员和技术管理人员，重新划分项目小组，技术人员及注意这种新的比例发展的业务和丰富的经验拌，同时也考虑到外向和内向的人匹配。其中团队领导者需要定期交流项目的进展情况，以便有一个全面的理解，也便于团队之间的协调。在项目团队内部定期报告在集团内定期公开小组会议，所以我们轮流做简报，加强交流和提高技能。问监事增加对新来者进行必要的培训，而该项目团队还可以定期举办内部培训，提供一个学习交流的网络论坛上，学徒等，提升新人的业务水平。

（2）频繁变动的风险防范策略的需求。一，增加用户主动参与，先获得客户端的管理支持，需要管理的项目表现出了积极的态度，在下属面前发挥示范和威慑作用。二，主动积极地与用户沟通，如定期开放论坛与用户，用户的单一交换等沟通，以宣传项目和用户的利益之间的关系，而且还定期提供项目结果显示给用户，让用户参与该项目的周期性测试结果，并与用户进行沟通，以改善以加强对客户的凝聚力和发展的一面。提高监测不断变化的要求：规范必须是合理的需求变更管理流程，专家和相关负责人的原始需求变更管理流程的优化，它需要适应项目和运营，而需求管理人才的培养。两位专家通过增加系统的逻辑设计模型链接检查项目，这样的设计模型具有更好的灵活性，根据变化的需求，同时，建立了短周期和基于迭代开发过程的研究结果发表，如增量发展，敏捷软件开发，频繁的修改，以适应需求，从而提高应对需求变化的能力的风险。

（3）人员流失率过高的风险防范策略。提高员工的工作满意度，包括项目经理应根据企业成员的水平，任务和工作量的合理配置，做到人尽其才，提高竞争力的程度。建立适当的激励机制和科学合理的绩效评价体系，加薪资金的满意度。建立从两条线，比如技术岗位管理和技术推广体系的流动可能是工程师，高级工程师，高级工程师。有可能是中层管理职位的管理人员，高级管理人员等。技术岗与管理岗之间可以互动，运动训练和项目管理后，在一定的技能后可以转移到做到。此外，提供了多种继续深造，如聘请外部专家做培训的培训和学习的机会，内部技术骨干轮流做讲座，培训可采取的形式大家一起面对面或通过网络视频等。以满足项目成员个人成长的需要。为员工提供有利于眼睛的舒适显示，并设有休息场所和免费饮料，小吃，提供人性化的工作环境。文档管理标准化的 IT 发展，一方面是对企业的规范文档进行适当的裁剪，包括文档模板的编写文档，以确保一致的形式，使其适用于该项目的类型和内容的开发。同时，项目组成员加强对文件的重要性的认识，可以通过官方强调该文件在会议上，在发展过程中经常使用的文件的重要性，避免搁置的文件，成为摆设；其他指定人负责开发文档的管理和监督，定期检查。

（4）制定 IT 业务外包战略。重点考虑 IT 外包是能够促进公司的技术业务开发的，信息系统的安全运营和技术业务管理水平，与公司的业务发展计划紧密合作，充分权衡外包的好处和风险，决定哪些 IT 外包，IT 外包制定战略规划。

（5）建立 IT 业务风险与安全管理体系。系统开发，实现了统一的框架统一的标准和措施，统一监督管理，从 IT 业务风险和安全管理策略的内容，管理系统的组成和规范、技术标准、准则、程序、操作手册。通过风险与安全管理体系，指导公司开展 IT 业务风险和安全管理符合国际和国内的安全标准及中国的法律和法规的发展路线，形成一个内部的信息科技风险和安全管理机制，确保落实，确保所有的信息技术资源和资产，保护性明确的信息系统，检测和应急恢复等信息技术风险和安全管理指标，原则和措施，以处理违规行为；组织与公司，业务合作伙伴，承包商和服务合作供应商做好相关的安全约束。

（6）做好 IT 业务风险与安全的认知与培训。通过举办培训班，研讨会，电子邮件，礼品报纸等，通过不断的培训和学习，掌握了公司的 IT 业务风险和安全管理制度和规范的科学技术人员和业务人员提供培训，IT 业务风险和安全知识，提高安全风险意识的员工，积极参与信息技术风险和安全工作，在信息技术安全风险管理文化的全员参与管理的形成。

（7）建立完善的信息安全风险应急预案与控制机制。建立完善的信息安全风险应急预案，这是保证信息风险可控的重要环节，特别是在新时期，建立完善的 IT 项目信息安全风险应急预案是给信息系统稳定上了双保险，如针对黑客对信息系统进行攻击时应该采取什么具体措施进行有效应对，还有如果 IT 项目信息系统出现突发情况，如何最大限度地减少企业和客户的损失，如果 IT 项目信息部分重要信息泄露如何处置等等，完善的 IT 项目信息风险预案要求对各种可能突发事件进行事前考虑，并事前提出应对的具体措施。

IT 项目信息安全风险控制机制的形成需要对这个信息系统的架构进行合理设计，在目标设置上做到精准精确，而进行设计时要重视以下几个方面的建设，特别是要使 IT 项目信息安全风险控制能够实现预期目标，并且能够通过该风险控制机制不断优化风险管理体系提高风险控制水平。

8.5　本 章 小 结

　　在 IT 项目特殊的风险背景下，风险防范工作显得尤为重要，项目风险防范是风险管理的重点，它体现了风险管理的积极性以及可预防性。本章首先讨论 IT 项目风险防范及其策略，并把风险控制作为风险防范的重点，然后在后面讨论风险监控的概念、内涵、方法、策略体系和全面风险控制的体系、结构。但风险并不能被百分之百地防范或控制，不单单是 IT 项目，所有的项目都会出现规避不了的风险，这时，风险应对就显得尤为重要，因此，本章在最后一节讲述风险应对的原则、措施、应急计划及 IT 项目风险相关措施。

参 考 文 献

艾瓦，杰克宾森，格莱迪，等．2002．统一软件开发过程．北京：机械工业出版社：7-13.

白思俊．2003．中国项目管理的发展现状及趋向．项目管理技术，1：7-11.

陈启申．1997．MRP II 制造资源计划基础．北京：企业管理出版社：189-220.

陈守余，周梅春．1998．数据开采的 BP 神经网络方法及其应用研究．地球科学，23（2）：183-187.

陈燕．2006．数据仓库与数据挖掘．大连：大连海事大学出版社．

迟国泰，郝君，徐王争等．2001．信贷风险评价指标权重的聚类分析．系统工程理论方法应用，（1）：64-67.

丛国栋．2011．IT 外包风险评价模型与控制策略研究．浙江：浙江工商大学．

丛国栋．2011．IT 项目风险评价模型与控制策略研究．第 1 卷．杭州：浙江工商大学出版社．

崔南方，康毅，林淑贤．2006．业务外包风险分析与控制．管理学报，3（1）：44-49.

代建化．2003．粗糙集理论及其在知识发现中的应用研究．武汉：武汉大学．

邓聚龙．1987．灰色系统基本方法．武汉：华中理工大学出版社．

丁凡．2009．基于进化神经网络的软件项目风险评估．武汉：武汉科技大学．

东国伟．2009．IT 项目的时间和成本管理．上海：上海交通大学．

段伟花．2011．企业信息技术外包关系及其演化机理研究．吉林：吉林大学．

樊治平，索玮岚．2008．协同知识创新中的协同关系风险因素识别方法．系统管理学报，15（1）:60-65.

樊治平，张全，等．1998．多属性决策中权重确定的一种集成方法．管理科学学报，9：50-53.

方德英．2003．IT 项目风险管理理论与方法研究．天津：天津大学．

方德英．2004．基于实物期权的 IT 项目开发风险决策方法．中国软科学，2：151-155.

方德英．寇纪淞．李萍等．2006．IT 项目风险管理保障体系设计．商业研究，10，51-54.

方德英，李敏强．2003．IT 项目风险管理理论体系构建．合肥工业大学学报，8：907-911.

方德英，李敏强，寇纪淞．2004．目标导向的 IT 项目开发风险影响图模型．系统工程学报，12：601-605.

菲利普，克鲁顿．2002．统一过程引论．北京：机械工业出版社：32-64.

冯楠．李敏强．寇纪淞等．2006．基于人工神经网络的 IT 项目风险评价模型．计算机工程与应用，6：24-26.

福斯伯格 K．2002．可视化项目管理：获取商务与技术成功的使用模型．北京：电子工业出版社．

高沛然，卢新元．2013．IT 外包服务知识转移过程中的情境因素研究．武汉：华中师范大学．

高秀娟．2009．基于主成分分析与神经网络的肝病预测分析．武汉：中南大学．

格拉斯 R．2002．软件开发的滑铁卢：重大失败项目的经验与教训．北京：电子工业出版社．

葛哲学 . 2007. 神经网络理论与 Matlab. 北京：电子工业出版社 .

顾培亮 . 1998. 系统分析与协调 . 天津：天津大学出版社 .

郭朝阳 . 2000. 冲突管理：寻找矛盾的正面效应 . 广州：广东经济出版社 .

郭凯红，牟有静 . 2012. 基于可能度矩阵的区间型多属性决策方法 . 计算机应用，32（1）：
216-222.

国家信息化测评中心 . 2002. 国家信息化水平研究报告 . http：//www. niec. org. cn/gjxxh/
tjsj. htm. ［2002-12-30］.

韩斌 . 2002. 基于粗集理论何信息熵的规则模型研究 . 浙江大学学报，7：426-431.

韩斌 . 2002. 基于数据挖掘的信息融合理论和应用 . 杭州：浙江大学 .

韩斌，吴铁军，杨明晖 . 2002. 基于粗集理论的信息熵属性约简算法 . 电路与系统学报，
7（2）：96-100.

韩斌，吴铁军 . 2002. 结合粗集理论的动态属性约简研究 . 系统工程理论与实践，22（6）：
67-73.

韩力群 . 2009. 工神经网络理论、设计及应用 . 北京：化学工业出版社 .

韩晓，何明，李金林 . 2002. 基于灰色关联度的科研项目风险评价方法 . 北京理工大学学报，
（12）：778-781.

韩祯祥 . 1998. 粗糙集理论及其应用 . 信息与控制，（1）：12-14.

何芳．张李义 . 1999. 信息系统开发过程的风险评价 . 武汉：武汉水利电力大学学报，5：
110-112.

胡可云，陆玉昌，石纯一 . 2000. 概念格及其应用进展 . 清华大学学报 9：77-81.

胡守仁 . 1993. 神经网络应用技术 . 北京：国防科技大学出版社：48-62.

黄黎 . 2011. 挣值分析法在软件项目管理中的研究与应用 . 成都：电子科技大学 .

黄沛，李剑 . 2002. 基于粗糙集的保险风险规则挖掘模型 . 系统工程，9：34-39.

黄梯云 . 1999. 管理信息系统（第二版）. 北京：高等教育出版社 .

黄雅堃 . 2002. IT 项目管理应用描述 . 经济前沿，11：61-63.

黄岩，张国春，王其藩 . 2001. 一种新的计算组合预测权重的方法 . 管理工程学报，（2）：
44-46.

霍布斯 P. 2002. 项目管理，第 3 版 . 北京：中国国际广播出版社 .

霍尔 E M. 2002. 风险管理：软件系统开发方法 . 王海鹏译 . 北京：北京清华大学出版社 .

冀俊忠，刘椿年，沙志强 . 2003. 贝叶斯网络模型的学习、推理和应用：计算机工程与应用，
5：24-28.

贾素玲，罗昌，郭涛 . 2007. IT 项目风险管理模式研究 . 计算机工程与应用，4：220-223.

姜瑾，桂国庆 . 2000. 国际工程承包风险评估的改进 AHP 法 . 南昌大学学报，12：79-87.

金卫健，胡汉辉 . 2011. 模糊 DEMATEL 方法的拓展应用 . 统计与决策，27（23）：170，171.

景常荣．赛云芳．田娟等 . 2006. 基于项目风险管理的 ERP 实施关键成功因素分析 . 西安科技
大学报，562-567.

鞠彦兵，冯允成，姚李刚 . 2003. 基于证据理论的软件开发风险评估方法 . 系统工程理论方法

应用，9：218-223.

李华，常静，董明. 2009. 服务外包系统管理. 北京：科学出版社：102-145.

李久平，顾新. 2007. 知识联盟组织之间知识共享研究. 情报杂志，26（7）：91-93.

廖年琛. 1994. 半导体封装业 MES 导入成功因素之探讨. 国立中央大学博士学位论文.

林菡密. 2008. 企业信息技术外包的阻力和风险探讨. 科技信息，28：513，514.

林杰，郑循刚. 1997. 基于熵权-TOPSIS 法的房地产上市公司绩效评价. 技术经济与管理研究，39（3）：14，15.

林莉. 2004. 知识联盟中知识转移的障碍因素及应对策分析. 科技导报，（4）：29-32.

刘金兰，韩文秀，李光泉. 1996. 大型工程建设项目风险分析方法及应用. 北京：系统工程理论与实践，16（8）：62-68.

刘清. 2001. Rough 集及 Rough 推理. 北京：科学出版社.

刘清，等. 2001. Rough 逻辑及其在数据挖掘中的应用. 软件学报，3：51-57.

刘汕，张金隆，陈涛，等. 2008. 企业 IT 项目风险评估与规避策略研究. 管理学报，5：498-504.

刘业政. 2003. 基于粗糙集数据分析的智能决策支持系统研究. 合肥工业大学博士学位论文.

卢新元. 2005. 基于粗糙集的 IT 项目风险决策规则挖掘研究. 武汉：华中科技大学.

卢新元. 2006. IT 项目风险决策规则挖掘研究. 第 1 卷. 武汉：湖北长江出版集团、湖北人民出版社.

卢新元. 2013. IT 外包服务中知识转移风险研究. 北京：科学出版社.

卢新元，张金隆. 2005. 基于粗糙集的 IT 项目风险因素多元组合权重研究与聚类分析. 管理学报，2（5）：527-553.

卢新元，张金隆. 2005. 基于 RS 的不完全信息 IT 项目风险决策算法. 管理评论，3：37-41.

卢新元，张金隆. 2006. 基于粗糙集和贝叶斯理论的 IT 项目风险规则挖掘. 计算机工程与应用，43（22）：12-15.

卢新元，张金隆，丛国栋. 2005. 基于粗集的 IT 项目风险因素多元组合权重研究与聚类分析. 管理学报.（5）：527-531.

卢新元，高沛然，周茜. 2012. 基于粗糙集分类一致性的规则挖掘算法研究：以 IT 外包中知识转移风险为例. 计算机工程与应用，98（23）：19-23.

卢有杰. 卢家仪. 1998. 项目风险管理. 北京：清华大学出版社.

梅瑞狄希 J. 2002. 项目管理. 管理新视角，第 4 版. 北京：电子工业出版社.

闵庆飞. 2005. 中国企业 ERP 系统实施关键成功因素的实证研究. 大连：大连理工大学.

莫湘群. 2002. 软件项目的进度风险管理. 电脑与信息技术，04：67-70.

欧立雄，宋乐，梁萍等. 2008. 基于 QFD 的 IT 项目风险管理方法研究. 科学技术与工程，1：287-291.

潘海松. 2011. 塑料挤出系统开发的多项目进度计划研究. 上海：上海交通大学.

彭杰，梁志杰. 2010. 基于 PROMETHEE-2TUPLE 群决策的信息外包商选择. 管理纵横，20（3）：105-114.

钱振伟，高怀雁等 . 2003. 基于粗集知识推理的 IDSS 中的知识表示 . 云南大学学报，1：
　22-24.

乔斌，郑洪涛，郭智疆，等 . 2001. 针对信息系统不完备性的粗糙集分层递阶约简 . 电路与系
　统学报 6：78-82.

瞿群臻 . 2002. 构建风险管理监控体系的设想 . 商业研究，3：7-9.

任军号 . 2011. SOM 神经网络改进及其在遥感图像分类中的应用 . 计算机应用研究，28（3）：
　17-21.

商瑞强 . 2010. IT 项目风险管理分析：信息与电脑（理论版），（6）：154.

施瓦尔贝 K. 2001. IT 项目管理 . 王金玉等译 . 北京：机械工业出版社 .

施自能 . 1999. 实施 ERP 系统的风险分析 . IT 经理世界，3（1）：17-19.

宋宝萍，郝春野 . 2004. 运用模糊聚类分析方法进行项目组织结构选择的研究 . 科技进步与对
　策 . 7：81-83.

宋明哲 . 1987. 风险管理 . 台北：中华企业管理发展中心：10.

孙涛 . 2005. CITPEVS：一个评估中国 IT 项目成功的工具 . 软科学，2：73-75.

索玮岚，樊治平等 . 2008. 一种合作研发风险因素识别方法 . 运筹与管理，17（2）：62-67.

谭荣波 . 梅晓仁 . 2007. SPSS 统计分析实用教程 . 北京：科学出版社 .

唐晓波 . 2007. IT 项目管理 . 北京：科学出版社 .

田景文，高美娟 . 2006. 人工神经网络算法研究及应用 . 北京：北京理工大学出版社 .

田中敏 . 2002. 论 IT 项目开发中的风险管理 . 武汉科技大学学报，9：47-50.

汪云帆 . 2005. 企业 IT 外包关系的决策模型和管理研究 . 上海：同济大学 .

王芙蓉 . 2009. 软件项目进度计划与风险控制研究 . 大连：大连海事大学 .

王国胤 . 2001. Rough 集理论与知识获取 . 西安：西安交通大学出版社 .

王琳 . 2009. IT 项目风险管理分析 . 现代商贸工业，22：40，41.

王双成，王辉 . 2004. 基于类约束的贝叶斯网络分类器学习 . 小型微型计算机系统：968-971.

王艳梅，卢新元 . 2012. 基于模糊评价法的 IT 外包服务中知识转移风险评价模型研究 . 武汉：
　华中师范大学 .

王杨 . 叶晓俊 . 2006. 基于关键成功因子的 ERP 项目实施过程模型 . 计算机科学，1：116-118.

王元庆；郁英；袁天波 . 2008. 基于吸收能力的 IT 项目风险评估研究 . 现代制造工程，
　103（21）：12-15.

乌家培 . 1998 企业信息化十大要点 . 北京：中国信息协会通讯，（3，4）.

吴锋，李怀祖 . 2004. 知识管理对信息技术和信息系统外包成功性的影响 . 科研管理，
　25（2）：82-87.

吴仁群，韩伯棠 . 2003. 期权理论在 IT 项目风险管理中的应用 . 北京邮电大学学报，1：
　29-33.

吴仁群 . 2003. IT 项目投资期权及其风险管理 . 北京理工大学学报，4：81-84.

吴仁群 . 2003. 期权理论在 IT 项目投资评估中的应用 . 石油大学学报，6：45-47.

谢庆华，黄培清 . 2007. IT 外包关系治理的研究 . 情报科学，25：189-196.

徐妥夫 . 2006. 工程项目风险辨识与评价方法研究 . 基建优化, 3：48-50.

徐泽水, 达庆利 . 2003. 区间数排序的可能度法及其应用 . 系统工程学报, 16（1）：67-70.

续晓春 . 2000. PERT 网络在工程风险估计中的应用初探 . 太原理工大学学报, 1：87-88.

薛华成 . 1999. 管理信息系统 . 第三版 . 北京：清华大学出版社 .

严武, 程振海, 李海东 . 1999. 风险统计与决策分析 . 北京：经济管理出版社 .

杨海蔚, 董安邦 . 2002. 企业信息技术浅析 . 情报科学, 20（7）, 772-774.

杨建平, 杜端甫 . 1998. 项目风险的一种模糊分析方法 . 北京航空航天大学学报, 1：75-78.

杨振武, 吴晓毅 . 2009. 基于模糊语言和区间数评估的电厂煤炭供应商选择 . 工业技术经济, 39（6）：133-135.

叶铭 . 2005. COBIT 信息安全风险评估方法探讨 . 信息网络安全, 7：79-80.

尹红凤 . 1990. 人工神经网络信息处理原理 . 模式识别与人工智能, 1：1-13.

于跃海, 何建敏, 邱海波 . 2002. 空值环境下基于粗集理论的知识表达研究 . 系统工程学报. 1：62-66.

余坚, 郑跃斌 . 2002. 信息系统开发过程风险管理的实施模型 . 计算机工程与应用, 11：110-113.

袁荃, 龙子泉 . 2010. IT 项目风险评估及风险优化研究 . 理论月刊, 1：103-106.

约翰逊 R A. 实用多元统计分析 . 2001. 北京：清华大学出版社 .

曾黄麟 . 1996. 粗集理论及其应用 . 重庆：重庆大学出版社 .

翟丽 . 胡日新 . 徐建 . 2005. 中国 IS/IT 项目关键成功因素实证分析 . 科技导报, 6, 50-55.

翟丽 . 徐建 . 2005. IS/IT 项目关键成功因素的系统思考 . 上海管理科学, 6, 50-52.

詹原瑞 . 1995. 影响图理论方法与应用 . 天津：天津大学出版社 .

张海藩 . 1987. 软件工程导论 . 北京：清华大学出版社 .

张洪翰 . 王 维 . 2011. IT 外包项目的协同管理流程分析 . 哈尔滨商业大学学报：社会科学版, 4：44- 47.

张健峰 . 2009. 定量目标管理方法在 IT 项目管理中的应用 . 上海：上海交通大学 .

张金隆, 鲍玉昆 . 2001. 一种面向风险的工程项目投标评价方法 . 武汉理工大学学报, 23（4）：67-70.

张金隆, 谢刚, 卢新元 . 2004. 一种基于 VPRS 的 IT 项目投标风险要素评价方法 . 管理学报, 2：192-196.

张金隆 . 2003. IT 招标项目评价模型与方法研究 . 武汉：华中科技大学 .

张李义 . 2001. 信息系统开发的动态风险模糊估测方法 . 系统工程理论与实践, 21（10）：88-92.

张曼, 屠梅曾, 王为人 . 2004a. PaR：大型项目风险管理新方法 . 上海交通大学学报, 3：446-451.

张曼, 屠梅曾, 王为人 . 2004b. 大型项目融资风险动态管理方法 . 系统工程理论与实践, 2：60-65.

张文修 . 2001. 粗糙集理论与方法 . 北京：科学出版社；12-20.

张跃评，刘荆敏．2007．委托代理激励理论实证研究综述．经济学动态，（6）：74-78.

张宗伟．2004．高速公路工程项目管理与项目成本控制．甘肃科技纵横，5：99，100.

赵宏霞．杨皎平．2007．基于模糊识别的软件项目风险评估．技术经济与管理研究，4：52，53.

赵卫东．2001．基于粗分析的智能决策理论和方法研究．南京：东南大学．

赵振宇，徐用懋．1997．模糊理论和神经网络的应用．北京：清华大学出版社．

郑建军，刘炜，刘玉树．2003．基于粗集的贝叶斯分类器算法．北京理工大学学报，2：83-86.

郑人杰．1999．软件工程（高级）．北京：清华大学出版社．

钟嘉鸣，李订芳．2006．基于粗糙集的 CAI 课件综合评价模型．计算机工程与应用，44（22）：213-225.

钟小伟，傅鸿源．2012．基于区间估计的综合评判方法及其应用．数学的实践与认识，43（1）：74-79.

钟晓星．2005．IT 项目定量管理方法研究．武汉：武汉大学．

周德群，章玲．2008．集成 DEMA TEL/ISM 的复杂系统层次划分研究．管理科学学报，17（2）：20-25.

周德群．2005．系统工程概论．第一卷．北京：科学出版社．

周继成．1993．工神经网络：第六代计算机的实现．北京：科学普及出版社．

朱大萌，马诗咏．2004．项目风险管理的持续改进方法．建筑管理现代化，30（4）：11-14.

朱映红，梁昌勇．2013．分布式 IT 项目的风险管理研究．广西工学院学报，1：9-13，43.

左美云．邝孔武．2001．信息系统的开发与管理教程．北京：清华大学出版社．

Adler E R, Leonard J G, Nordgren R K. 1999. Improving risk management moving from risk elimination to risk avoidance. Information and software technology, 1: 29-34.

Agrawal R, Imielinski T. 1993. A Swami Mining Association rules between sets of items in large databases. Proceedings of the ACM SIGMOD Conference on Management of data: 207-216.

Agrawal R, Mannila H, Srikant R, et al. 1996. Fast discovery of association rules//Fayyad U M. Advances in knowledge discovery and data mining. Menlo Park: AAAI Press: 307-328.

Agrawal R, Srikant R. 1994. Fast algorithm for mining association rules. Proceeding of the 1944 international conference on very large data bases Santiago Chile: 487-499.

Aubert B A, Patry M, Rivard S. 1997. Assessing the Risk of IT outsourcing. Cahier du GRESI, (8): 1-13.

Berends H, Debackere K, Weggeman M. 2006. Knowledge sharing mechanisms in industrial research. R&D Management, 36 (1): 85-95.

Boehm B W, Fairley R E. 2000. Software estimation perspectives. IEEE Software November/December: 22-26.

Boehm B W. 1989. Software risk management. Washington: IEEE Computer Society Press: 56-63.

Boehm B W. 1991. Software risk management: Principles and Practices. IEEE Software, 8 (1): 32-41.

Brooks F P. 1975. The mythical man-month. Reading (MA): Addison-Wesley Press: 3-26.

Brooks F P. 1987. No silver bullet: Essence and accidents of software engineering. IEEE Computer, 20 (4):10-19.

Cainiello E R, 1988. Parallel Architectures and Neural Networks. World Scientific Publishing.

Carr M J, et al. 1993. Taxonomy-based risk identification. Technical Report, CMU/SEI-93-TR-6.

Charette R N. 1989. Software engineering risk analysis and management. NewYork: Intertext Publications: 35-37.

CharetteR N. 1989. Software engineering risk analysis and management. McGraw-Hill Software Engineering Series. New York Intertext Publications, McGraw-Hill Book, 5-19.

Chee C L, Vij V, Ramamoorthy C V. 1995. Using influence diagrams for software risk analysis. Tools with Artificial Intelligence. Proceedings, Seventh International Conference on: 128-131.

Chen S. 2001. Fuzzy group decision making for evaluating the rate of aggregative risk in software development. Fuzzy Sets and Systems, 118: 75-88.

Cheng T, Zhang W. 2002. Integrated control model for time and cost risk in project management. Transactions of Tianjin University, 2: 99-105.

Chmielewski M R, Peserson K W. 1993. The rule induction system LERS-A version of personal computers. Computer Decision Science, 18: 181-212.

Clark T D J, Zmud R W, Mc Gray G E. 1995. The Outsourcing of information services: transforming the nature of business in the information industry. Journal of Information Technology, 10 (4): 221-237.

Craven MW, Shavlik J W. 1997. Using neural networks for data mining. Future Generation Computer Systems, 13: 211-229.

Cullen S, Seddon P B, Willcoeks L P. 2005. IT outsourcing configuration: research into defining and designing outsourcing arrangement. The Joumal of Strategic Information Systems, 14 (4): 357-387.

Demougin D, Fluet J P. 2001. Monitoring versus incentives. European Economic Review, (45): 1741-1764.

Duntsch I, Gediga G. 1997. The Rough set engine GROBIAN. Sydow, Proceedings 15th IMACS World Congress.

Earl M J. 1996. The Risk sofoutsourcing IT. Sloan management review, 3: 26-32.

Fan C, Yu Y. 2004. BBN-based software project risk management. The Journal of Systems and Software, 73: 193-203.

Fayyad U, Piatetsky-Shapiro G, Smyth P. 1996. The KDD process for extracting useful knowledge. Data Communications of the ACM, 11: 27-35.

Friedman N, Geiger D, Goldszmidt M. 1997. Bayesian network classifiers. Machine Learning, 29: 131-163.

Gallaghera B P. 1999. Software acquisition risk management key progress area (KPA) -a guide book version 1. 02. CMU/SEI- 99-HB-001.

Gibbs W W. 1994. Software's chronic crisis. Scientific American, 271: 72-81.

Gluch D P, Monarch I . 1995. An experiment in software development risk information analysis. Technical Report, CMU/SEI- 95-TR-014, ESC-TR-95- 014.

Grover V, Cheon M J, Teng J T C. 1996. The effect of service quality and partnership on the outsourcing of information systems functions. Journal of Management Information Systems, 12（4）: 89-116.

Grzymala-Busse J W. 1996. LERS-A system of knowledge discovery based on Rough set. Proceedings of 5th International Workshop on RSFD, 443, 444.

Grzyrnala- Busse J W. 1992. LERS- A system for learning from examples based on Rough sets// Slowinski R. Intelligent Decision Support, Handbook of applications and advances of the Rough sets theory. Dordrecht: Kluwer Academic Publishers.

Haimes Y Y, Lambert J. 1995. Hierarchical holographic modeling for risk identification in complex systems. IEEE International Conference on Systems: Man and Cybernetics: 1027-1032.

Han J, Fu Y. 1996. Exploration of the power of attribute-oriented induction in data mining//Fayyad U M . Advances in knowledge discovery and data mining. Menlo Park: AAAI Press: 399-424.

Han W M, Huang S J. 2007. An empirical analysis of risk components and performance on software projects . Journal of Systems and Software, 80（1）: 42-50.

Howard R. 2002. Belief network models of land manager decisions and land use change . Journal of Environmental Management, 65: 1-23.

Hrycej T. 1990. Gibbs sampling in Bayesian networks . Artificial Intelligence, 46: 351-363.

Huang J, Lu J, Ling C X. 2003. Comparing Naive Bayes, Decision Trees, and SVM with AUC and Accuracy. Third IEEE International Conference on Data Mining, Melbourne, Florida, USA, 2003, IEEE Computer Society, 553-556.

Hughes B, Cotterell M. 1968. Software project management. Columbus: Tata McGraw-Hill Education.

Humphrey W S. 1995. A Discipline for Software Engineering. SEI Series in Software.

IEEE. 2001. IEEE standard 1540 2001. IEEE Standard for Software Life Cycle Processes Risk Management. Inc.

Iversen J, Mathiassen L. 2004. Managing risks in software process improvement: An action research approach . MIS Quarterly, 28（3）: 395-433.

Jiang J, Klein G. 1999. Risks to different aspects of system success . Information and Management, 36: 263-272.

Johnson J C. 1995. The dollar drain of IT project failures. Applic. Dev. Trends, 21: 41-47.

Jyrki K. 2001. Software engineering risk management: a method, improvement framework and empirical evaluation . Helsinki University of Technology.

Keil M, Cule P E Lyytinen K, et al. 1998. A framework for identifying software project risks. Communications of the ACM （11）: 76-83.

Keil MWallace LTurk D. 2000. An investigation of risk perception and risk propensity on the decision to continue a software development project. The Journal of Systems and Software53: 145-157.

Kern T Willcocks L P. The Relationship Advantage: Information Technologies.

Klepper RJones W O. 1998. Outsourcing Information Technology Systems & Services. Upper Saddle River N. J. , Prentice Hall PTR .

Kontio J. 2001. Software Engineering Risk Management: A Method Improvement Framework and Empirical Evaluation. A doctoral dissertation from Helsinki University of Technology, 9.

Kotlarsky J, Oshri I. 2005. Social ties, knowledge sharing and successful collaboration in globally distributed system development projects . European Journal of Information Systems, 14: 37-48.

Kounoenko L Bratko I, Roskar F. 1984. Experiments in antomatic learning of medical diagnostic rules. Technical Report Jozef Stefan Institute, Yugoslavia.

Kryszkiewicz M. 1998. Rough set approach to incomplete information systems . Information science112: 39-49.

Kryszkiewicz M. 1999. Rules in incomplete information systems . Information science113: 271-292.

Kwak Y H Stoddard J. 2004. Project risk management: lessons learned from software development environment. Technovation 24: 915-920.

Lauritzen S L, Spiegelhalter D J. 1988. Local computations with probabilities on graphical structures and their application to expert systems. Journal of the Royal Statistical Society. Series B (Methodological): 157-224.

Lauritzen S L, Spiegelhalter D. 1988. Local coputations with probabilities on graphical structures and their application to expert systems. Journal of Royal statistical society 2: 157-244.

Lee H. 1996. Group decision making using fuzzy set theory for evaluating the rate of aggregative risk in software development . Fuzzy Sets and Systems80: 261-271.

Lee H. 1999. Generalization of the group decision making using fuzzy sets theory for evaluating the rate of aggregative risk in software development. Information Sciences113: 301-311.

Lee S K. 1992. An extended Relational Database Model for Uncertain and Imprecise Information. Proceedings of the 18th VLDB Conference: 211-218.

Leung YLi D Y. 2003. Maximal consistent block technique for rule acquisition in incomplete inforation systems . Information Sciences153: 85-106.

Ling C A, Pan S L. 2008. Knowledge transfer and organizational learning in IS offshore sourcing . The International Journal of Management Science, 36 （2）: 267-281.

Lu X Zhang J. 2005. A New Method of Decision Rule Mining for IT Project Risk Management based on Rough set. 2005 International Conference on Services Systems and Services Management （ICSSSM） 13-15: 1022-1026.

Marvin J C, Suresh L K Ira M. 1993. Taxonomy-Based risk identification （ SEI- 93- TR- 006 ）. Pittsburgh, PA: SEI30-37.

Mathew S K. 2009. Risks in offshore outsourcing: a service provider perspective. European Management Journal, 27 (6): 416-426.

McFarlan F W Nolan R L. 1995. How to manage an IT outsourcing alliance . Sloan Management Review36 (2): 9-23.

Miccolis J, Shah S. 2002. Risk Value Insights™: Creating Value through Enterprise Risk Management-A Practical Approach for the Insurance Industry. Tillinghast-Towers Perrin Monograph, Parsipanny: 06-08.

Miller K D. 1992. A framework for integrated risk management in international business. Journal of international business studies, 23: 311-331.

Mrozek A. 1989. Rough sets and dependency analysis among attributes in computer implementations of expert's inference models . International Journal of Man-Machine Studies, 30: 457-473.

Márcio de O Barroset al. 2004. Supporting risks in software project management . The Journal Systems and Software (70): 21-35.

NaukP A. 1986. Bulletin of the polish academy of sciences technical sciences . Decision Table Computer9 (34): 591-595.

Ngai E W T, Wat F K T. 2005. Fuzzy decision support system for risk analysis in e-commerce development . Decision Support Systems 40: 235-255.

Oliveird M. 2004. Supporting risks in software project management . the Journal Systems and Software 70: 21-35.

Pao Y H. 1989. Adaptive pattern recognition and neural networks. Boston: Addison-Wesley Longman Publishing Co. , Inc.

Paulk M C Curtis B Chrissis M B. 1993 Capability Maturity Model for Software. Version 1.1 . CMU Software engineering Institute.

Pawlaw Z. 1962. Rough sets. International Journal of International Sciences, (11): 41-56.

Pawlak Z. 1982. Rough sets. International Journal of Information and Computer Science11: 341-356.

Pawlak Z. 1991. Rough Set: Theoretical Aspects of Reasoning about Data . London: Kluwer Academic Publishers.

Pawlak Z. 1997. Rough set approach to knowledge-based decision support . European Journal of operational research, 99: 48-57.

Pearl J. 1986. Fusion Propagation and structuring in belief networks . Artificial Intelligence 29: 241-288.

Pearl J. 1987. Evidential reasoning using stochastic simulation of causal models. Artificial intelligence 32: 245-257.

Pedrycz W. 1991. Neuro computations in Relational Systems. IEEE Transactions on Pattern Analysis and Machine Intelligence 289-296.

Pfahl D Lebsanft K. 1999. Integration of system dynamics modeling with descriptive process modeling and goal-oriented measurement. The Journal of Systems and Software 46: 135-150.

Powell P L Kleni J H. 1996. Risk management for information systems development. Journal of Information Technology, 11 (4): 0307-0317.

Powell P L. 1996. Risk management for information systems development. Journal of information technology 11: 309-319.

Pressman R S. 2001. Software Engineering: A Practitioner's Approach. 5thEdition. 北京: 清华大学出版社.

Quinlan J R. Induction of decision trees. 1990// Shvlik J W. Diettench T G. Readings in Mechine Learing Morgan Kanfruann Los Atos CA 57-69.

Raftery J. 2002. Risk Analysis in Project Management. 北京: 机械工业出版社.

Ray C Williams R C Pandelios G J. Software risk evaluation (SRE) team member's notebook. Pittsburgh Pa: Carnegie Mellon University CMU/SEI-99-TR-029.

Raz T Michael E. 2001. Use and benefit tools for project risk management. International Journal of Project Management 19: 9-17.

Reifer D. 2002. Tendeadly risks in Internet and in tranet software development. IEEE Software March/April: 12-14.

Rezgui Y 1998. Grahame Cooperand Peter Brandon. Information management in a collaborative multiactor environment: the commit approach. Journal of Computing in Civil Engineering, 3: 136-144.

Rezgui Y Cooper G Brandon P. 1998. Information management in a collaborative multiactor environment: the commit approach. Journal of Computing in Civil Engineering 3: 136-144.

Saaty T L. 1977. A scaling method for priorities in hierarchical structures. Journal of Mathematical Psychology 15: 234-281.

Shenhar A J Niloseric D Dvir D. 2006. Linking project management with business strategy. Project Management Journal 37 (5): 88-96.

Sisti F J Joseph S. Software risk evaluation model. PittsburghPa: Carnegie Mellon University CMU/SEI-94-TR-19.

Skowron A Rauszer C. 1992. The discernibility matrices and functions in information systems. Intelligent Decision Support-Handbook of Applications and Advances of the Rough set theory: 331-362.

Slowinski R Stefanowsk J. 1996. Rough-set reasoning about uncertain data. Fund Inform 27: 229-244.

Slowinski R Stefanowski J. 1997. Rough family- software implementation of the Rough set theory// Polkowski L Skowron A. Rough set in knowledge discovery. Physica-Verlag: 581-586.

Slowinski R. 1995. Rough set approach to decision analysis. Ai Expert, 10 (3): 18-25.

Tah J H M Carr V. 2000. A proposal for construction project risk assessment using fuzzy logic. Journal of construction Management and Economics 18: 491-500.

Tallon P P. 2002. Using Real Options Analysis for Evaluating Uncertain Investments Information Technology. Insights from the ICIS 2001 Debate Communications of the Association for Information Systems 9: 136-167.

Vito A Garavelli A C. 2002. Knowledge transfer and inter-firm relationships in industrial districts. The role of the leader firm, (19): 53-63.

Walsh K R Helmut S. 2004. The role of motivation and risk behavior in software development success. Information Research, 7 (3): 27-36.

Wideman R M. 1992. Project and program risk management: a guide to managing project risks and opportunities. Project management Institute.

Wille R. 1982. Restructuring lattice theory: an approach based on hierarchies of concepts// Rival I. Ordered Set. Dorerecht-Boston: Reidel. 445-470.

Ziarko W, Shan N. 1994. KDD-R: a comprehensive system for knowledge discovery using Rough sets//Lin T Y. the 3th international workshop on Rough sets and soft computing proceedings (RSSC' 94) San Jose State university, 164-173.

Zong N, Skowron A. 1999. New directions in Rough sets data mining and granular soft computing. Lecture Notes in Artificial Intelligence. Berlin: Springer-Verlag: 73-81, 146-157, 405-413.